瞭望智库

库叔说

经济大棋局，中国怎么办

关于中国经济的真相与突破

瞭望智库 / 编著

中国出版集团 现代出版社

图书在版编目（CIP）数据

经济大棋局，中国怎么办 / 瞭望智库编著 . -- 北京 ：现代出版社，2019.3
（库叔说）
ISBN 978-7-5143-6809-3

Ⅰ. ①经…　Ⅱ. ①瞭…　Ⅲ. ①中国经济—经济发展—研究　Ⅳ. ①F124
中国版本图书馆 CIP 数据核字（2018）第 301606 号

经济大棋局，中国怎么办（库叔说）

编　　者：瞭望智库
责任编辑：张　霆　邸中兴
出版发行：现代出版社
通信地址：北京市安定门外安华里 504 号
邮政编码：100011
电　　话：010-64267325　64245264（传真）
网　　址：www.1980xd.com
电子邮箱：xiandai@vip.sina.com
印　　刷：三河市宏盛印务有限公司

开　　本：710mm × 1000mm　1/16
印　　张：22　　　　字　　数：334 千
版　　次：2019 年 3 月第 1 版　　印　　次：2019 年 3 月第 1 次印刷
书　　号：ISBN 978-7-5143-6809-3
定　　价：60.00 元

序

当前国际形势对正在努力实现“中国梦”的中国人民来说，可谓“百年未有之大变局”。面对这样一个大变局，我国发展仍处于并将长期处于重要战略机遇期。危与机并生并存，要善于化危为机、转危为安，紧扣重要战略机遇新内涵，充分利用好大变局给中华民族伟大复兴带来的重大机遇。

应对大变局，关键是做好国内的事情，努力保持经济的持续高质量发展。要加快经济结构优化升级，释放经济发展新动能。前 40 年的发展经验证明，结构转换是经济发展动能不竭的来源。当前我们面临着改革以来第五次结构大转换的任务，即围绕解决社会主要矛盾，通过城乡融合发展，实现乡村振兴，由此将释放出经济发展最大的新动能。同时，继续完成转变经济发展方式的任务，扩大消费对经济增长的拉动作用，促进形成强大国内市场；重点发展公共服务业，推动先进制造业和现代服务业深度融合。

要提升科技创新能力，突破关键核心技术瓶颈约束，努力在各个行业培育成千上万个创新型公司，在芯片、人工智能、数字经济、量子技术、生物工程、新材料、新能源等领域引领全球技术进步。要深化改革、扩大开放，建立更高水平的开放型经济体系。经济全球化是不可逆转的历史潮流，我们要积极参与全球经济治理体系变革，为各国经济发展贡献中国智慧、中国力量。

瞭望智库微信公众号致力于传播正能量，深受社会欢迎。希望公号文章的结集出版，能进一步扩大社会影响力，并希望把这个公众号办得更好，为实现“中国梦”凝聚更强大的力量。

郑新立

2018 年 12 月 26 日

目　录

世界经济大变局，中国准备好了吗

中国制造业的再思考

商业模式的革命

谁来保障我们的安全感

重新审视城市与乡村

世界经济大变局，中国准备好了吗

01

给中国带来巨大发展的全球化，怎么成了各国众矢之的？

导语： 全世界对于“反全球化”的关注上升到了新的高度。全球化到底将何去何从？

一位“反全球化”思想领袖的看法

大卫·柯藤，在几十年来研究经济与商业的过程中发现了一些问题，并于1995年出版了《当大公司统治世界》一书。

恰恰是在那一年，西方开始掀起引人注目的“反全球化”浪潮。柯藤没想到，他的书不仅畅销，而且成了后来许多抗议示威游行活动参加者的思想武器，包括抗议世贸组织会议的、“占领华尔街”的、反转基因的、抗议开采页岩气的等。他一下子成了美国社会的名人。

柯藤本人并没有参加多少游行示威活动，而是安静地从事研究和写作。但是20多年来，他的观点从未发生改变。

“1995年以前，公司利益在很大程度上主导了全球化经济和贸易协定。他们说贸易协定使各国的经济边界消失，能够使全人类共同走向和平、繁荣与民主。然而，后来人们发现，这样的全球化只不过使社会财富越来越集中到少数人手里，与此同时，生态环境恶化、社会矛盾加剧。”柯藤说。

“因此，西方的经济全球化只给一小部分人带来更多财富，而大多数人虽然得到了稍微多一些的钱，却失去了不少‘真正的生活’。那些处于社会底层的人更为明显，不仅拥有的食物更少了，喝的水也不干净了，连基本的社会保障都成问题，更加不快乐。”他说。

他认为，西方的经济全球化带来多重社会问题：贫富分化加剧、全球气候变化与环境恶化、移民冲突和恐怖主义袭击频发等。“几十年来，经济全球化的后果是，目前全世界最富有的 62 个人所拥有的财富相当于占地球人口总数一半的最贫穷的 35 亿人所拥有的财富总和。与此同时，人类消耗的地球资源相当于地球承载能力的 1.6 倍。这样的现状必须改变。”

他的观点正好为那些已经意识到西方经济“全球化”所产生问题的人们提供了改变现实的理论依据。

特朗普“反全球化”的真正含义

特朗普极尽能事地抹黑“全球化”。他说：“‘自由贸易’‘全球化”正在杀死我们……正在吸我们的血！”

但身家几十亿美元的特朗普不正是全球化的受益者吗？一个成功的商人为什么要反对自由贸易？一个美国领导者为什么会对美国长期主导的“全球化”失去兴趣？

这就是特朗普。他会不顾一切地争取他想要到达的目标，不管他人是否理解他所说的真正含义。

更多人相信，特朗普的“反全球化”与柯藤等学者和抗议示威者所说的“反全球化”具有不同的含义。在特朗普的“反全球化”言语背后，其实是美国的更大利益。

中国著名学者温铁军一针见血地指出：“特朗普的所谓‘反全球化’，实际上是主张实现美国的产业资本回归，其主要斗争对象是中国。”

美国是金融资本第一大国，“二战”以来的几十年中，美国通过金融资本在全球的进一步扩张带动其产业资本的“全球化”。但是近些年来，中国经济发展迅速，已经跃升产业资本第一大国，美国则遭遇了产业“空心化”导致的一系列社会经济问题。因此，只有以几十年来全球金融资本和产业资本的发展状况为背景，我们才能真正理解特朗普的“反全球化”主张。

我们来仔细看看特朗普的主张：大力推动基础设施建设、给企业减税、通过税收刺激美国在海外投资的企业回归、撤出《跨太平洋伙伴关系协定》谈判、重新谈判《北美自由贸易协定》……细看之下，这一切主张都是为了一个目标——实现产业资本回归美国，以减少产业“空心化”带来的社会成本，包括增加就业机会等。

伴随人类科技发展和交通、通信工具的不断升级，人类社会现实中的“全球化”大潮已无法逆转。特朗普的“反全球化”言论主要集中在经济层面。我们把观察“全球化”的目光聚焦到经济层面，美国在过去至少200多年以来，特别是过去几十年来的“全球化”过程中，是最大的受益者。特朗普想要实现的目标，无非是让美国进一步获利。

特朗普的主张是具备实现条件的。在美国很多地方，能源、电力、运输、土地和原材料等多方面的成本都低于中国，唯一比中国高的是劳动力成本。但是中国的这一优势也在逐步下降，中美劳动力成本差距正在缩小。此外，美国还具备全球最大消费市场、市场运作相对成熟、法制相对健全、研发能力强等许多优势。

未来我们需要什么样的全球化？

连全球化的受益者都开始声称“反全球化”，我们还需要全球化吗？或者说我们需要什么样的全球化？

《美国经济学与社会学》杂志的主编克利福德·柯布曾撰文称：“工业文明已经带来了太多的灾难，地球上的人口也已经膨胀到如此巨大的规模，以至于我们现在做出怎样的努力想要改变这一进程，可能都无法阻挡数十年后灾难的降临。但是一切都还不是定数。我们与其沉浸在绝望的情绪中悲观失望，不如在流行性疾病或其他大灾难来袭之前，努力做出一些必要的改变。”

柯藤在他的新书中写道：“经济唯一合理的目的应该是服务于生命。为了使人类经济符合这一目的，我们必须学会作为自然的生命活着，以自然的方式形成组织，学会基于现实的、以人为本的、充满智慧的经济学指导的、以生命神圣和生存地球为价值观与内涵的自然常识。”

他举例说：对于印度尼西亚的当地居民来说，村庄附近的林子是他们生活的一部分。但是对于做木材生意的跨国公司来说，这片林子是交易的原材料。为了获得更多利润，他们砍伐树木所用的工人越少越好，工人工资越低越好。为了现代西方经济学当中的“经济增长”，这片林子附近的居民会失去原来的美好生活。而这就是现代经济“全球化”中再常见不过的现象。

西方最早提出“生态文明”概念的美国学者罗伊·莫里森和柯藤持相同看法。他认为人类的生产和制造应该尽量本地化，以减少能源损耗和自然物质代谢的不均衡。但是，人类的信息应该进一步“全球化”——人类通过信息的自由流动实现知识与经验的共享。

美国学者小约翰·柯布则提出了类似“人类命运共同体”的“全球化”想法——我们人类应该把整个地球，人与自然，看作一个完整的有机体，不仅人与自然平等、相互依存，而且要在人与自然和谐相处的理念下重新建立我们人类的思想体系、知识体系、社会体系和经济体系。

温铁军说：“在汉语里，‘经济’本来的含义是‘经世济民’，但是在现代社会，这个词被曲解为‘钱’了。”于是，经济全球化成了美国大跨国公司老板发财的途径，而非实现人类和平与繁荣的途径。

如柯藤所说，“全球化”是人类发展至今的必然趋势，“全球化浪潮”无法根本逆转，但是“经济全球化”可以改变方向。“我们必须为了人类的生存和地球的生存重塑我们的经济。”

撰文：薛颖

02

中美经济的差距到底有多大?

导语：自从2010年中国GDP总量超过日本，中美经济比较就成了热门。

世界银行统计的2016年GDP排行榜上，美国以18万亿美元排第一，中国为11万亿美元，排在第二位，排第三的日本仅4.3万亿美元，和中国拉开了差距。

中国经济总量接近美国了，而且增长率明显比美国高，何时能超过美国也成了一个现实问题。

但一算人均，中国要追赶美国还有很大的距离。

但是，中美经济发展的差距真有数据表明的那么大?

也不尽然，数字迷雾后面有很多耐人寻味的东西。

为什么很多人认为中国经济比美国弱太多

前些年，中国经济增长率在10%以上，而且人民币对美元不断升值，于是有人乐观预测，2020年中国的GDP将超过美国。

这几年，中国经济增长率降到6%~7%，人民币对美元不再单边升值，于是，又有人认为，中国 GDP 超过美国“仍需十年以上”。

无论如何，经济学界与舆论确实在认真考虑中国 GDP 总量何时超过美国这个问题，在十余年前这是不可想象的。

但当人们将注意力从总量转向人均数值时，画风一下就变了——中国人口是美国的 4 倍，人均相关的数据中国落后美国和发达国家太多。

例如中国人均 GDP 仅相当于美国的七分之一，而由于中国参与劳动的人口比例高于美国，个人劳动时长也长于美国，中国的“劳动生产率”更是只有美国的十二分之一。

具体到教育、消费及医疗等领域，中国人均数据看起来也是被美国全面碾压——

- 人均教育投入：虽然 2010 年以后中国加大了教育投入，人均数值增长了一倍，但至 2016 年仍然连美国的十分之一都不到。
- 人均消费支出：2015 年，中国人均消费支出仅为 2401 美元，只有美国人均 35525 美元的十四分之一。
- 人均医疗支出：这个看起来更为夸张，2014 年中国人均医疗支出为 419 美元，而同期美国人均支出高达 9402.5 美元，是中国的 22.4 倍！

联合国开发计划署 2016 年人类发展指数（HDI）排名。1–51 名为“极高人类发展水平”，52–106 名为“高人类发展水平”，107 名以后是“中等人类发展水平”和“低人类发展水平”。人类发展指数只有三个评估因素：人均 GDP、人均受教育年限、人均寿命。

更为重要的是，中国较低的人均数据也影响了一些复合指标。如人类发展指数，中国排名第 90 位，不仅远远落后于排名第 10 的美国，而且也落后于很多发展中国家。

这样综合看下来，很容易给人一个印象：中国人均经济数据与美国有数量级的差距，中美经济差距仍然十分巨大。

联合国开发计划署 2016 年人类发展指数（HDI）排名

1 挪威
2 澳大利亚
2 瑞士
4 德国
5 丹麦
5 新加坡
7 荷兰
8 爱尔兰
9 冰岛
10 加拿大
10 美国
12 中国香港（特别行政区）
13 新西兰
14 瑞典
15 列支敦士登
16 英国
17 日本
18 韩国
19 以色列
20 卢森堡
21 法国
22 比利时
23 芬兰
24 奥地利
25 斯洛文尼亚
26 意大利
27 西班牙
28 捷克共和国
29 希腊
30 文莱达鲁萨兰国
30 爱沙尼亚
32 安道尔
33 塞浦路斯
33 马耳他
33 卡塔尔
36 波兰
37 立陶宛
38 智利
38 沙特阿拉伯
40 斯洛伐克
41 葡萄牙
42 阿拉伯联合酋长国
43 匈牙利
44 拉脱维亚
45 阿根廷
45 克罗地亚
47 巴林
48 黑山共和国
49 俄罗斯联邦
50 罗马尼亚
51 科威特

52 白俄罗斯
52 阿曼
54 巴巴多斯
54 乌拉圭
56 保加利亚
56 哈萨克斯坦
58 巴哈马
59 马来西亚
60 帕劳
60 巴拿马
62 安提瓜和巴布达
63 塞舌尔
64 毛里求斯
65 特立尼达和多巴哥
66 哥斯达黎加
66 塞尔维亚
68 古巴
69 伊朗伊斯兰共和国
70 格鲁吉亚
71 土耳其
71 委内瑞拉玻利瓦尔共和国
73 斯里兰卡
74 圣基茨和尼维斯
75 阿尔巴尼亚
76 黎巴嫩
77 墨西哥
78 阿塞拜疆
79 巴西
79 格林纳达
81 波斯尼亚和黑塞哥维那
82 前南斯拉夫的马其顿共和国
83 阿尔及利亚
84 亚美尼亚
84 乌克兰
86 约旦
87 秘鲁
87 泰国
89 厄瓜多尔
90 中国
91 斐济
92 蒙古
92 圣卢西亚
94 牙买加
95 哥伦比亚
96 多米尼克
97 苏里南
97 突尼斯
99 多米尼加共和国
99 圣文森特和格林纳丁斯
101 汤加
102 利比亚
103 伯利兹
104 萨摩亚
105 马尔代夫
105 乌兹别克斯坦

107 摩尔多瓦共和国
108 博茨瓦纳
109 加蓬
110 巴拉圭
111 埃及
111 土库曼斯坦
113 印度尼西亚
114 巴勒斯坦
115 越南
116 菲律宾
117 萨尔瓦多
118 玻利维亚多民族国

中美经济差距并不像数据表明的那么大

说到这，“但是”又来了。

中美经济发展的差距真有数据表明的那么大？

未必！

首先，数据指标体系本身就有一定问题。

刚才提到的排名都是以汇率计价，而一般认为，中国以汇率计价的人均GDP是被远远低估了。如果换成以购买力平价计价，排名会发生较大变化。

早在2014年，国际货币基金组织报告就认为中国以购买力平价计价的GDP总量已经超过了美国，同时印度也超过了日本，这种调整基本减少了发达国家与发展中国家的绝对数值差距。

然而，由于其他发展中国家低物价消费上调更多，中国以购买力平价计价的人均GDP世界排名反而更低了！也就是说，中国的人均GDP被更严重地低估了。

其次，中美两国的GDP统计有着深层次的不同。

美国有很多并不增加财富，甚至是增加国家负债的经济活动被统计成GDP。例如美国增发国债消费创造了GDP，政府国债一年年高涨总数已经超过20万亿美元了。

而中国正相反，中国有大量的经济活动被GDP统计忽略了，而被统计进GDP的很多活动本身创造了大量的财富，却只计算了不大的增加值。

例如，2016年中国服务业占GDP比重仅51.6%，在世界各国中明显偏低。不少学者就指出，由于技术性原因，中国对服务业的统计比较粗放，很多规模以下的服务业要么从统计意义上不存在（如淘宝不交税），要么被简单低估。

除此之外，中国进行了大量投资，这些投资本身按增加值计入GDP只是一次性的，但是留下的房产建筑、基础设施等“固定资产形成”却可以一年年持续发挥作用。这些固定资产形成有的直接是财富，有的则可以帮助其他财富升值。如铁路、公路、地铁等虽然本身升值不多，有时甚至亏损，却能帮助一大片地区实现财富升值。

再次，美国的浪费型、痛苦型GDP比较高，这是中国没有的。

来看几个例子——

- 美国律师费创造的GDP高达1万亿美元，占到了GDP总量的6%，而中国律师业收入仅为400亿元人民币，占GDP的比例只是美国的百分之一！美国律师成本这么高是好事吗？不是，这其实是存在很大问题的。

● 美国人均消费用电量是中国的 7.5 倍，用电存在很大的浪费。就拿极力推崇环保节能的美国前副总统戈尔来说，家庭用电量是普通家庭的 21 倍。

美国人洗完衣服后一般用烘干机烘干，而中国人一般会选择自然晾干。据统计，2009 年美国全国共有 8800 万台烘干机，每台烘干机年用电量为 1079 度，光烘干机的总用电量就超过三峡水电站全年的发电量。

美国人还长时间大开空调，24 小时运转，人走了也不关，再加上较大的住房面积，耗电量极高。

● 美国的人均教育投入超过中国的 10 倍，但教育投入并不是越高越好，既要看效果，也要看由谁负担。

对普通美国人而言，教育负担是极重的。为了上大学，美国学生普遍需要贷款。全美有 4400 万人共欠下了 1.4 万亿美元的助学贷款（这个数值甚至超过了中国 2012 年的个人住房贷款余额），每年约有 11% 的学生因无力偿还助学贷款宣布破产。更不可思议的是，奥巴马当选总统前 4 年才全部还清学生贷款。

● 美国的人均医疗支出是中国的 22.4 倍，看上去中国医疗投入很少，但实际上，美国医疗在国际上是出了名的价格高、代价大，成效并不好。

美国由于医疗保险利益集团的恶性发展，民众医疗负担极重，需要购买价格不低的医疗保险，否则将会面对足以导致破产的极高医疗费用。美国人均寿命 78 岁，不比中国人均寿命 76 岁高多少，在发达国家中也是属于较差的。

中国经济的真实情况到底怎样？

观察中国不高的人均数据，会把中国当成一般发展中国家。而这正是评论中国经济时易犯的错误之一。

跳出一系列国际指标，中国经济的真实情况是怎样的呢？

就拿刚才提到的中国排名很低的消费来说，在众多具体的消费领域，中国的人均消费水平其实高得让人惊叹。

消费是具体的，无非就是衣食住行——

● 在汽车销量上。2016 年，中国大陆人均汽车销量高达每万人 203 辆，居世界第 35 名，比新加坡高，更是中国台湾 111 辆的近两倍，美国也仅为中国的 2.5 倍。

2016 年世界人均汽车销量排名

排名	国家 / 地区	人均销量（辆 / 万人）	销量（辆）	人均 GDP（美元）
1	卢森堡	979	56,369	105,829
2	冰岛	617	20,735	57,889
3	美国	551	17,865,773	57,294
4	加拿大	548	1,983,745	42,319
5	比利时	545	617,854	41,491
6	澳大利亚	484	1,178,133	51,593
7	英国	476	3,123,755	40,412
8	丹麦	467	265,386	53,243
9	德国	449	3,708,867	42,326
10	奥地利	431	374,545	44,561
11	瑞典	431	431,818	51,604
12	瑞士	427	355,882	79,578
13	日本	392	4,970,260	37,304
14	阿曼	391	154,900	15,080
15	法国	384	2,478,472	38,537
16	文莱达鲁萨兰国	383	16,200	24,713
17	爱尔兰	380	177,719	65,871
18	挪威	376	197,991	71,497
19	斯洛文尼亚	369	76,213	21,370
20	韩国	359	1,823,041	27,633
21	巴林	351	46,300	24,119
22	以色列	343	292,700	36,557
23	意大利	335	2,050,292	30,294
24	波多黎各	323	112,200	29,048
25	新西兰	312	146,753	38,066

续表

排名	国家／地区	人均销量（辆／万人）	销量（辆）	人均 GDP（美元）
26	西班牙	291	1,347,344	27,012
27	荷兰	276	469,410	45,210
28	捷克共和国	276	291,008	18,326
29	科威特	256	108,000	26,146
30	芬兰	248	136,430	43,492
31	卡塔尔	247	63,700	60,733
32	葡萄牙	237	247,343	19,759
33	爱沙尼亚	209	27,401	17,896
34	沙特阿拉伯	205	655,500	19.922
35	中国	203	28,028,175	8,261
36	阿拉伯联合酋长国	201	198,500	38,050
37	新加坡	193	108,061	53,053

数据来源：国际汽车制造商协会、IMF

从上表可以看出，人均汽车销量高的基本是人均 GDP 达两三万美元的国家，只有中国这个 8000 多美元级别的国家加了进来。

一般来说，如果都买得起车了，消费水平不应该太差。如果仅看汽车市场，的确很难将中国理解成发展中国家。

● 在高铁消费上。2016 年底，中国高铁总里程 22340 公里，占世界 60%。即使中国人口众多，人均数值也不低了，更不要说大多数国家根本就没有高铁。中国人口是日本的 10.8 倍，高铁总里程是日本的 8.5 倍，人均也就差一点而已。中国高铁总里程按规划在 2020 年超过 3 万公里，人均数值也就能超过日本了。美国等于没有高铁，虽然奥巴马、特朗普都说要发展高铁，但筹集资金面临的困难重重，前景不容乐观。

当前，中国人乘坐高铁出行已是最常见的交通消费行为之一，高铁的性价比、舒适度、运营速度、覆盖范围等各方面指标全球领先。单看高铁消费，中国甚至超过了发达国家，完全不是发展中国家水平。

- 在肉类消费上。2016 年中国人均肉类消费 59 公斤，是世界人均的两倍。美国人均 120 公斤，是中国的两倍。

但是，中国普通民众基本不存在吃肉难的问题了，只是生活习惯上更偏重于米饭和蔬菜。中国人均蔬菜产量超过 500 公斤，居世界第一位。与日本、韩国等不少发达国家相比，中国的人均蔬菜瓜果消费明显要高。

- 在空调消费上。中国多数国土平均温度并不高，但空调渗透率竟能高达 60%，与发达国家接近，和同纬度的美国差不多。

一般来讲，只有人均 GDP 达到 2 万美元以上的国家才用得起空调，中国显然是个例外。

除了空调，智能手机、电脑、冰箱、洗衣机等 IT 与家电类产品，中国普通民众完全用得起，消费水平远远高于其他发展中国家，也并不比发达国家差。

- 在住房消费上。美国人均住房面积是 67 平方米，为世界最高，家庭平均住房面积高达 204 平方米。但中国房地产业经过多年发展，到 2016 年人均住房面积也达到了 40.8 平方米，超过了几乎所有欧盟国家。中国不仅住房面积够大，住房档次也有明显提升，基础设施良好的小区成为典型住房，和发展中国家完全是两回事，离美国差距并不大。

如何正确看待中美经济差距?

综合来说，虽然在一些与人均相关的数值上，中美看似有数量级的差距。但实际上，中美两国民众的生活水平差距，并没有想象的那么大。

不少人通过亲身体验，感觉在美国生活与在中国相比，其实是各有利弊，中国并不是简单地落后于美国，也有不少强于美国的地方。

中国的实际生活水平远好于一般发展中国家，更为重要的是，虽然美国等发达国家的人均 GDP、人均收入数值远高于中国，但在财富数据上却迅速被中国逼近——

安联保险的 2017 年全球财富报告认为，中国大陆人均财富排名升至全球第 27 位。

不少美国人收入高，但储蓄却很低，反而欠了不少信用卡债，而中国人一般都有自觉储蓄的良好习惯，一般买房购车、投资理财、出国读书等也能负担得起（但近年来中国年轻人负债的比例在迅速提升，这个值得注意和警惕）。中国人在全世界的消费实力已经广为人知，庞大的购买力也并不比任何国家差。

中国并不需要追求虚高甚至有害的 GDP 数值，真正需要追求的是像美国那样具有领先世界的多种优势。

比如美国发达的金融市场、实力强大的跨国企业、一流的大学教育、领先的科技实力等。

在这些领域，虽然中国也已远超一般发展中国家，甚至可与第二阵营的发达国家相匹敌，但与美国相比，还是有显著差距的。

撰文：陈经

03

"美国欠中国的钱终归是要还的"，基辛格这话颇有深意

导语：2018年年初，彭博（Bloomberg）报道：中国高官建议减缓或停止购买美国国债。

对此，中国国家外汇管理局发表声明称该消息有可能引用了错误的信息来源，也有可能是一条假消息；并重申，中国外汇储备始终按照多元化、分散化原则进行投资，保障外汇资产总体安全和保值增值。

不过，彭博的报道还是在市场引起了震动——

10年期的美国国债收益率一度升至过去9个月以来的高点，此后几天，曾在交易时段突破2.6%，创下2014年7月以来的盘中最高水平。

一条假新闻就能引发世界市场大震动，反映出两个现实情况：

中国"跺跺脚"，世界果然会"抖一抖"。

美国国债确实让这些债权国感到很揪心。

债台创新高，美国有招吗？

在特朗普执政一周年之际，美国上演了政府"关门大吉"的闹剧。尽管3天之后，僵局被打破，但是，对志在"让美国再次伟大"的特朗普团队而言，

此事显然重挫了他们的士气。

按照特朗普的逻辑，美国必须优先，只有美国经济真正好起来了，才有可能对全球经济释放增长的福利效应。

这一年，特朗普政府确实在局部领域取得了成绩，比如，美股迎来了堪称罗斯福新政以来的最佳表现，道琼斯指数上涨了31%，标准普尔上涨了26%；美国失业率降至4.1%，甚至比克林顿执政的黄金八年还要低。

但是，对于“无债不欢”的美国，纵使特朗普政府再精明，也无法改变美国国债规模不断膨胀的现状。

早在2017年9月，美国国债就突破了20万亿美元的心理关口，预计在未来10年里，仅在国债利息方面，美国就要支付6万亿美元。

特朗普随即签署法案，暂停执行债务上限。但是，这种做法至多也就是给自己“打止痛针”，实际上，美国债务上限调整根本停不下来。

相关统计显示，自有记录的1940年以来，美国债务上限总共上调了104次，相当于平均每9个月就要上调一次。

2008年金融危机以来，债务危机日渐加剧，美国联邦政府和国会均意识到控制债务规模刻不容缓，但是，两者在操作上屡屡发生分歧，致使债务上限谈判沦为政党博弈的工具。

特朗普政府大规模减税或许起到了提振实体经济的作用，但是，不可忽视的是，税改允许在未来10年新增1.5万亿美元赤字。共和党坚称减税带来的财政负担最终将通过经济增速提升而得到补偿，但是，要找到既能促进经济增长又不让债务增加的平衡点，谈何容易！

美国2017财年预算赤字已经达到6657亿美元，创下了4年来的最高值。随着美国人口老龄化带来的长期经济成本以及社保与医保支出长期在高位运行，预算赤字突破1万亿美元是大概率事件。

明眼人都能看出来，目前，美国有能力做的只有推迟债务违约那一天的到来，根本没有找到治本之良策。

不少美国人不得不承认，美国无力解决债务增长问题。

明知是“陷阱”，为啥非得跳？

既然大家都明白，购买美国国债是一个巨大“陷阱”，照理说，理性的市场主体不会让自己陷进去。

然而，事情远没有那么简单。

从表面看，中国作为美国大债主，应该享有特殊地位，可以对美国“放硬话”了。

按照某些中国经济学家的逻辑：如果中国不高兴，只要跺跺脚、抛售几百亿美元国债，就会在国际市场引起恐慌性抛售，这意味着美国经济面临崩溃的危险。因此，中美事实上已形成了经济恐怖均衡。

联想到近年来美国政经高官在对华关系上不时放软身段，似乎也验证了中国对美筹码加重之后的无形威慑力。

然而，在全球既有经济与金融分工格局依旧、美国依然掌控国际储备货币大权的情势下，非理性的“愤青”办法无济于事。

美国“老资格”政治家基辛格的话一针见血：“谁控制了货币，谁就控制了整个世界。”

美国为何如此任性？因为底气很足——只要美元国际结算货币的地位不倒，美国即便欠下数十万亿美元债务，也不会有事，美国支付的利息完全可以通过美元贬值稀释掉。

早在2009年，哈佛大学经济学教授理查德·库帕断言，美国国债市场是相对低风险高回报的市场，而且其深度、广度及流动性无与伦比。

事实上，这些年来，美国国债市场是世界上唯一可容纳高达10万亿美元外汇储备池的债券市场，在通过贸易赤字输入大量廉价实物资源和输出大量美元的同时，美国又通过国内发达的金融市场输出金融资产，吸收流出的美元回流到美国来提供融资，推高美国股市。

可以说，只要美元依然是最主要的国际货币，美国就可以维持债务经济模式。

因此，世界已经或自觉或不自觉地陷入到所谓的“美元陷阱”中——如果主要债主大幅抛售所持有的美国国债，甚至哪怕只是表达出抛售意愿，这些国家的本币兑美元就会受此影响而下跌；此种情况将迫使这些国家干预汇市，买入美元来保护出口商的利益。

换言之，这个“陷阱”的存在，使这些央行不得不继续将美元投资到美国国债中。

确实，假如抛售美国国债就能达到挟持美国经济的目的，当年心高气傲的日本恐怕早就“大展拳脚”了。

这种逻辑，也是没谁了

“美国欠中国的钱终归是要还的”，同样出自基辛格之口。

这句话听起来很别扭，“终归是要还”暗含着拖的逻辑。

前几年，美国债务纠纷愈演愈烈之时，一些美国政客居然叫嚣：既然是中国的钱，那就没必要还。

尽管这可能是一小撮美国右翼人士的博眼球关注之举，但至少说明两个问题：一是美国太霸道，二是美国耍无赖的可能性不能排除。

当然，美国也可能是有意为之，通过某些政客放话出来，以试探中国的反应。

实际上，美国既有的“鲁宾主义”已经暗含着“耍赖”的逻辑。鲁宾是克林顿执政时期有点传奇色彩的财政部长，在任内，居然把美国的赤字转为盈余，让克林顿很有面子。

但就其学术信仰来说，毕业于哈佛大学的鲁宾在众多经济学家之中显得有点另类——他相信，实力可以改变规则。

在他看来，尽管债权债务关系是确认的事实，但如果发生债务违约，需要承担责任的不仅仅是借钱人，债主也脱不了干系。说白了，美国要是有一天还不起钱，中国也不要怪美国不守信用。

对于特朗普政府一再祭出的“美国优先”大旗以及为了达到目的不择手段的做法，各国决不可麻痹大意。

一旦美国迟迟找不到求解债务“滚雪球”的治本之策、索性要赖不还钱，世界各国怎么办？还真得未雨绸缪，搞个可靠、可行的预案。

当然，美国人暂时不会明目张胆地赖账。

但是，全世界都知道，如果中国带头不购买美国国债、带头放弃以美元作为主要的储备货币，肯定会对美国经济造成致命打击。

不过，“伤敌一千、自损八百”的事情大家都不乐意干，这两大假设目前发生的可能性极低。

美国人估计，至少在可预见的将来，中国不会排斥购买美国国债，而且，在对美直接投资中只能投资美国的一些非战略性资产。这就等于给美国政府的信用评级托底。

美国不还钱，我们怎么办？

其实，只要美国“寅吃卯粮”的本质不变，美国国债最终出现违约是完全有可能的。

因此，我们必须未雨绸缪。

一方面，持有大量美国国债的外国政府在适当的范围之内减持美国国债是理所当然之举。

美国财政部日前发布的国际资本流动报告（TIC）显示，作为美国前两大债主的中国和日本，均在大幅减持美国国债。

2017 年 11 月，中国持有的美国国债总额降至 1.18 万亿美元，比上月减少 1.1%；

日本持有的美国国债连续第 4 个月减少，降至 1.08 万亿美元；

中日合计持有美国国债的份额下降到所有外国持有美国政府债务的大约 36%，这差不多是过去 18 年来的最低水平。

另一方面，中国需要在既有约束框架下冷静思考如何摆脱经济受制于人的局面。

在“手脚被束缚住了”的情况下，中国既难以在国际大宗商品市场上扫货，也不能用巨额外储购买美国的优质企业，甚至买不到急需资金的其他西方国家企业。

2018 年 1 月，美国阻止了阿里巴巴收购美国汇款公司速汇金，并迫使美国运营商巨头 ATT 突然叫停了与华为手机的合作。

当然，我们千万不要低估自己的投资智慧。事实上，为了避免中国经济被美国“绑架”，中国做了很多：

在双边互动中持续要求美国拿出实际措施确保在美中国资产安全；

适当增持黄金、石油储备，购买 IMF 债券和积极拓宽欧洲投资市场；

通过“一带一路”建设和跨境并购；

适当扩大境外股权投资，获得高科技产品和技术，在执行外储资产多样化策略的同时，实现核心战略资产的保值增值……

截至 2016 年底，我国对外直接投资存量超过 1.3 万亿美元，境外资产总额达 5 万亿美元。中国投资有限公司去年境外投资收益率达到 16% 以上，其中很多来自公开市场，特别是美国市场。

另外，美国人只相信实力，尤其是武力与金融。因此，对比今天的中美双边关系，中国需要强化的，不仅是政治智慧和经济战略。

如何去依赖？办好四件事

环视世界各国，持有巨额海外资产的国家，除了中国之外，还有英国和日本等国。但是，英国和日本却基本不用担心所持美元资产的安全。

究其原因，主要有两方面：

在经济层面，除了英国和日本持有的海外资产结构比较合理之外，还与英镑和日元作为国际货币不无关系。

在政治层面，得益于较为亲密的外交关系，一方面，英国和日本可以购买中国想买却买不到的美国企业和其他资产；并且，即便是在动荡地区的海外资产，一旦局势有变，有美国这个超级强国盟友的鼎力保护，两国的海外资产安全系数明显高于中国。

在某种程度上，人民币已是国际货币，位居全球第五或第六大支付货币，支付额占全球支付额的1.8%左右。

IMF的统计数据显示，截至2017年9月末，人民币占全球外汇储备的比例为1.12%，各国持有的人民币储备规模接近1000亿美元，包括德国、法国、俄罗斯、新加坡等60余个国家和地区已经将人民币纳入外汇储备，欧洲央行也已将人民币纳入官方储备。

但是，作为国家财富的表征以及参与全球资源配置的符号代表，人民币迄今仍然比较弱小，在全球储备资产尤其是计价资产体系中的实际地位与中国的经济规模显著不对称。而人民币国际行为空间如何，直接关乎中国在全球顶层分工中的实际地位。

在人民币稳步推进国际化进而成为区域乃至全球功能性货币的过程中，我们亟须做好以下四件事：

第一，中国企业加快“走出去”步伐，打造全球范围内的资源配置体系（或者说打造以人民币计价的全球供应链），通过对境外企业的投资或参股，在供应链的上游为人民币成为计价货币打下基础；

第二，配合国内争夺铁矿石、石油和黄金等大宗商品定价权方面的努力，提升人民币在全球供应链的定价主动权；

第三，加快区域经济合作步伐，推进以“一带一路”建设为代表的区域与国际经济合作，在东盟、中亚打造境外“人民币走廊”；

第四，通过中非经济合作，中国与东欧经济合作，扩大对欧美直接投资和金融投资，以及商业银行国际化，扩充中国贸易与资本的行为空间，以构建人民币全球清算、跨境投资、境外个人人民币业务、人民币衍生工具发展、跨境人民币贷款等全球化业务体系，等等。

撰文：章玉贵　上海外国语大学国际金融贸易学院院长、经济学教授

04

向中国政府施压、硬闯中国使馆、殴打使馆人员……这些在海外“受欺负”的中国人该怎么保护?

导语:2017 年年底，欧美不少国家开展了打击非法商贸和走私活动的强力“扫灰”行动。

结果却让人有点惊讶，因为这一下扫出来大批华商:

2017 年 10 月，在西班牙，华商 80 人因偷税漏税、走私商品被捕;

2017 年 10 月起，在罗马尼亚，不少华商店铺被罚、仓库被查;

2017 年 10 月起，在哥伦比亚，波哥大中区批发市场先后遭到 3 次突击联合执法，查封的 21 家商铺中大部分为华商，查没资产总价值约合 9122 万元人民币;

2017 年 12 月起，在波兰，华沙郊区 GD 中国商城遭到大规模执法检查;

……

除了欧美，非洲、中东等地区的有关国家对非法居留、非法经营、偷税漏税等问题的打击力度也逐年加大，华商也屡屡受到各种不同程度的伤害。

“中国商城被查抄”已经不是什么新闻了。

海外华商怎么就这么容易“招灰”? 是那些国家故意欺负我海外国人吗?

其实，除了华商发展迅速，“树大招风”、所在国政策变化等原因，有个别华商确实在国外做着“灰色”勾当，使群体遭了殃，给国家抹了黑，也给我驻当地使馆带来了很多不必要的麻烦。

目前，海外华商已遍布世界180多个国家和地区，吃苦耐劳、头脑精明的中国商人似乎无论走到哪里，都能成为各地生意场上的常胜将军。

在海外也经常看到一种很奇特的现象：来自全球各地的移民中，中国人的生意是最好的。

由此，海外华商迅速发展成世界经济中的一支“劲旅”。

在自身积累财富的同时，华商还积极为我国经济的建设添砖加瓦——在中国对外直接投资（FDI）中，华商是一支不可忽视的重要力量，其与欧美日韩等外商投资一起成为中国吸引外资的主要来源。

应该说，华商为推动中外商品贸易、繁荣当地市场做出了不小贡献。

部分华商怎么沦为了被扫除对象？

树大就容易招风，能干的华商让很多海外商贩认为，中国人抢了他们的饭碗，2004年发生在西班牙切尔西的烧鞋事件就是一个极端案例。

面对这种情况，华商只要能守法经营、通过正规渠道维权，事情得到合理解决应该不难。

可问题在于，确实有一部分华商，投机取巧，做的生意很“灰色”，从而连累了整个华商群体——如果有制假造假、偷税漏税等行为，往往成为对方大规模执法行为的导火线。

比如，2007年3月，意大利出动百余名警员针对罗马华人聚集区的华人商铺、仓库、住家进行地毯式搜查，扣押价值2000多万欧元的货物，50多家华商店铺被搜查。据报道，引发这次大规模查抄行动的直接原因，就是众多华商委托的当地一家报关公司存在违法行为。

在有些地方，当地人甚至把“灰色”这个标签贴在了整个华商身上。

一是“灰色”身份。

各国通常都要求外国人不得从事“与签证身份不相符”的活动，不少国家还严禁外国人从事零售行业。

但一些华商设法通过“挂名”“合雇店员”等套路，隐瞒真实签证身份，暗箱操作商贸活动。

二是“灰色”货物。

在俄罗斯等国，正常清关（俗称“白关”）手续繁、税率高、时间长，一些华商为节约成本，与谋求“灰色”收入的海关等部门一拍即合，委托各种清关公司代办通关手续，将货物以低包价、换名等方式运至当地。

历经多年，这种“灰色清关”已实现高度产业化，而这说白了就是走私。

三是“灰色”经营。

在实行统一关税的欧盟国家，华商虚开增值税发票、偷税漏税等现象较为普遍。据有关方面反映，“99%”的波兰华商存在购买虚假增值税发票问题。而“绝大多数”的哥伦比亚华商店铺则使用从西班牙带入的造假会计软件，对销售过程进行非法操作。

但这一切肯定也不能都归罪于华商，这里面有外部原因，比如，一些国家本身就存在法制不健全，海关税务制度繁杂，监管不力，官员贪腐等问题，成了滋生“灰色”的温床。

“灰色”华商们最有代表性的诉苦就是，“我们也想正规化、合法化，但正是因为‘白道’走不通，才逼得我们走‘灰道’”。

在东欧国家经济转型期间，社会很多制度并不完善，华商将廉价的中国商品销售到那些国家，解了当地生活必需品短缺的燃眉之急。今天，这些国家开始调整和纠正过去市场中一些不规范的做法，想重新规划经济，这就与华商的利益发生了冲突。

在过去十多年时间里，这些“灰色”的运营方式虽也曾受到阶段性清扫，但确实为一些华商积累了可观的财富。

也有很多海外侨界精英，早已察觉出了“灰色”经营长久下来必然行不通，从中积累了第一桶金后就早早抽身转型，继而由灰变白了。

但还有很大一部分华商考虑得不够，也可能是深陷其中不能自拔，继续做着违法的勾当，给人留下了把柄，当地政府及监管部门当然有充分的理由来打击。

“灰色”华商，“可怜”背后有隐情！

近年来，“逆全球化”思潮和经济民粹主义不断兴起，各国明显加大贸易保护和市场监管整顿力度。

这对于“灰色”华商来说，真是“屋漏偏逢连夜雨”，本来就被各地监管部门盯得死死的，这下子，“灰色”的空间更小了。

于是，不断遭到“挤压”的华商就变得“很可怜”。

然而，更可怜的还在后面。

华商只是“灰色”链条上很不起眼的、极易遭到击打的一环，挣钱再多，也只是这个链条上被压榨的底层而已。

真正躲在幕后的是谁呢？

当然就是所在国执法和管理部门中的一些实权人物，以及那些掌握一定社会资源、相互勾连的中外后台老板。

也就是说，“灰色”华商只是为当地的一些幕后大 BOSS 默默地背了锅。

他们辛苦吗？

是真的辛苦。

从申请签证到货物清关，从办理证照到日常经营，他们在每个环节都需要付出额外费用，小心打点，交纳“保护费”，不仅受尽盘剥，勉强维持生计，而且终日担惊受怕，毫无尊严。一不留神，随时可能招致倾家荡产的罚没，甚至被追究刑事责任。

他们得到了什么？

让人嫉恨、遭人痛斥，到最后可能一无所有。

“灰色”华商虽然同样付出辛勤的汗水，却始终与当地社会格格不入，更因其与当地底层从业人员逐利，而遭到所在国官方、媒体和民间的几乎一致排斥和反感，一有风吹草动便可能受到打压甚至暴力冲击。

然而，部分华商不仅不进行深刻反思，不愿通过当地司法途径去维权，对中国政府和驻外机构“要遵守所在国法律”的反复提醒劝告也置若罔闻，心存侥幸。接下来他们继续走险棋：他们向中国大使馆喊冤、施压，打出诸如“中国人受欺负”“被歧视”的标语等方式来博取同情。

更有甚者，错误地认为，“只要把事情搞大，中国政府就会出手相助”。

一些哥伦比亚华商被查抄后，甚至以聚众冲闯中国大使馆、殴打使馆人员的恶劣方式，试图逼迫中国政府出面为他们讨回被罚没货物。

做了错事不自查，不反省，却来找自己国家和同胞“碰瓷”，真是让人可怜又可气！

走出“灰色阴影”才是王道！

不管有的“灰色”华商怎么可气可恨，他们是一个数量庞大的群体，背后涉及千千万万个家庭。

长此以往，一旦他们在长期“被压迫”状态下出现重大意外，或遭外方坚决取缔清场，甚至可能在海外爆发重大群体性事件。

“灰色”华商必须要实现转型了，指望灰色经营达到“一夜致富”的时代已经结束了！

也有一些专家认为，如何抓住机遇，尽快转型升级，是一些依然深陷“灰色”的华商们最为紧迫的任务。在所在国全面、彻底的“扫灰”铁掌尚未出击之前，早作打算，另辟合法战场，不失为明智之举。

转型必然会很痛苦，但这却是一条长久之计，转型成功后必然会打开新世界的大门。

而且，海外“灰色”华商成功转型的例子也比比皆是。

在西班牙，一位拥有颇具规模的食品批发集团的华人业主直言，在资本原始积累之初，为了节省成本和开支，自己也曾雇用“黑工”，打擦边球，走灰色经营之路。为此，还交过巨额罚款。现在他想通了，已经远离了灰色地带，这样做，企业安全了，员工的工作效率大大提高，而企业并没有增大开支，反而增强了企业抗危机的能力。

还有些华人企业家在将企业的经营纳入正轨的同时，注重企业品牌的开发和推广。

意大利华人詹杨义开创的麦克集团在意大利开设了 7 家超过数千平方米的超市，意大利本土员工超过了数百人，成为雇佣本土员工最多的华人企业。

另外，很多海外华商也搭上了中国经济发展的顺风车。

在中国“一带一路”倡议的全面推进过程中，更多华商与中企“强强联合”，在帮助中企顺利转型的同时实现自身发展。

靠正规经营起家或者已经走出灰色经营怪圈的华商企业，因为业主合法经营，所以他们不怕任何检查。

很多华人企业家也有了很强的自信，他们认为，只要我们行得正，就不怕政府相关部门的关注和检查。在异国他乡的商场上，我们避免不了与本土的同行竞争，现在已经到了我们华商走正路靠智慧竞争的时代了，这也是我们在这个国家安生立命之本。

告别“灰色”，要么有尊严地留下来，要么优雅地退出，这是依然游走在“灰色”边缘的华商们在新时代的理性选择。

当越来越多的海外中国公民都能从容得体地植根于当地社会并散发出正能量时，一个文明、友好的新时代“海外中国”便呼之欲出。

撰文：赵岭

05

中国把印度的“小弟”坑入了陷阱？真相是……

导语：最近几年，随着中国成为对斯里兰卡最大投资国，中国在当地的投资成为西方媒体反复热议的话题：

“中国在斯里兰卡投资带有政治目的”“中国投资把斯里兰卡变成债务国”“中国投资的汉班托塔国际机场已成为世界最大的‘白象工程’”……

英国《卫报》的一篇评论放话“中国投资斯里兰卡改变了地区规则！”

一直将斯里兰卡视作自家小弟的印度更是对来自中国的投资项目疑虑重重。

斯里兰卡这个国土面积不足7万平方公里的国家何以引来众多国家的一致关注，他们到底在担忧什么？

结束内战仅9年，大型项目靠外援

斯里兰卡是印度洋上一个美丽的小岛国，人口2100万，这个数字不及中国任何一个省的人口。不过，其地缘位置决定了这个岛国未来在世界以及在区域发展中将起到的重要战略作用。

作为一个以种植园经济为主的农业国家，茶叶、橡胶和椰子是斯里兰卡农业经济收入的三大支柱，也是出口创汇的重要组成部分。斯里兰卡是世界三大产茶国之一，最重要的出口产品是锡兰红茶，同时也是世界排名前五的宝石生产大国，享有“宝石王国”“印度洋上的明珠”的美称，被马可·波罗认为是最美丽的岛屿。

人们也许不会想到，直到2009年5月，斯里兰卡才结束长达近30年的内战，进入和平发展时期。近年来，斯里兰卡政府十分重视对基础设施的投入，建设了一大批重点工程，涵盖电子能源、航空航运、交通运输、水利水务、通信等领域，使其投资环境有明显好转。

虽然经济基础比较薄弱，工业体系尚不完善，但是斯里兰卡对于外国投资态度极其友好。外援在斯经济发展中发挥着重要作用，几乎所有大型基础设施项目都依靠外国资金兴建，向斯提供援助的国家和国际组织有30多个。

其实不光是中国，日本、印度、韩国、新加坡，还有美国和德国等欧美国家都在这片热土上拥有不同领域的投资项目。

只是，戴着有色眼镜的西方观察员以及对中国接近南亚邻国过度警觉的印度战略家，总是对中国在斯里兰卡的投资项目指指点点，他们习惯于站在自己的立场上猜测中国对斯投资意图。

然而，在斯里兰卡内战即将结束，急需外援的当口，这些国家是怎么做的呢？

“费力不讨好的差事”多数国家不干

战后重建，百废待兴。斯里兰卡政府最初曾恳请印度等国帮助进行公路、铁路、港口、电厂等基础设施开发，显然，这些费力不讨好的差事没有激起多数国家的兴趣，斯里兰卡政府于是转而寻求中国支持。

最近在接受印度一家网站专访时，斯里兰卡议员纳马勒·拉贾帕克萨回忆起当时的一些情景，“我们曾经向印度政府提出希望开发南部高速铁路以及汉班托塔港口项目，但是三年过去了，他们始终没有回应。我们不想再等三年，而是把项目交给了准备着手进行开发的国家”。

正是在这种背景下，中国政府当年向斯里兰卡提供了大量优惠贷款及投资，随后，连接斯里兰卡的南北大通道 A09 公路、普特拉姆燃煤电站、科伦坡国际集装箱码头、科伦坡国际机场高速路、汉班托塔港工程陆续开工。

其中 A09 公路无论在当年还是现在，都是对斯里兰卡来说最重要的一条干线。

这条公路长达 1000 多里，几乎覆盖北部整个地区。当年，中国企业刚刚走进施工现场时，到处都是雷区以及难民营。然而，中国人不惧艰难，冒着生命危险帮助修复了这条北部公路，不仅改善了斯里兰卡交通基础设施，还给当地提供了大量就业机会，为发展斯里兰卡北部经济作出贡献。2011 年，时任斯里兰卡外交部长佩里斯就表示，“中国对斯里兰卡战后经济建设给予了鼎力支持”。

随着中国企业的不懈努力，现在，几乎每年都会有一些重大项目陆续完工。仅 2018 年就将有南部铁路（斯里兰卡近百年来建设的首条铁路）、科伦坡莲花电视塔（斯里兰卡的新地标）、K 坝（斯里兰卡中部重要的大型水库）等竣工。

“中国项目极大地改善了斯里兰卡基础设施状况，为斯里兰卡加快工业化进程奠定了坚实基础，同时给当地民众带来看得见、摸得着的实惠”，斯里兰卡政府官员类似的表态几乎在每一次中国大型工程交付时都会听到。

普特拉姆电站投入使用后则让斯里兰卡整个国家的电价下降了 25%，这个项目是目前斯里兰卡中斯政府项目中盈利最多的项目，目前电站每天为斯里兰卡国有电力公司锡兰电力局带来纯利润约 100 万美元。

被誉为斯里兰卡新“国门第一路”的科伦坡国际机场高速路建成通车，大大节省了从机场到科伦坡市区的时间，用斯里兰卡时任总统拉贾帕克萨的话说，是圆了斯里兰卡几代人的“高速公路梦”。

由中国公司牵头的科伦坡国际集装箱码头属于科伦坡港口的一个部分，中方经营的这个码头不仅为斯里兰卡带来了投资、先进的港口管理理念，还提高了科伦坡港口总体运营水平。根据英国一家颇具权威性的专业航运咨询公司最新发布的数据，科伦坡港口在连通性方面 2017 年已经跃居世界第 13 位。斯里兰卡港务局执行董事普雷马钱德拉曾经这样表示，“如果没有中国公司，科伦坡港难以拥有现在的繁荣，也不会跻身全球性港口，科伦坡国际集装箱码头为斯里兰卡经济迅速融入全球作出了巨大贡献”。

斯里兰卡最大水库莫勒格哈坎达水库项目（M 坝）2018 年初竣工移交时，斯里兰卡总统、总理和议长同时出席，因为这个水库项目的建成不仅结束了该国中东部相关地区农业靠天吃饭的状况，也使当地农业种植提高精细化耕作水平变成可能。

无视自己的承诺，又对他国的投资难以接受？

然而，就是这些对于改善当地民生起到巨大积极作用的项目，却成为西方国家眼中带刺的玫瑰。

印度一向将斯里兰卡视为其国土 14 海里之外一艘“永不沉没的航母”。原本就对中国这个邻居疑虑重重，中国在斯里兰卡投资加大的事实自然让印度难以接受。

早在斯里兰卡内战临近尾声的 2008 年，中国开始着手为其修建三条公路、两个发电厂和汉班托塔港口时，印度就表现出强烈的担忧。

时任印度前国家安全顾问纳拉亚南曾说过这样一句话，“我们是一个地区大国，不管他们（指斯里兰卡）需要什么，都应该向我们求救”。

问题在于，印度的钱袋子是否有足够的银子能掏出给斯里兰卡。

印度议会常务委员会曾经在一份报告中批评莫迪政府，“印度对于其邻国马尔代夫、不丹、斯里兰卡、阿富汗、孟加拉国的援助和贷款都有相当大的减少”。该委员会认为，对于一个国家的援助数量通常被视为印度与其直接及扩展邻国的外交接触活动的程度。

一些印度专家指出，莫迪领导的印度人民党政府完全无视自己的承诺，减少对南亚邻国的援助与贷款，从长远角度看将会伤害印度的国家利益。

与印度对斯里兰卡援助减少形成鲜明对比的是，近几年来，越来越多的中国大型企业响应“一带一路”倡议开始向斯里兰卡投资，参与建设各类大型涉及民生的重大基础设施工程。

在所有项目里，最让印度感到担忧的便是科伦坡港口城和汉班托塔港。

科伦坡港口城位于印度洋沿岸科伦坡国际集装箱码头毗邻海域，它将会把科伦坡打造成为整个南亚地区重要的海上航运枢纽。然而，目前印度的货物70% 以上是以科伦坡港作为中转站的。

汉班托塔港口则位于斯里兰卡最南端，一旦汉班托塔深水港开始运转，将会成为印度洋至太平洋地区所有舰船最重要的后勤补给中心。

虽然中国企业反复强调是出于商业考虑参与这些项目工程，但是印度更愿相信中国之所以愿意在这些项目上投巨资是出于政治和战略目的。

因此，他们不断向斯里兰卡政府施加压力，以至于斯里兰卡政府反复“小心翼翼地向印度保证”敏感的港口运营将由一家斯里兰卡公司控制，斯里兰卡的任何港口都不会用于军事目的。

中国到底改变了什么？

中国在斯里兰卡投资参与的项目中，距离汉班托塔 17 公里之外的马特拉国际机场（又名汉班托塔国际机场）属于一个另类。

这个项目当初是斯里兰卡时任政府作为南部发展战略的重要一环而提出，但后来的政府并未给予该机场提供更多的后续基础设施补充。与此同时，或许是当时的环评做得有些粗糙，以至于后来据说在该机场起落的飞机“总会受到飞鸟干扰”。

虽然中国仅仅是马特拉国际机场的施工方，但是几乎所有西方媒体都把这个项目商业运营不成功的责任归咎于中国。

但事实是，马特拉国际机场的不成功在很大程度上与其身处的斯里兰卡政治旋涡有关。

有意思的是，尽管马特拉国际机场一直被誉为“毫无商业价值”，但从

2017 年 5 月份开始印度政府一反常态地表示希望接管马特拉国际机场。当时许多西方舆论都在宣传说，“斯里兰卡把汉班托塔港运营权交给中国，为了平衡，未来将把马特拉国际机场的运营权交给印度”。

目前有关马特拉国际机场未来前景的谈判仍在进行，最终斯里兰卡政府会把该机场的运营权交给何方尚属未知。

尽管一些西方国家总是喜欢以马特拉国际机场作为反面教材，声称中国通过援助这种“白象工程”（White Elephant Projects，特指昂贵无用、华而不实的政府工程项目）让斯里兰卡陷入债务陷阱，但即便斯里兰卡人自己都不认同这种说法。

纳马勒就强调，“斯里兰卡并未陷入（中国的）债务陷阱，因为所有投资者都需要为自身利益而谈判”。

或许正是因为感受到中国的真诚，每当出席中国项目启动仪式时，斯里兰卡领导人都会毫不吝啬地表达对中国政府以及中国企业的感激之词。他们表示，中国对斯里兰卡的帮助是发自内心，中国尊重斯里兰卡主权和内政，对斯里兰卡的援助没有附加任何政治条件。

中国投资目的也并非像西方媒体所言要“改变地区规则”，它所带给斯里兰卡的是各种有形无形的社会和经济进步。

未来，如果斯里兰卡能够保持稳定的政局，如果斯政府能够通过良好治理把中国为斯里兰卡建造的水利工程、发电厂、公路、铁路、港口、机场等基础设施的潜力充分发掘出来，那么斯里兰卡距离实现印度洋中心的愿景将为时不远。

撰文：唐璐

06

中国会逐渐买下发达国家吗？又被嫁祸了！

导语：托马斯·皮凯蒂（Thomas Piketty）的《21世纪资本论》是向马克思致敬之作，也是在当代背景下反思全球经济金融危机之作。

近年来这本书的流行，揭示了全球无论是发达国家还是发展中国家对于社会不平等与贫富差距扩大等问题的高度关注。

那么，21世纪的全球贫富差距到底是什么情况？

- 各国之间财富平等吗？
- 中国（或石油输出国的主权财富基金）会逐渐买下发达国家吗？
- 发达国家到底有多富裕？公众又为何总担心自己的国家财富落入他国之手？

让我们来一起看看皮凯蒂的分析。

资本背后的全球政治图景

主权财富基金在近些年来有了长足发展，尤其是石油输出国的主权财富基金。

挪威的主权财富基金在2013年的资产规模超过7 000亿欧元，其财务报告是全球所有主权财富基金中最详细透明的。其投资策略至少在开始的时候，比美国大学基金会还保守，这也不难理解，因为毕竟主权财富基金是在公众的严格监督下，因此其投资收益也没有那么高。最近该基金的管理者获得授权，他们可以将更多的资金用于另类投资（尤其是国际房地产），因此该基金的未来收益有望提升。

1970—2010 年，挪威政府把从石油产业中挣来的钱的 60% 都投入了该基金，而另外的 40% 则用于政府开支。挪威当局并未详细说明，该基金的长期目标是什么，也没有说明从何时开始该国公民会消耗该主权财富基金及其投资收益。或许他们自己也不知道：这取决于挪威的石油储量变化、每桶石油价格的变化以及该基金在未来几十年的投资收益状况。

如果我们看看其他国家的主权财富基金，尤其是中东国家的基金，那么令人遗憾的是，这些国家的主权财富基金透明度要比挪威差许多。其财务报告往往言之不详，因此几乎不可能去彻底了解其投资策略，而投资收益状况充其量也就提点几句；此外各年度之间的数据也往往不可比较。

掌管着全球最大主权财富基金的阿布扎比投资局（Abu Dhabi Investment Authority）（其基金规模与挪威主权财富基金相近）在最近发布的报告称，1990—2010 年其基金的年均实际收益率高于 7%，而在 1980—2010 年为 8%。考虑到美国高校基金会的投资业绩，这样的数字完全是有可能的，但由于该机构没有提供详细的年度信息，因此也很难对其做进一步分析。

不同的主权财富基金显然是采取了不同的投资策略，这或许与这些基金对待公众的不同态度以及对全球政治形势的不同看法有关。阿布扎比经常称其基金获得了高额回报，但沙特阿拉伯的主权财富基金却十分低调，尽管其规模在石油输出国中仅次于阿布扎比和挪威而高于科威特、卡塔尔和俄罗斯。波斯湾沿岸的石油小国往往国民数量稀少，因此其主权财富基金报告设定的阅读对象是全球金融投资界。而沙特主权财富基金的报告则更加沉稳，并提供了从石油储量到国际收支和政府预算的情况，显然这样的报告是要给沙特阿拉伯王国的全体公民看的。

沙特在 2010 年的人口总量是 2000 万人，尽管与中东地区大国相比不算太大（伊朗人口 8000 万、埃及 8500 万、伊拉克 3500 万），但却要远远大于那些袖珍的海湾国家。这还不是唯一差别：沙特基金的投资似乎更加保守。按官方文件披露的信息，沙特主权财富基金的投资收益率不会超过 2%~3%，因为大量资金都投向了美国国债。沙特的财务报告中并没有足够的信息来让外界推断其投资组合变化，但其提供的信息却要比阿联酋详细许多，在这一点上他们似乎更准确。

那么，为什么明明可以在别处获得更高的收益，但沙特阿拉伯却选择美国国债作为主要投资对象？

这尤其值得发问，因为美国高校的基金会从几十年前就开始慢慢停止投资美国的国债了，而选择在全球范围搜寻更好的投资机会，大量投资于对冲基金、非上市企业股权以及基于大宗商品的衍生交易品。

诚然，美国国债是动荡世界中最安全的投资港湾，或许沙特阿拉伯的公众对于另类投资毫无兴趣。但与此同时也必须考虑这种选择背后的政治和军事考量：尽管这从来没有公开说破，但如果说沙特阿拉伯是在通过这种方式给为其提供军事保护的美国提供低息贷款，这在逻辑上似乎也说得通。据我所知，无人试图对这样的“投资”计算其具体回报，但无疑回报是相当可观的。

如果美国和其西方盟友没有在 1991 年将伊拉克军队赶出科威特，那么接下来伊拉克就可能会威胁沙特阿拉伯的油田，那么就有可能导致伊朗等其他国家也跳出来参与本地区石油资源的重新分配。如此全球资本分布就会立刻变成经济、政治和军事的全面争衡。在殖民时代就曾上演这样的一幕，当时英法为首的帝国稍有龃龉就会赶忙推出大炮来保护本国的投资。显然，在 21 世纪也同样存在这样或明或暗的争斗，只是在新的充满紧张气氛的全球政治图景中，现在人们难以提前预测冲突会在哪里爆发。

西方国家害怕被主权财富基金掌控

那么在接下来的几十年，主权财富基金的规模会膨胀到什么程度？

根据目前的估测（当然这些估测十分粗糙），2013 年全球主权财富基金的总规模是 5.3 万亿美元，其中 3.2 万亿美元属于石油输出国（除上面提到的国家和地区外，还有迪拜、利比亚、哈萨克斯坦、阿尔及利亚、伊朗、阿塞拜疆、文莱、阿曼等国家），其余的 2.1 万亿美元则属于非石油输出国和地区（主要是中国大陆、中国香港、新加坡和其他小型主权财富基金等）。主权财富基金的规模与《福布斯》财富榜上所有亿万富翁的财富总额相当（2013 年约为 5.4 万亿美元）。换言之，亿万富豪如今拥有全世界财富总额的 1.5%，主权财富基金也拥有全球财富的 1.5%。或许这是值得庆幸的消息，至少现在还有 97% 的全球财富没有被超级富豪和主权财富基金所掌控。按现有的推算，在 21 世纪下半叶之前这两者还不至于很快就成为世界财富的主宰（如占比 10%~20%），因此我们似乎还不用担心按月给卡塔尔酋长（或挪威纳税人）支付租金的日子。但如果我们完全忽略，那就会犯下严重错误。

首先，现在我们没有理由高枕无忧，因为我们的下一代和孙辈可能会面临上述情况，而我们不应临渴而掘井。

其次，由于全球资本的很大一部分是非流动性的（包括房地产以及不可在金融市场交易的商业资本），因此主权财富基金的流动资本比例（亿万富翁所拥有的流动资本相对少一些）实际上要比全球资本的高，这些是可以用来收购破产公司、买下足球俱乐部或在政府无力时出面重振某衰落社区的“活”资金。事实上，来自石油输出国的投资活动在法国等发达国家日趋活跃，而正如前所述，法国等国又恰好是对资本重新回归最缺乏心理准备的国家。

最后一点，主权财富基金与亿万富豪的关键区别在于，主权财富基金（或至少是石油输出国的主权财富基金）不仅会将投资所得用于再投资，而且还会接受来自石油销售收入的源源不断的投入。尽管这些新增流量究竟能有多少还充满着不确定性，这是因为地下到底有多少石油、石油需求如何以及每桶石油价格等都属于未知信息，但可以料想的是，来自石油销售的投入会远远超过现有资产的投资收益。

来自自然资源开采的租金，即自然资源销售所得与开发成本之间的差距，自 21 世纪头 10 年中开始约占全球生产总值的 5%（其中半数都是石油租金，而其余的则主要来自天然气、煤炭、矿藏和木材），这与20世纪最后10年的2%以及20世纪70年代初期的1%相比有了明显提升。根据某些预测模型的测算，石油价格将从目前100美元一桶（21世纪初约为25美元一桶）上涨到2020—2030年的200美元一桶。如果每年都有相当比例的石油资源租金流入主权财富基金，那么到2030—2040年，全球主权财富基金将占全球资本总额的10%~20%甚至更高。现在没有任何经济规律可以确定这种情况不会发生。这一切都取决于供求状况，即新的石油储备或其他新能源是否被发现，以及人们对无石油生活方式的适应速度。不管如何，石油输出国的主权财富基金必然会继续增长，其在全球资产中的比重到2030—2040年时将比现在的比重高出至少两三倍，这是相当大的增长。

如果这样的情况发生，那么西方国家会越来越难接受这样的观点，即本国资产越来越多被来自石油输出国的主权财富基金掌控，迟早这会引发政治上的应对措施，例如限制主权财富基金对房地产以及实业和金融资产的购买，甚至部分或完全将主权财富基金挡在门外。这样的应对措施在政治上缺乏谋略，在经济上缺乏效率，但这毕竟是各国政府有权利采取的行动，哪怕是小国政府也完全可以这样做。

请注意，即便是石油输出国本身也在开始减少对外投资，相反这些国家希望把更多的资金留在国内，因此石油输出国正在大兴土木，建造博物馆、高级酒店、大学甚至滑雪场，这些建设项目规模如此之大，完全不考虑经济或财务上的合理性。或许这种行为反映了这样的意识，即与其投资国外而让外国政府将来没收资产还不如肥水不流外人田。当然现在并无保证说这样的过程会始终维持和平方式：当涉及本国资产被他国拥有时，没有人能预知公众的心理和政治底线到底会在哪里。

中国会买下全世界吗?

非石油输出国的主权财富基金则略有不同。为何一个没有特殊自然资源的国家会决定去买下另外一个国家？其中一种可能性当然是新殖民主义思想，像是欧洲殖民主义时代那种纯粹对大国实力的渴求。但如今的状况已经不同，现在欧洲国家拥有了技术上的优势可保证他们处于支配地位。

中国和其他非石油产出的新兴市场国家正在迅速发展，当然证据都表明，一旦这些国家追赶上了发达国家的生产效率以及生活水平，那么其高速发展也自然会走到尽头。知识和生产技术的传播起到了基础性的平等化作用：一旦发展中国家追赶上了发达国家，那么这些国家也就不会再高速发展。

在对全球资本 / 收入比变化的最可能出现情形的设置中，我假设当国际平等化过程接近尾声时，储蓄率将会稳定在国民收入10%的水平。在这种情况下，全球各地的资本积累都会呈现相似的状况。世界很大一部分的资本积累当然会发生在亚洲，尤其是在中国，这将与该地区在未来全球产出中的比重相配。但根据最可能出现情形的假设，世界各大洲的资本 / 收入比都会趋同，因此各地区都不会产生储蓄和投资的严重不平等。

非洲可能是唯一的例外，21 世纪非洲的资本 / 收入比会低于其他各洲（尤其是非洲的追赶速度较慢，其人口结构转变也延后了）。如果资本可以自由流动，那么我们会看到来自其他国家对非洲源源不断的投资，尤其是来自中国和其他亚洲国家。鉴于上述原因，这可能会导致严重的紧张对立，而现在已经可以看到某些紧张苗头。

当然也有可能出现较最可能出现的情形不平等得多的状况。但无论如何，财富差距扩大的力量在主权财富基金方面并没有表现得那样明显，因为主权财富基金的增长完全来自意外收获，而与其受益人群的需求不成比例（尤其是当主权财富基金所在国的国民数量较少时）。这会导致永无止境的积累，r>g（r 代表资本收益率，包括利润、股利、利息、租金和其他资本收人，以总值的百分比表示；g 代表经济增长率，即年收入或产出的增长）的不平等转化成了全球资本分布中差距的持续扩大。总而言之，石油租金或许能让石油生产国买下全世界（或世界大部分）并依靠所积累资本的租金自我延续。

中国、印度和其他新兴市场国家的情况则不同。这些国家人口众多，国内人口的需求（无论是消费需求还是投资需求）还远远未满足。当然我们可以想象，中国的储蓄率会继续大大高于欧洲和北美的储蓄率：例如中国可能会采取累积制的养老金体系而不是现收现付制，这在增速放缓的情况下是极有吸引力的（如果人口负增长，那么这样的选择将更有吸引力）。

如果中国在2100年之前都把国民收入的20%转换成储蓄，而欧美的同期储蓄率只有10%，那么到21世纪末，新旧世界的许多资产都会被庞大的中国养老基金掌控。这虽然在逻辑上能说通，但这种可能性却并不大，因为首先中国工人和中国社会整体肯定更希望（当然是有理由的）依靠公共养老体系维持退休后生活（如同欧美那样），第二个原因正如上面对石油输出国和其主权财富基金论述时提到的政治考量，中国的养老基金也会受此影响。

国际两极化还是寡头两极化

无论如何，现在不用担心由于中国（或石油输出国的主权财富基金）逐渐买下发达国家而造成国际财富分化，最大的危险还是在于国内寡头的崛起，即越来越多的发达国家资产将集中在国内富豪手里，甚至更进一步，包括中国和石油输出国在内的国家也会越来越被掌握在亿万富翁和百万富翁手里。

如前所述，这样的过程其实已经开始了。随着全球经济增速的放缓以及各国对资本的竞争加剧，现在有理由认为，未来几十年r将远远高于g。如果再考虑初始财富越大回报就越高的效应，随着全球金融市场的发展，这种分化现象可能会被进一步强化，那么显然，前1%和1%的超级富豪的财富就会越来越多，与普罗大众的差距也会越拉越大。当然现在很难判断说，这种寡头两极化究竟会发展多快，但似乎寡头两极化的风险要远远高于国际两极化。

需要强调的是，目前对“中国将要买下全世界”的担忧纯属杞人忧天。发达国家的富裕程度实际上远远超过公众的想象。如今欧洲家庭拥有的房地产和金融资产在减去负债之后依然高达70万亿欧元。而中国所有主权财富基金的资产再加上中国银行的外汇储备目前也就是3万亿欧元，不足欧洲家庭净资产总额的 1/20。因此发展中国家根本无力买下发达国家，发展中国家必须要经过长时间的发展才有可能做类似的举动，但这应该是至少几十年后的事情。

那么，为何发达国家公众会有这样荒谬的担忧，会担心自己的国家财富落入他国之手？部分原因无疑是那种以嫁祸外国人来缓解国内矛盾的普遍情绪。例如许多法国人都认为，来自外国的购买者推高了巴黎的房价。但如果真正分析巴黎购房者的结构，我们就会发现外国购房客（或外国居民）对房价上涨的贡献度充其量不过 3%。换言之，如今巴黎房价居高不下的原因 97% 都是由于法国本国居民造成的，因为现在有数量足够多的法国居民有购买房产的能力。

在我看来，这种被剥夺感主要是因为富裕国家的财富高度集中（因此对于大多数人来说，资本仅仅是抽象概念），而超级富豪逃离本国的过程也已开始上演。对于大部分生活在发达国家的居民而言，尤其是欧洲居民，他们很难接受说欧洲家庭财富其实是中国家庭财富的 20 倍，这是因为欧洲财富主要为私人所有，而政府无权调用这些私人财富来行使公共职能（例如援助希腊，中国此前不久就提出了这样的设想）。但欧洲私人财富非常真实，如果欧盟真的决定要好好动用这笔财富，那也会有办法。

问题在于，单一欧洲国家政府很难单独对资本实施监管或对资本收入课税。今天在发达国家居民中弥漫的那种被剥夺感也可能是民主主权的弱化造成的。这在欧洲表现得尤为明显，欧洲各国都在为了吸引资本而相互竞争，从而强化了整个财富分化过程。外国资产头寸的迅猛增加（即每个国家都越来越多持有邻国的资产）也是整个财富分化过程的一部分，这也加深了欧洲居民的无助感。

寡头两极化不仅发生的概率要远远大于国际垄断，还更难以对付，因为这需要各国政府高度合作，而现在各国政府却在忙着相互竞争。财富的流转也使得国籍的概念淡化，因为最富有的人总是可以转移资产甚至变更国籍，由此切断与其母国的所有联系。只有在相对宏观层面协力推行应对政策，这种困境才有望解决。

富国难道真的很穷？

另外，需要指出的一点是，现在全球金融资产的很大一部分其实已经都隐匿在各避税天堂里，由此也给全球财富的地理分布分析增加了不少难度。

如果仅仅看官方数据（根据国际货币基金组织等国际组织所收集的各国数据），那么富裕国家的净资产头寸与世界其他国家相比较是负的。如日本和德国有着很大的国际头寸顺差（这意味着日本和德国的家庭、企业和政府拥有的海外资产要超过海外国家所持的日本和德国资产），这说明日本和德国在近几十年以来都有着很大的贸易顺差。但美国的净头寸是负的，除德国之外的大部分欧洲国家的净头寸接近零，有些国家甚至是逆差。

如果将发达国家的国际头寸全部加起来，那么最终的净头寸是负的，大约相当于 2010 年全球生产总值的 －4%，而 20 世纪 80 年代中期时头寸为零。但必须要认识到，这种负头寸的规模实际上并不大（大约相当于全球财富的 1%）。无论如何，正如此前所提到的，我们正生活在国际头寸相对均衡的时代，至少与殖民时代相比现在的国际头寸很平衡，当时发达国家对其余国家的头寸要大得多。

当然从理论上来说，发达国家负的国际头寸也就对应着世界上其他国家的正头寸。换言之，发展中国家持有的发达国家资产要超过发达国家持有发展中国家的资产，其顺差大约是全球生产总值的 4%（或全球财富总额的 1%）。但实际上情况却并非如此：如果将世界各国的财务数据汇总起来，我们发现发展中国家的国际头寸也是负值，也就是说整个世界的头寸都是负的。那么，难道真有火星人在购买地球的资产吗?

这其实是历史上常见的“统计误差”，但根据不同的国际组织预测，这样的统计误差在过去几年变得越来越大。（全球国际收支表通常处于负的状态：离境资金要高于入境资金，从理论上说这是不可能发生的。）对这种现象，目前还没有权威的解释。注意这些财务统计数据和国际收支平衡表数据在理论上是覆盖全球的。具体而言，即便是避税天堂的银行机构在理论上也有责任向国际机构汇报其情况。因此这种“误差”可能是由不同的统计失误或估算错误造成的。

通过比较现有的全部数据并利用了此前并不公开的瑞士银行业数据，加布里埃尔·祖克曼（法国经济学博士，著有《谁动了国家的奶酪》一书，编者注）发现，造成这种误差的最大可能性是避税天堂里大量金融资产的瞒报。他的审慎估计表明，这些瞒报的金融资产总额接近全球生产总值的 10%。某些非政府机构的估测要远高于此（有些估算甚至要高出两到三倍）。考虑到现有的数据来源，我倾向于认为祖克曼的估计更加贴近事实，尽管这些估计从本质上讲是不精确的，或许祖克曼的估计也偏于保守。但无论如何，哪怕是保守估计，这样的数字也足够大了。这毕竟是官方公布的发达国家国际资产净头寸的两倍。

现在几乎所有证据都表明，避税天堂里绝大多数金融资产（至少 3/4）的最终拥有者都是发达国家居民。那么结论就是显而易见的：发达国家对其他国家负的国际资产头寸实际上是正的（发达国家拥有更多的发展中国家资产，而不是相反，这归根到底也是合乎常识的），但这种现象被掩盖了起来，因为发达国家最富有的居民将其资产隐藏在了避税天堂里。

这进一步表明，近几十年来发达国家私人财富的急剧增长（相对国民收入）其实比根据官方数据估测出来的还要迅速。同样大笔财富在总财富中的比重上升也应该比官方数字所显示的更加迅猛。当然，这也显示了要在 21 世纪初期的全球资本主义体系中追踪资产是多么不容易，由此也影响到了我们对财富地域分布的基本判断。

撰文：托马斯·皮凯蒂　著名经济学家

07

美国、中国、俄罗斯、印度这四大国的兴衰取决于什么？

导语：保罗·肯尼迪，耶鲁历史系资深教授，1987年预测美国走向相对衰落的历史学家。在共和党总统里根执政末期、苏联解体和“冷战”结束之前，出版《大国的兴衰》，纵论公元1500年以降，五百年间世界大国的兴衰及其因果。引发轰动和争议，一时间洛阳纸贵，各国争相出版，美国国会当时举行数场听证会，召他做证陈述。

《大国的兴衰》引发的轰动和争议，是肯尼迪教授事先不曾料想到的。他的第一本书，出版社只印行了两千册。但《大国的兴衰》首印7000册，数日内就销售一空，此后连续7周登上《纽约时报》非小说类畅销书榜单，在美国至少售出25万册。在日本，日文版印行第一年就卖出至少60万册精装本。问世31年来，这本书已译成23种语言在世界多国一版再版。

《大国的兴衰》为肯尼迪教授赢得很多荣誉和赞誉。

他把大国竞争置于全球格局之下进行整体考量，被认为具有“大战略”眼光，开辟了一条历史研究的新路。他对史料纵横自如的综合运用与比较分析，不仅显示了扎实的史学功底，也凸显了历史研究对洞察人类未来的巨大价值和意义。

与此同时，各种专业和非专业的批评也密集而至。比较集中的批评包括：

一是过于突出经济实力对大国兴衰的作用，具有经济决定论色彩，低估了国家软实力影响、没有充分点明大国经济实力所仰赖的人的因素、制度和文化的因素。

二是认为他是“糟糕的预言家”，预言美国在走向相对衰落，但事实上《大国的兴衰》出版数年后，就发生苏东剧变，美国成为唯一超级大国。

三是认为视角和叙述模式失于单一，明显脱胎于欧洲“均势”史学，在理论方面缺乏深度和突破。

在春雪初霁的耶鲁，肯尼迪教授接受了库叔近两个小时的专访。

保罗·肯尼迪在耶鲁大学接受专访（徐剑梅　摄）

他自我分析《大国的兴衰》为何能一纸风行：部分原因是出书的时机凑巧，无意间赶上美国的大选之年。伴随 1988 年两党选战初启，美国社会掀起对里根主义 8 年得失的讨论。当时，美苏两个超级大国都存在对外黩武而忽略国内基础并因此导致衰落的风险。而在国际社会，特别是当时德国和日本的中产阶级和知识阶层中，对这样一部剖析 500 年来大国经济、军事和战略所塑造世界历史的通史和国别比较史类型的著作也存在强烈渴求，欧洲读者同样十分希望知道美国是否在相对衰落及如何求解自身面临的问题。特别是日本，1978 年 GDP 就超越苏联成为世界第二大经济体，在 80 年代深受美欧媒体鼓噪的日本威胁论困扰。

日本的崛起会否使美国失去头号大国地位？这是当时全世界都关心的问题。这是此书在日本大卖的重要原因。

肯尼迪教授曾经到过香港，并多次在韩国讲学。但遗憾的是，虽然《大国的兴衰》一书很早就有中泽本并屡次再版，但他本人迄今没有访问过中国内地。他仍然拿着英国护照，同时持有美国绿卡。英国允许双重国籍，归化美国对肯尼迪易如反掌且无须鱼与熊掌择一，但他似乎无意于此。实际上，身份认同问题似乎也没给他带来任何困扰。近两个小时的访谈中，他常常用“我们”这个字眼谈论美国，毫无窒碍。读他给《纽约时报》《大西洋月刊》等撰写的文章，也常见“我们美国”的字样。很难想象客居美国的法国或德国教授能够如此。英美特殊关系在他这里，可以说得到个人化的深度体现。

肯尼迪教授虽然以《大国的兴衰》成名，但在他看来，世界历史并非完全是大国所塑造和操纵的。反之，“很多时候，小角色唱了大戏”。第一次世界大战的发生，导火线就是塞尔维亚民族主义者、19 岁青年普林西普瞄准奥匈帝国王储斐迪南大公的致命一枪。在展望 21 世纪时，肯尼迪教授也曾经写道，不管这是否符合我们的希望，必须承认，21 世纪的地球，仍然是一个民族国家的世界。“人类集体应对的能力，和潜在全球威胁的规模不相匹配，这是一件危险的事情。”

30 多年间，沧海几回换了桑田。倘若重写此书，肯尼迪教授的主要观点有无改变？

美国作为世界头号大国，在走向衰落吗？中国威胁论的喧嚣背后，美国到底在担忧什么？

作为世界上最重要的一对双边关系，中美关系究竟会如何发展？

大国兴衰取决于什么?

时年 42 岁的肯尼迪，在《大国的兴衰》一书中阐述的主要观点包括：

● 大国的兴衰，是相对而言的，取决于当时环境里和其他国家实力升降的比较；

● 兴衰的主要和最终决定因素，是国家的经济基础和军事力量；

● 不断扩展战略承诺，导致军费攀升，最终使国家经济基础负担过重，是一个大国走向长期衰落的开始。

● 大国的兴衰，不是突变，而是一个渐变的长期过程。

简言之，大国兴衰是与其竞争对手比较而言，而因对外黩武损害本国经济，是 500 年来全球舞台上，一个个兴盛一时的大国走马灯般走向衰落的主要历史原因。

在雅致的耶鲁历史系小楼，如今已华发萧疏的肯尼迪教授告诉库叔，去年夏天，他完成了自己关于“二战”海军和海洋强国历史的最新著作，有出版社约他为《大国的兴衰》写篇新的前言，他因此深思这个问题，“想了很多”。

答案仍然是：书中主要观点“不需要改变”。

他说，500 年来大国兴衰历史表明，大国相对的经济实力与地位，与其相对的军事实力或地位相关联；而大国之兴衰，最终、更重要、更具决定性的因素，是相对他国而言的经济实力。“大国的经济基础决定和影响着它的相对地位”。

他举例说，《大国的兴衰》刚出版时，苏联相对的经济地位萎缩和瓦解得如此之快，因此动摇了俄罗斯的军事大国地位。即便俄罗斯总统普京百般设法复兴国家，但虚弱的经济基础使得俄罗斯至今仍是一个相对软弱的经济体。

中国则在过去 30 多年里经济不断增长。现在，到处听见人们谈论中国的大国地位、中国对世界事务的影响。明智的人们会认识到，中国目前在世界事务中的影响力，其基础是经济成功。一旦中国经济停滞或下行，人们也会怀疑中国在世界上相对的政治和军事影响将减弱。

另一个例子是日本。从20世纪60至80年代，日本经济逐年增长，如果这一态势持续，日本将会成为世界数一数二的大国。但事实上，《大国的兴衰》出版两年后，即大约1990年，日本经济停止增长，并从那以后长期停滞，日本的国际影响随之走低。

1990年，哈佛政治学教授约瑟夫·奈首次提出了维系大国领导力的软实力概念。此后，美国国际政治学界又“开发”出巧实力、锐实力等概念。

对此，肯尼迪教授认为，所谓软实力和巧实力，较难加以衡量和确定，不像评估GDP总量或军舰坦克，所有问题都是硬邦邦、可测量、看得见。再者，按照奈教授提出的概念，软实力就是影响其他人的能力，做自己想做，而其他人最初不想做的事。所以，软实力关乎的是影响力、说服力、吸引力，更依赖于定义而不是评估，不那么切实可见，来得快去得也快。

肯尼迪教授说，美国民主党总统奥巴马执政期间，从拉美到非洲，国际社会看到美国在世界的软实力上升。但换了一位总统，对非洲一再出言无状，对外国文化嗤之以鼻，让其他国家感到冒犯，高大上的美国软实力就“崩溃”了。所以，软实力会起起落落，比实打实的军力和具有竞争性的经济力量要更加脆弱和不稳定。在国际事务中，包括金融和技术实力在内的经济力量更加持久，更加重要，胜于政治领导人的言辞，也超越文化的理解与误解。

肯尼迪教授说：一个大国，如果经济健康强劲，就会兴盛；如果经济软弱、停滞和受到削弱，就存在问题，其在世界上的相对地位就会下降，这是一种普遍现象。虽然就此而言，不同的大国情况不同，并且技术进步的优势、特定大国领导人相对而言的聪明敏锐、大国相对而言的社会内在凝聚力，这些都很重要，但“大国兴衰的主旨是取决于经济”。

美国是在相对衰落吗？

在1987年面世的《大国的兴衰》中，肯尼迪教授曾经预言美国的相对衰落，但随后苏联解体、“冷战”结束，美国成为唯一的超级大国，风头一时无两，肯尼迪教授因而被有些人批评为“糟糕的预言家”，但他对此并不服气，认为他着眼的并非五年十年的情况，而是50年乃至一个世纪的大趋势，是历史的长周期。

时隔多年，我们旧问重提：美国作为世界头号大国，在走向衰落吗？

肯尼迪教授说：“你们可能不会满意我的答案，但答案是：‘我们必须得观望’（We will have to see）。”

他说，以美国目前的经济状况，要就此得出一个简单化的答案是极其困难的。美国经济各类迹象并存，既有创新和科技进步、就业市场的复苏；又有在全球市场的失利和退却，与中国、韩国、日本、德国的贸易赤字还将持续。许多迹象显示，特朗普宣布新的关税政策，不是在宣示美国的力量，而是在事实上承认美国人缺乏竞争力，反映出美国存在的巨大焦虑——不论投资比率、基础教育、医保总体水平还是技术培训，都显示出美国相对缺乏竞争力的迹象。相形之下，20世纪50年代艾森豪威尔执政时期，美国在这些方面远比当时世界上其他任何国家更加强大、更有竞争力。

肯尼迪教授一再强调衰落的相对性，同时也继续坚持他关于美国在走向相对衰落的观点，主要依据是美国经济在世界经济中占据的份额缩小。对美国领导人来说，主要挑战就是如何成功地、智慧地处理美国这种相对衰落。

特朗普能够领导美国战胜这一挑战，进而“重新伟大”吗？从肯尼迪教授对特朗普的评价来看，显然是困难的。在访谈中，肯尼迪教授多次点名或不点名批评特朗普。“我们的领导人，从身体上、情绪上、从内心深处，确实没有耐心。他从不读书，就看福克斯新闻台，不看其他新闻报道，早上醒来就想搞点事情。”

他严词批评特朗普的执政风格，认为特朗普“不耐心”“不稳定”，政策诉诸波动的情绪和本能直觉，“经常冒犯美国的朋友和侮辱美国的竞争者”。2018年3月以来，白宫政策“更加混乱、动荡和令人迷惑”，管理不善并且未能理解这个世界的本来面目。

肯尼迪教授使用“愚勇”（foolhardiness）一词形容特朗普的执政特点，认为特朗普由此削弱了美国的相对地位。但他立刻自问自答："这是否会永久损害美国的相对地位？我认为恐怕不会，或者说，可能还没有发生。"

"换言之，如果白宫继续作出鲁莽并且适得其反的决定，那就可能损害美国的竞争力和社会内在凝聚力，这就可能削弱美国的地位，会使特朗普先生的继任者更加难以弥补这种损害。"

肯尼迪教授说，特朗普执政"不会搞垮美国，因为美国太强大，太有应变能力。但是领导人的一整套政策具有破坏性，使得我们生活在一个破坏性的时代（damaging times）"。

他同时指出，美国的相对衰落势头，并非不可逆转。

尽管未来 50 年里，世界经济的总体趋势是东升西降——亚洲和非洲经济份额相对增加，美国和欧洲经济份额相对下降，但以美国经济的多元和体量之巨，也可能通过创新和技术进步，遏制并逆转其相对的衰落。《大国的兴衰》成书于 20 世纪 80 年代，但到 90 年代民主党总统克林顿执政时期，美国经济就曾连年较快增长，在世界经济所占份额相应有所回升。

所以，肯尼迪教授说，大国的兴衰是相对的，对大国兴衰的思考和分析应当加以条件限定。就目前而言，长期趋势似乎是美国在世界经济中所占份额将没有过去高，大概率事件是，以经济和军事指数衡量，美国可能失去世界第一的位置。但美国不会因此失去大国地位，仍将在国际事务中极具影响力，因为它内在实力和资源规模非常巨大，特别是它能够调动的各方面资源，非常丰富。

新一波中国威胁论从何而来？

肯尼迪教授强调，中美关系"极为重要而复杂"，是世界上最重要的一对双边关系，中美是世界国家"丛林中两头最大的大象"。两个大国的领导人传递给世界的信息，可能会被其他许多国家效仿或利用。

他认为，特朗普的关税政策，一方面，是将美国与其他国家经贸关系过分简单化，将其当成有形的货物交易，视之为非输即赢的棋类游戏；另一方面，其中的政治考量大于经济考量，缺乏对中美关系复杂性的理解。对从中国进口产品大规模征收关税，对美国的经济地位来说，弊大于利；对中美相互理解来说，也是件糟糕的事情。

美国政府停止对华接触政策（engagement policy）了吗？肯尼迪教授回答说：“是的，在很大程度上已经停止。”但如果几周后，特朗普宣布和北京进行了非常好的政策对话，两国关系很棒，他不会感到惊讶。

这其中，一个重要原因是特朗普的用人方式。特朗普凭借直觉执政，对白宫顾问和政府高官的不同意见感到沮丧，国务卿蒂勒森和白宫国家经济委员会主任科恩的离职都是象征性的，更值得注意的是哪些政府高级官员留了下来。如果特朗普政府里都是一些对他点头称是、对外强硬对抗的人，他们的政策会相当有破坏性。特朗普政府不倾听经济或外交专业人士意见。这对美国没好处，也对中美关系不利。

更重要的影响因素，自然是一段时间以来，在美国朝野不断兴起风浪的新一波中国威胁论，肯尼迪教授说，如今，中国频繁成为《经济学人》等英美报刊的头条或者特刊焦点。这让他想到，百年前德国崛起时，在大英帝国的报章上、在当时所谓爱国民粹团体的政治议程里，也充斥着德国威胁论，因而产生这样一句俗话：“满脑子德国”（Germany on the brain），如今，也可以说“满脑子中国”（China on the brain）。

肯尼迪教授说，目前美国朝野对华舆论的确过度夸张渲染，走得太远、调门太高。那些民粹主义、咄咄逼人的反华辞藻，并没有数据作为支撑，令美国担忧的某些事情也还没有发生。这些夸大其词的论调，没能理解中国担忧和中国弱点。

对很大一部分国际受众来说，中国被描绘成一个过于高大的巨人。但与此同时，许多明智的中国人会说，我们实在并没有这么强大，中国有很多自己要操心的内部问题。“中国所有这些担忧可能都没有被提到，那么中国所有威胁也就可能被夸大。”

和展望美国的相对衰落一样，在谈论中国和亚洲的崛起时，也同样必须使用条件限定。中国人也是人，也有可能摔跤，中国也像日本一样，已发现保持经济增长的难度。他说，我们应谨慎使用预测性语言。截至目前，最大的风向标是：中国经济将继续相对增长，即便不像以前那么快，也会相对于美国在增长。

肯尼迪教授还特别告诫，要警惕选择性使用事实进行偏颇论证的习气，谨慎辨析观点背后的事实。“我们能制造各种数据显示中国有 50 英尺（约 15.24 米）高，也能制造更多数据显示中国只有 4 英尺高（约 1.22 米）。

与此同时，肯尼迪教授也引用了一句古老的英国谚语：“无火不冒烟”，意即我们常说的无风不起浪。他说，在中国威胁论的喧嚣背后，也存在毫无疑问的铁的事实——连续 30 年，中国的经济成功使她稳步获取了全球制造的更大份额。

“因此，是否中国在相对崛起而美国在相对衰落？我的答案是：‘是的’。”

这是否让美国人担忧，就像历史上其他任何头号大国所担忧的那样？

是的。

新的中国海军、空军和武器导弹系统是否带给美国实力、效率和技术上的威胁？

是的。

中国和 25 年前相比，是否军事上更有效和更强大？

是的。

肯尼迪认为，这种相对变化的发生，就是对美国的挑战。中国在理解当前美国上存在问题。而美国，包括有才智的美国人，对理解中国并确切衡量美国所面临挑战的规模上也存在问题。识别美国真正关切的领域，将其与对中国的夸张描述区分开来，这是最为困难而又必要的事情。

中美存在结构性冲突吗？

缺乏相互理解会导致互信缺失，那么增进中美交流就能够改变中美关系现状吗？

肯尼迪教授给出了双重但并非模棱两可的答案："能，但也不能"。

他说，过去（很多国家之间）都有很多这样的情形：两国政府或领导人宣布采取了一系列举措使两国关系取得进展，即便这些措施有些可能切实可行，有些只是作秀和宣示。美国也致力于扩大两国学生和民间交流，比如高中球队比赛、芭蕾舞演出等。这些措施能够成为两国关系向前迈步的"突出进展"，因为它们能够针对歧异带来更加现实主义的理解和交流。

与此同时，这些交流也难以消弭中美之间"真正的不同"。对待具体问题和国际事务，和中国相比，美国的政治文化"有不同的、特出的态度"。"我们应当理解，中美有不同的世界取向，不同的世界观，而不是假定另一方糟糕或者坐下来谈就能相处甚欢。"中美需要厘清两国的所有分歧中，"哪些是真正的不同，哪些能够通过智慧的妥协而加以改善。如果界定四五个这样的领域，就可望朝着明智的中美关系迈出真正的步伐。"

归根结底，中美能够避免掉进修昔底德陷阱吗？肯尼迪教授回答说："这是一个大问题。""从政治上、情感上、本能上，都很难得出一个确切和清晰的答案。"

他指出，哈佛教授格拉汉姆·艾利森（Graham Allison）根据16个历史案例研究提出"修昔底德陷阱"，认为新兴大国改变国际秩序现状、挑战守成大国，由此导致冲突和战争。大约3年前，中国就宣布不会踏入"修昔底德陷阱"。这表明，至少有一方已经理解这一假说，承认这是一个问题，向避免这一陷阱迈出了第一步也是重要的一步。

美国和中国都是骄傲的、富有自我意识的主权国家。如今在众多行业，中国都位居世界第二，并在取代美国的领先地位，而美国即便长期而言可能进行战略收缩，也决计不会退出亚太，把势力范围自囿于加利福尼亚州至夏威夷的东太平洋，在这个问题上，"美国是不会妥协的"。

不过，肯尼迪教授并不认为中美之间必然存在结构性冲突。他说，世界经济——这是最大的结构，中美同为其中一部分。如果整个世界经济，从贸易、投资到制造，都是以令人满意的速度增长，中国在世界经济中的份额会相对上升，而美国的份额相对下降，但美国经济也会继续繁荣。这样的世界经济结构，既允许中国的相对增长，也允许美国相对而言和中国共享繁荣，而不必产生任何结构性冲突。简言之，世界市场这块大蛋糕越大，大国间的结构性冲突可能性越小。反之，如果像 20 世纪 30 年代大萧条时期那样，整个世界经济的蛋糕变小，冲突的概率肯定会增大。

无论如何，中美关系的发展，需要战略耐心，特别是对特朗普的白宫，需要“尽可能耐心”，而中国领导人懂得这一点。

肯尼迪教授列举了西方历史上两个富有战略耐心的领导人例子。一是普鲁士首相俾斯麦，明智而审慎，在统一德国后，非常密切地观察俄罗斯、奥匈帝国等强权的动向。二是美国共和党总统艾森豪威尔的“耐心大战略”，最近美国史学家就此出版了一本有趣的新书。

肯尼迪教授说，中美关系广阔而复杂，世界上找不到哪根魔杖或某种帽子戏法，能够使中美关系“突然转型”。另一方面，事缓则圆，两国应当秉持耐心和相互理解的政策，在未来多年里采用俾斯麦或艾森豪威尔式的战略妥协与耐心，问题是可能解决的。

“如果双方都认识到，在世界大国事务中，最重要的单一问题是避免严重的中美对抗，那么我们能够避免（修昔底德陷阱）。”肯尼迪教授说。

大国兴衰可以预测吗？

2017 年 12 月，特朗普政府发布任内首份国家安全战略报告，强调经济发展攸关美国安全，认为世界进入“大国竞争”时代，并把中国和俄罗斯列为竞争对手，指责两国“试图挑战美国的影响力、价值观和财富”。

美国、俄罗斯、中国和印度，则是肯尼迪教授近些年界定的 21 世纪世界的四个大国。它们都是国际权力体系中，具有高辨识度的传统大国。

肯尼迪教授说，这里讨论的大国，主要指单一主权国家，而不是若干经济体的集群。欧盟没有统一的军事和外交，是若干经济体的集群，所以不在他讨论的大国之列。但肯尼迪教授说，他是强烈的欧洲主义者，不希望英国退欧，希望看到欧洲联合，但欧洲需要改革，而改变需要假以时日。

但凡大国——大型主权国家，肯尼迪教授说，天生利己，以自我为中心（inherently egoistic），首先考虑自己的利益。尽管很多较小国家同样如此，但大国对国际事务有更大权力，因此其利己主义（egoism）会对世界产生更多的消极影响。

大国的竞争，会否在21世纪引发世界大战?

肯尼迪教授说，首先，需要明确世界大战的特殊含义。世界大战不是普通的战争，而是指即便肇始于某一地区，也会升级并使得几乎整个地球都卷入的战争。其次，新的世界大战如果发生，能避免使用核武器吗？艾利森教授的"修昔底德陷阱"假说，弱点之一就在于此。16个新兴大国挑战守成大国案例研究中，最后3个就发生在核武器出现的当代，但都没有导致战争。因此，大国的对抗不见得会是跨越大洋的核武对抗。

对21世纪的人们来说，描述未来的语言或已改变，但在肯尼迪教授看来，历史学训练的优势仍然凸显。

他把自己首先定位为一名历史学家。历史学家因为其史学训练的背景，比其他社会科学研究者更加谨慎，更不容易轻信，不相信仅凭获取和观察大数据就能论断政策的后果。在历史学家看来，导致历史后果的进程存在许多变项，存在太多不可预测因素，应当慎重从事。在《大国的兴衰》一书终章，他这样写道："不可预知的事件、纯粹的意外、一种趋势的终止，能够毁掉貌似最为合理的预测。"

肯尼迪教授说，预测大国未来可能的兴衰，首先要记住这种预测属于当下，是即时性质的。其次，应当记住普鲁士铁血首相俾斯麦——一位富有智慧的政治家的名言："大国很长寿，缓缓走下坡"（great powers have a long life and go down gradually）。大国衰落是一个逐渐的过程。俾斯麦说这句话时，可能是在思考当时的哈布斯堡王朝和奥匈帝国境地，也可能想到西班牙帝国的兴衰。西班牙在17世纪失去了头号强国位置，但在其后120年里，一直保持着自己的大国地位。

多年来，除了教学研究，肯尼迪教授还经常给《纽约日报》《大西洋月刊》

等撰写评论文章。库叔发现，展望美国和世界未来，肯尼迪教授颇爱使用“应付过关”（muddle through）这个英式英语词组，还曾在一篇文章里专门详细解释这个词组的意思，大致就是：虽没有取得大的成功，但也没有发生大的灾难，在迷惑混乱的境地里，好歹应付过来了。早在20世纪90年代，他就使用这个词组展望美国——“优点和弱点的巨大混合体”在21世纪的前景，在预测2017年的世界时，他甚至把这个词组用于文章的标题。不求大富大贵，但求不发生大灾大难，这其中，蕴含了一位现实主义历史学家对人类未来的愿望。

耶鲁向有名教授给本科生讲课的传统。这学期，肯尼迪教授为本科生开了一门关于“二战”起源的讨论课。他说，20世纪30年代是国际危机高发的年代，日本侵华、纳粹德国占领奥地利、慕尼黑危机……他的15个学生和他一样，都知道所有这些国际危机的终点，就是第二次世界大战。

“但我告诉学生们，在这些危机发生期间，那些决策者没有一个知道他们的决策会导致什么样的未来。同理，2025年的历史学家会知道我们的谈话吗？他们知道2018年到2025年会发生什么吗？是的，他们知道，但你我都无从知晓。”

“或许事情在朝这个方向走，但别太自信能洞见未来。还是那句阿拉伯谚语说得好：准确预测未来的人，并不是聪明，而只是运气好。”

撰文：徐剑梅

中国制造业的再思考

01

“失去”中国300多天，韩国汽车、造船和半导体都快不行了！

导语：韩国正站在中国发展的“风口”之上，本来完全可以“好风凭借力，送我上青云”。

然而，由于自己无视中国的合理诉求、搞砸了与中国的关系，无法乘势而飞，这是现在韩国经济的切肤之痛。

其实，韩国人明白：

失去中国市场，韩国将失去经济增长的动力源。

无法融入中国构建的全球产业链和价值链，韩国失去的将是自己的未来。

“萨德”危机使作为中韩两国关系“压舱石”的经贸往来受到了巨大冲击，导致韩国经济承受了巨大的压力。

虽然此后中韩两国关系出现一定程度的“回暖”，但远未恢复原来的状态。

韩国人很焦虑。

2017年12月16日，韩国总统文在寅结束了为期4天的对华国事访问。这是“萨德”危机之后韩国总统第一次对华国事访问，韩国各界对此寄予厚望——

希望能够成为推动双方解决问题的契机，继续搭乘中国经济快车。

文在寅的用心、韩国的焦虑

不得不说，为了这次中国之旅，这位新晋总统可谓用尽心思。

为了这次中国之旅，文在寅在启程前取消了所有日程安排，全力准备访华事宜，并研读了68页的十九大报告；“第一夫人”金正淑也为中国听众朗读《访客》，极为应景。

同时，文在寅还把访华时间选在了南京大屠杀死难者国家公祭日，派遣驻华大使卢英敏前往南京出席公祭仪式，前后三次发表慰问南京大屠杀遇难者的哀悼致辞，并且还到“永和豆浆”体验传统中国早餐，期待永远和平……

文在寅此番还带来了300多人经济代表团，包括SK集团会长崔太源、现代汽车副董事长郑义宣、三星电子副会长尹富根等韩国企业重量级人物，堪称韩国访华史上的最大规模。

韩国政经界如此重视此次文在寅中国之旅的背后，既反映出韩国经济对中国市场高度依赖的现实，也折射出韩国的焦虑。

近年来，乐天集团、韩进海运、三星电子、现代汽车等大财阀先后遭遇危机。

前总统朴槿惠“闺密门”持续发酵，三星集团实际控制人、三星电子董事会副主席李在镕因此身陷囹圄。

韩国财阀的危机把韩国经济逼到了墙角的同时，也把韩国经济推到了各种矛盾集中爆发的临界点。

长期依靠财阀的韩国经济正面临着结构性问题和危机：

高端产业面临欧美和日本的激烈竞争；

中低端产业面临中国和新兴经济体的挤压。

中国产业全面崛起，迅速挤占韩国曾经的优势领域，包括曾经辉煌的汽车业、造船业和半导体。

尤其是在“萨德”危机发生以来，作为中韩两国关系压舱石的经贸往来受到了冲击，更是导致韩国经济承受了巨大的压力。

面对这种“坚果钳”式的挤压，韩国经济陷入“失去的二十年”已经不是危言耸听。

支柱之一：汽车

韩国的萎靡

汽车产业是韩国的支柱产业之一。

● 2016 年，韩国汽车出口额为 413 亿美元，占韩国出口总额的 8.3%。

● 韩国最大的汽车企业现代—起亚汽车 2016 年实现全球汽车销售量 813 万辆，销售额高达 146 亿韩元，占韩国 GDP 总数的 8.9%。

如果再算上相关的上下游产业，汽车产业对韩国经济的贡献无疑是巨大的。

然而，如此重要的韩国汽车产业正面临着重大危机。

● 据美国《底特律新闻》报道，韩国汽车制造商现代汽车和旗下企业起亚汽车将 2017 年底和 2018 年初召回在美国售出的逾 50 万台紧凑型车。

● 无独有偶，2017 年 4 月，韩国交通部表示，现代汽车及其子公司起亚计划在韩国召回 17 万辆汽车。

● 2017 上半年，起亚营业利润同比下降 44%，至 7868 亿韩元。

面对接连不断的打击，现代—起亚汽车开始着手压缩成本——起亚韩国的 3 家工厂叫停工人加班以减少支出。

现代—起亚汽车利润的骤降与其在中国市场的萎靡不振直接相关。

● 2017 年上半年，现代—起亚汽车在华销量为 50 万辆，而去年同期销量达 92 万辆。

● 2017 年 1 月到 11 月，现代和起亚品牌在华累计销量约为 97 万辆，跌幅达到 38.2%，在华市场份额持续缩小。

中国的逆袭

与此同时，中国汽车产业却依然高歌猛进。

2016 年，全国汽车产量为 2812 万辆，同比增长 14.8%，占世界汽车总产量的 29.5%，连续 8 年保持世界第一。

韩国正站在中国汽车的“风口”上，本来可以“好风凭借力，送我上青云”。然而，由于自己搞砸了与中国的关系，无法乘势而飞，这是现在韩国汽车的切肤之痛。

更痛的是，中国自主品牌正在不断蚕食着韩系车的市场份额。

经过多年努力，中国自主品牌在设计、做工、质量、完善度等方面都有了较大提升，而且在语音识别和人机交互上进步迅速，品牌形象也逐渐逼近了韩系车，赢得了国内消费者青睐，直接挤占了韩系车在华的目标市场。

中国新能源汽车强势崛起，以比亚迪、北汽、长安等为代表的国产车表现突出，取得长足进展。

- 长安汽车最近公布了“香格里拉”计划，在新能源方面投资 1000 亿，并在 2025 年全面停售传统燃油车，实现全系产品电气化。
- 随后，北汽也宣布 2020 年率先在北京全面停止自主品牌传统燃油车的销售，2025 年在中国境内全面停止生产和销售自主品牌传统燃油乘用车。

随着中国新能源汽车的逆袭，韩国汽车将不仅面对中国市场的“拼刺刀”，全球市场也将面临中国车企的咄咄攻势。

支柱之二：造船

韩国之殇

造船业是韩国崛起的象征，是“汉江奇迹”的代表。

几乎每个韩国人都会骄傲地讲述韩国是如何一穷二白地发展造船业的，都会讲述现代集团会长郑周永拿着印有龟船的纸币说服巴克莱银行家的故事。

韩国造船企业曾一度在全球十大造船企业中占有7席，斩获全球造船订单的4成，在新增造船订单、积压订单和造船吨位方面均排名世界第一位。

但是,2016年以来，全球造船业冷酷异常，韩国造船业遭遇“断崖式下跌”，韩国最大航运企业韩进海运破产，复兴之路漫漫无期。

韩国造船企业不仅订单数量锐减，还遭遇严重的财政危机。

过去两年里，韩国船企亏损达数十亿美元，只能不断裁员，苦苦求生。

- 韩国工业数据显示，2017年大宇造船、三星重工和现代重工三大船厂合计裁员4000多人。

- 事实上，大宇造船2016年已经裁员2000人，并且2017年开始部分员工轮流持续整月无薪休假，同时计划出售价值5000亿韩元的资产，一度卖楼求生。

- 三星重工将在2018年底之前计划累计裁员5000人，并考虑出售价值4000亿韩元的非核心资产。

- 现代重工则计划到2018年通过出售非核心资产、裁员等举措，将负债比率降至100%以下。

中国逆风前行

面对造船业的“严冬”，中国船企逆风前行，全方位赶超韩国。

近5年来，中国造船业新接订单量、手持订单量均位列世界第一。

- 英国造船海运分析机构克拉克森的数据显示，2017年，造船新接订单量排名首位的是中国（713万修正总吨），韩国以574万修正总吨位居第2位。

- 中国的市场份额达到36.3%，比韩国（29.4%）高出近7个百分点。

- 11月当月全球造船新接订单量为140万修正总吨，中国以91万修正总吨的新接订单量排名首位，韩国仅以8万修正总吨排名第三。

在高端船舶市场，中国船企也在高歌猛进。

沪东中华造船是目前全球唯一一家能同时建造大型液化天然气运输船、双相不锈钢化学品船和集滚船3种顶级民用船舶的船厂。

2017 年 8 月，沪东中华和上海外高桥一举击败现代重工、三星重工、大宇造船三大韩国造船企业，携手拿下法国达飞海运集团的 9 艘 22000TEU 集装箱船订单，总订单额约 96 亿元人民币。

韩国造船业原本对拿下这份订单胜券在握，没想到订单被中国轻而易举地夺走，遭受“切肤之痛”。

韩国造船业相关人士表示，“现在不仅是低价船舶，连超大型和高附加值船舶也开始被中国蚕食，韩国企业正陷入恐慌之中”。

不仅是全球市场，甚至在自家门口，韩国造船企业都面临中国企业的激烈竞争——中国船企不仅技术水平不断进步，而且成本也具有明显优势，比如散装货轮建造成本比韩国要低 10% 左右。

这使得韩国国内公司不得不慎重考虑是否把订单交给韩国造船企业。一个例证就是，韩国海运公司 PAN ocean 的 6 艘订单曾被三星重工拿到，但最终却“花落”中国造船厂。

与此同时，中国造船业继续以一系列世界之最、亚洲之最船舶刷新着“中国制造”新纪录。

● 2017 年 7 月，由中国公司建造的“康提”轮驶离蓬莱口岸。该船总长 157 米，比躺下的“伦敦眼”还长 22 米，载重达 21000 吨，是目前世界上最大的水泥运输船。

● 9 月 19 日，中国制造的世界最大矿砂船——新一代超大型 40 万吨矿砂船下水，同时在 4 家中国船企建造，数量高达 30 艘。

● 2017 年上半年，中国船企承接了一批高技术、高附加值的船舶订单，如超大型气体运输船、成品油船、化学品船、货物滚装船、甲板运输船和极地探险邮轮等，创下了历史新高。

中国政府也在大力推动我国造船业转型升级。

2017 年 1 月，工业和信息化部、国家发改委、财政部、人民银行、银监会、国防科工局等六部委联合印发了《船舶工业深化结构调整加快转型升级行动计划（2016—2020 年）》，从工业配套、品牌、金融、研发等多个领域进行支持。

面对中国船企不断攻城略地，韩国造船业正在全力自救。但是，未来怎么样，大家心里都没有底。

韩国产业研究院预测，至多两三年，韩国船企将在造船技术方面被中国彻底赶超。届时，韩国造船业的日子将会更加难过。

支柱之三：半导体

韩国的恐慌

半导体产业是韩国的又一大支柱产业，占全国 GDP 总量的 5%。

以三星电子和 SK 海力士为龙头，韩国形成了拥有两万多家大中小企业的产业链。

在存储器领域，三星电子和 SK 海力士两大公司几乎垄断全球 2/3 的市场份额。

韩国半导体市场以存储型为主，存储型占到 80% 以上的比例。然而，世界半导体市场却以非存储型为主，约占 65% 的比重。

韩国半导体自身发展不平衡，以存储型半导体为支柱，非存储领域除面板显示技术外都处于中低端水平。

这种不平衡的产品构成背后隐藏着无限的恐慌，韩国半导体专家曾警告：韩国半导体产业不可过度偏重内存芯片。

未来，韩国能否有效抵抗外来威胁、顺利击退追击者，目前来看，还是未知数。

中国的黄金期

这时，中国半导体行业开始崛起。

2014 年，我国出台《国家集成电路产业发展推进纲要》，系统地阐述了对集成电路产业的支持政策及目标，半导体行业发展进入一个新阶段。

同年 9 月，规模达千亿的国家集成电路产业投资基金挂牌成立。

随后，北京、上海、武汉、深圳、甘肃、安徽、江苏、山东、天津等半导体重镇均在国家集成电路产业投资基金前后建立地方性促进基金。

在政策和市场需求的双轮驱动下，我国半导体行业开始持续快速增长，增速高达 20%。

现在，中国正处于半导体发展的黄金上升时期。

中芯国际、长江存储、合肥长鑫、福建晋华等企业迅速成长，未来，必然与韩国相关企业“短兵相接”。

韩国开始把中国视为韩国半导体产业的最大威胁。

挟政策和市场双重保障的中国企业必将是不容小觑的对手。稍有闪失，韩国半导体将很容易步日本的后尘。

失去中国，韩国将失去未来

韩国经济要发展，根本离不开中国。

2016 年，韩国出口到中国的产品几乎占到出口总额的 1/3，对华贸易顺差占比高达 76.8%！

韩国对中国市场的依赖度从中可见一斑。

实际上，在亚洲四小龙中，韩国和台湾的产业重合度最高，整车制造、造船、半导体等产业存在着全方位的竞争，而且是直接替代的关系。

前些年，韩国抓住了“台独”势力造成两岸关系紧张的机遇，在大陆市场迅速完成了对台湾产品的替代，从而取得了巨大成功。

但是，由上文可见，随着中国产业的强势崛起，韩国的汽车、造船、半导体等支柱产业不断被中国追赶并超越。

韩国产品不仅在中国市场被中国产品替代，而且在国际市场同样接连丢失阵地。

“萨德”危机大大加快了中国产品替代韩国品牌的步伐，也不断加深着韩国的焦虑感。

文在寅的到访，成功推动了中韩关系走向缓和，但是缓和并不意味着马上恢复到以前的水平。

其实，韩国人明白：

失去中国市场，韩国将失去经济增长的动力源。

无法融入中国构建的全球产业链和价值链，韩国失去的将是自己的未来。

这是文在寅总统和韩国产业界最担忧的事情，那是一种深刻的焦虑。

撰文：相均泳

02

中国制造业跑到美国真的就好吗？

导语：较为低廉的能源电力等资源成本、特朗普声称的大幅减税政策、美元持续升值的加成效应……广受关注的福耀在美设厂话题，似乎一夜之间让中企赴美投资充满想象力和操作空间。

2016 年 10 月，笔者参加了福耀玻璃美国俄亥俄工厂、也是全球最大单体汽车玻璃工厂的竣工仪式，也曾拜访过多家美国市场的中资企业，从笔者了解到的信息看，受法律环境、文化差异、中美关系等诸多因素影响，中企投资美国远不如想象中那样美，中企入美之前都应该审慎评估、理性决策。

福耀案例难复制

福耀案例具有一定特殊性，大部分其他中企恐怕难以推广复制。一是福耀在美投资不会遭遇本土企业竞争阻力。据福耀玻璃董事长曹德旺介绍，在福耀于 2014 年收购美国 PPG 公司浮法玻璃生产线后，美国本土汽车玻璃生产行业几乎就成为一片空白，福耀在美建厂堪称填补美国汽车产业空白。

二是福耀俄亥俄工厂已成为当地汽车产业链的重要一环。曹德旺说，福耀俄亥俄工厂位于美国汽车工业走廊的核心地段，周边有数家全球知名的汽车制造商，俄亥俄工厂的地缘优势将使福耀成为完善美国汽车产业链的重要一环。事实上，本次福耀在美投资设厂本身就是应美国通用汽车邀请而设。

三是汽车玻璃行业具有一定的特殊性。福耀玻璃美国公司副总经理王俊铭说，电力和天然气是生产浮法汽车玻璃的两种重要原材料，而这两种原材料美国的价格都明显低于国内，这会在成本上给福耀玻璃带来较大的独特优势，其他行业企业很难具备同样优势。

四是福耀国际化发展需要。目前福耀已经是全球第二大汽车玻璃生产商（按实际出货量算已排名第一），作为一家国际化企业，为更好服务全球客户，福耀具有进行全球化生产布局的现实需求。

即便如此，福耀俄亥俄工厂也仍面临诸多挑战。一是人工成本压力较大。据福耀估算，美国蓝领工人成本大概是国内八倍，目前俄亥俄工厂已雇用工人超过 2000 人。二是当地工人对汽车玻璃行业并不熟悉，简单培训后上岗的生产效率尚难以和国内工厂相比。三是工会问题有可能成为未来潜在风险。目前福耀俄亥俄工厂尚未成立工会；在 10 月份的竣工仪式上，一位政府官员在发言时已经敦促福耀成立工会，是否成立工会将对福耀俄亥俄工厂未来发展产生较大影响，而包括工会等在内的中美企业文化差异会带来怎样的挑战也仍有待进一步观察。

市场层面挑战重重

在此之前，在美国亚拉巴马州投资设厂的铜管生产企业中国金龙集团，经历了投资初期的风光后便曾遭遇包括工会等在内的企业文化磨合之痛。当然，福耀和金龙并不具备完全可比性，不同企业的国际化经验和人才储备差异很大，但毫无疑问的是，工会等企业文化差异问题会成为很多在美中企尤其是制造业企业绕不开的话题。

美国中国总商会的《2016 在美中资企业年度商业调查报告》显示，在美经营的中企所面临的人力成本问题非常突出。许多以价格为优势的公司都反映文化差异等客观因素给企业在美国的经营带来了挑战。

近几年中企对美投资增长迅速，但其中制造业所占比重并不高。根据我国商务部数据，近几年我国对美投资中，制造业投资仅占约二成，而服务业投资流量、存量均超七成。服务业大量涉及东道国法律、文化融合等问题，企业需要拥有强大“软实力”才能胜任。

法律环境是很多中企在美经营面临的另外一大挑战。比亚迪副总裁、美国分公司总经理李珂的说法是，美国是全世界律师最多的国家，法律意识已经融入到社会的方方面面。一家在法律风险方面没有任何准备的中国企业进入美国市场，很容易成为“阻击”对象。中企在进军美国之前，一定要有会遭遇法律诉讼的认识和觉悟。

美国中国总商会副会长、宝钢美洲有限公司副董事长叶萌也认为，美国是一个较为成熟的市场，法律法规体系较为完善，但也十分复杂，中企容易在劳务、环保、生产安全防护、知识产权等方面遭遇法律纠纷。

政府层面限制多多

除了市场层面的种种挑战，在政府层面，美国对中企的种种限制和制约也不容忽视。很多在美经营中企的一大感受是美国的政策是公开、透明的，美国市场注重按规则办事，但在公开透明的掩护之下，美国形形色色的保护主义其实也同样未加掩饰，反而某种程度上因所谓的公开透明而被忽视。

美国政界经常用对华贸易逆差攻击中国采取了不公平的贸易政策，却从不提美国枉顾国际贸易比较优势原则、一直坚持对华高新技术产品进行管制，且不说美国消费者从中获得的巨大实惠。而在贸易逆差掩护下，美国频繁对华发起反倾销、反补贴、301、337 等花样繁多的贸易救济措施。就在 12 月初，美国又拒不承认根据 15 年前的《中国加入世贸组织议定书》，中国理应自动获得的市场经济地位。

近几年，伴随着中企对美投资的迅速升温，美国外国在美投资委员会

（CFIUS）也开始为越来越多的中国企业所熟知，因为根据2016年CFIUS公布的报告，中国已连续3年成为遭遇该机构审查最多的国家。

美国罗格斯大学法学院副教授李继介绍，CFIUS从设立之初便有其特殊性。在美国这样一个强调信息透明的社会，以涉及国家安全为由，法律却赋予了CFIUS可以凭不公开信息否决外国投资的权力。一旦进入最终调查环节，企业是十分被动的。

此外，以各种各样的监管为名，美国监管机构对包括中企在内外资企业违规行为的处罚向来不手软。以金融行业为例，美国金融监管部门以违反“反洗钱”规定为名，通过所谓长臂管辖权，先后对荷兰ING、汇丰银行、渣打银行、巴黎银行等十多家银行处以了数百亿美元的罚款，其中近期对德意志银行的巨额罚单，一度引发德意志会不会成为下一个雷曼的市场担忧。近几年，伴随着中资银行在美业务的不断扩张，已经开始有中资银行遭遇美国金融监管当局的警告或罚款。

特朗普成最大不确定因素

特朗普美国大选中胜出后，其一贯声称的“美国优先”以及贸易保护主义倾向等，也让未来美国的经济政策走向面临很大的不确定性。即使被很多人认为可以较好发挥中美比较优势互补性的基建领域，中企的投资机会也并不乐观。

中建美国有限公司总裁袁宁的现身说法是，美国的基础设施几乎都属于政府公共工程，都有政府资金介入，而非政府资金介入项目的都会有一系列的限制条件，比如购买美国法、完全公开竞标、企业资质等，对大部分中企而言，要把握这样的投资机会殊为不易。

美国中国总商会会长徐辰说，美国市场竞争激烈，还有投资审查等本身一些市场特点，包括中企在内的外国企业在美国绝非很容易就能取得成功。对中国而言，国企往往是比较有实力走出去的企业，而美国恰恰不欢迎国企投资。

李珂、万向集团美国公司总裁倪频等均表示，中企赴美投资一定要有自己独特的优势，否则要在美国这样一个高劳动力成本、竞争激烈的陌生环境下取得成功是十分困难的。

中国人民大学商学院副教授、美国罗格斯大学访问学者邓子梁就提醒，中企赴美投资应保持理性，很多中企盲目看重赴美投资进入门槛低，但是却不知后续经营竞争激烈，进入后的生存率并不容乐观。

但不容否认的是，作为全球最发达的市场之一，美国在市场环境建设方面仍有很多值得称道的地方。《2016 在美中资企业年度商业调查报告》显示，中资企业对美国总体的商业及投资环境的评价普遍积极或中立，受访企业对美国的创新程度以及商业运作的专业性、透明度和合规性等给予了高度评价。

他山之石，可以攻玉。目前中国经济正处于由量到质转型升级的关键时期，中国可以继续“扬长补短”深化各项改革，激发和释放经济新活力。伴随着各项改革的逐步到位，除了国际市场，中国本土市场的未来增长空间，仍然十分值得期待。

撰文：王乃水

附文：

特朗普能成功喊制造业“回家吃饭”吗？

“中国拥有其他国家和地区难以比拟的完备产业链，是外贸企业的强大后台支撑。”深圳前海维度新科有限公司总经理如是说。他的企业从事纳米玻璃触控技术与高端硬件制造产业。

近期，美国候任总统唐纳德·特朗普调整企业所得税、降低制造业成本、引导企业回归的政策引发全球经济体的高度关注。但是，许多制造业内人士都认同，即使面临西方重振制造业的压力，由于产业链、市场等因素，制造业剧烈回流美国的现象很难出现。

特朗普吸引制造业“回家吃饭”的减税政策一旦“靴子落地”，也许有可能引发“全球减税竞赛”，但暂不会引发企业“回归潮”。因为在经济全球化背景下，税收已不再是吸引企业投资的决定性因素。中国可以从继续优化营商环境、加大减税降费力度、降低企业综合成本等方面加以应对，为实体经济发展保驾护航。

一、“特朗普减税”如何产生虹吸效应？

为增加美国就业岗位，吸引制造业回归，美国候任总统唐纳德·特朗普称，将大幅降低企业所得税，将现行所得税从35%降至15%。除此之外，还将跨国公司海外收入的税率降为8.75%，促使大量海外资金回流美国；将工厂迁往他国的美企将面临35%的进口关税，从而提高企业离开美国的财务成本。

其实，通过降低企业所得税的方式吸引海外投资、刺激国内经济活力是各国普遍的做法。中国社会科学院美国所副所长倪峰的观点是，假设减免税收政策真的成立，大幅度的减税有可能会吸引美国很多出于避税目的出走的企业回归本土。

青睐美国减税政策而做出迁移的主要集中在某些行业，比如基建、钢铁、石油、化工等。而劳动密集型产业、技术密集型企业等则持观望状态。资金流向监测机构EPFR的数据也显示和特朗普政策相关行业的股票以及基金有大量资金流入，基建类股票呈上涨趋势。普遍看法是，对于税收比较敏感的企业，可能会在税率降低后回到美国投资。

在大连海事大学世界经济研究所所长刘斌看来，减税政策对中国的影响需多方面考虑。“因为美国可能引流回国的制造业大部分集中于资本密集型和技术密集型产业，例如飞机、汽车、半导体等，这一部门主要分布在欧洲和日本。而中国目前和美国想引流回去的产业存在交叉，相对而言是以消费品为主，这一部分美国在成本上没有优势，回归可能性不大。”

佛山卡蛙电子科技有限公司作为一家做研发设计加工于一体的公司，其外销总监就认为，“我们感觉受到的影响比较小。首先，我们的核心竞争力是我们的设计能力和差异化，这个即使跟美国的同行比我们也不输的。其次，就整个环境来说，国际化分工这么久，也不是单靠特朗普调整税收就能马上改变的”。

二、中国手中有哪些牌?

制造业成本的动态变化一定程度上将促使企业重新评估、选取制造业基地，从而导致全球经济发生迁移。这意味着，制造业企业会多重考量，重新调整布局。而中国较低的成本、庞大的技术工人群、便捷的加工、运输、销售这一完整产业链以及其他因素，使得中国在制造业全球布局调整中握有更多的底牌。

从内部因素来考虑:

第一，人力成本仍然是影响制造业回归的重要因素之一，而且中国庞大的技工群体是美国所不具有的。

广东麦斯卡体育用品有限公司是一家做体育用品和运动服装的公司，其负责人就介绍说，“目前美国的收入水平和生活习惯，美国人很难再去当工人，制造业的迅速回归不可能。且美国目前人力成本相当高，就像newbalance(新百伦)鞋子，美国制造要比中国制造贵一倍左右，这在批量生产中完全没有价格优势”。

第二，中国作为“世界工厂”，经过几十年积累，中国的机械水平和工艺水平已经和美国差距越来越小。而且，数量庞大的高水平劳动力也是极具竞争力的一个方面。

东莞市瑞泰纺织有限公司负责人结合自身经验认为，在中国相对有优势的行业中，经过几十年的积累，机械化水平不会比美国低。“在纺织等机械水平差不多的情况下，中国劳动力的衣服裁剪等工艺技术水平和已经转移这类产业几十年的美国相比而言更有优势。而且，在纺织原材料成本上美国也没有优势。”

珠海三川工业自动化设备有限公司总经理就强调，尤其是一些精密零部件的制造和机床生产线的操作，需要一定的技术水平。而高水平工人群体的培养不可能一蹴而就，因而也是相关制造业企业布局的战略因素。

第三，很多制造业的回归要从零开始，从经验设备技术基础搭建需要一个很长的过程。短期内我国不会受到太大产业抽离的影响。社科院美国所副所长倪峰说："税收减免政策达到言行合一还是有一定距离的。而在华设厂企业也会衡量员工、厂房以及生产设备等的投入和获利以及税收是否可以弥补等等的问题，所以制造业回归本质上还是要看企业。是否有必要或者何时迁移要从综合收益角度衡量。"

从外部环境来考虑，中国制造完整便捷的产业链、销售链"比较优势"明显。

国际分工和区域产业链的秩序不会被特朗普的税收政策突然打破平衡。尤其是大型跨国公司，其背后涉及的配套供应链和综合成本不是所得税下调可以弥补的。

此外，对于企业来说，决定是否投资需要综合考虑外汇管制、金融、市场体系劳动力、宗教文化等因素。很多企业家都告诉笔者，企业选择将制造厂或代工厂设立在中国并非只因其廉价的劳动力，它依赖的更是产业链、销售链中多项业务大致在同一地区开展进行。

在美国重新建厂可谓不容易也不经济。如果要制造业回归美国的话，特朗普需要搬回去的是整个产业链，而不是单独的公司，需要太多人的协作和前期投入，仅仅靠税收是不可能实现的。

三、如何为实体经济"保驾护航"？

成本竞争力的变化对全球运营的制造企业战略布局影响巨大。我国可以做的很多，把握机遇，提高劳动生产率，进一步减税降费，优化营商环境，发展壮大实体经济。

首先要进一步提高生产率。随着中国经济发展水平的提高，和发达国家巨大的工资差距在缩小，人口红利也在消失。提高劳动生产率成为获得全球制造业竞争力的重要因素。进一步提高产业自动化水平，加强相关机械化的创新研发，真正实现"中国智造"很关键。

其次要进一步优化营商环境。相关监管部门和政策制定者应该立足于服务企业，与企业保持沟通，减少企业经营困难并给予软、硬件的配套建设。商务部国际贸易经济合作研究所所长李健说，制造业的产业链条一旦产生，就不可能轻易转移。低端制造业对税收、人力成本的敏感度比较高，但配合高端制造的产业链不可能轻易转移，只要我国妥善应对，不断打造更好的营商环境，完全有能力应对西方的“复兴制造业”潮流。

再次是进一步降税减费，尤其要大力清理“乱费”。广东税务系统一位资深人士曾经告诉笔者，美国在中国企业大多是大型企业，不少是高新技术企业，税率已维持在15%左右，即使美国减税，这些企业马上撤回去的可能性也不大。“中国政府部门高效的服务能力和不断提升的营商环境，正吸引海内外企业踊跃前来投资。”

一些会计师事务所合伙人走访珠三角地区的企业看到的情况是，国家法定征收的税收负担是企业可以承受的，企业烦的是那些潜藏在各种法定税收背后的“乱费”。比如征收了多年的堤围防护费、仍旧在收的工会费、残疾就业保障金等，名目繁多，给企业带来了巨大的负担。是不是可以进一步降低费用，让企业轻装上阵。

此外，刘斌还认为，特朗普减税政策其实是把双刃剑。“如果减税政策真的靴子落地，美国制造业抽离的同时会为中国市场空出很大空间。在中国制造业水平几十年积累的基础上，中国企业可以通过增强自身实力，布局更多国内的市场，扩大内需，增强内生动力。”

撰文：王凯蕾、孟盈如　新华社记者

03

吴晓波：十年后的中国可能会是这样……

导语：2008 年到 2018 年，中国制造业经历了激荡起伏的十年。未来十年，“中国制造”在哪些领域能够更进一步？ 2030 年的中国会是什么样的？

2017 年 12 月，中兴有位员工因裁员就含愤坠楼，这为中国制造业企业提供了什么样的警示意义？

2014 年，吴晓波曾认为：制造业现在是非常恐怖的淘汰时期，中国传统制造业将会有 80% 离开，剩下的 20% 会焕然一新。

4 年后，他如何看待这个问题？

吴晓波，知名财经作家，巴九灵新媒体、蓝狮子出版创始人，常年从事中国企业史和公司案例研究。

技术突破点在哪儿？

瞭望智库：在未来十年，“中国制造”在哪些领域能够打破欧美的技术垄断？

吴晓波：未来，就技术革命角度而言，我们在很多领域可以做出好成绩，举几个比较突出的例子：

芯片：中国可能会慢慢形成独立开发的能力。上海的中芯国际、华为等已经具备了自主开发芯片能力。2017年，小米也推出了自己的芯片。

液晶：最近这几年在京东方、TCL这些中国公司的努力下，我们慢慢掌握了大屏液晶面板的一个生产和研发能力。过去，液晶技术长期掌握在韩国和日本人手上。

重型机械：中国的徐工、柳工和三一重工，他们在重型机械、在泵的制造领域全球排在第一位。

机器人：中国现在有6000多家机器人公司，全球最多。而且，我们还收购了欧洲最大的工业机器人公司——库卡。

这样的例子还有很多。

如果我们把制造业想象成一幅图景，它的颗粒度可以非常非常小，小到手机镜头的一层膜、电热炉里面的一根丝，你能不能生产出来?

在这个“小”的层面，中国制造业的很多能力还是有所欠缺的，有一部分技术还是掌握在外国企业手里。

“百分之百国产化”有没有必要?

吴晓波：我们已经能够独立完成一个产品的97%到98%，最后那一关要不要打，能不能打？我们要不要独自攻克所有技术堡垒？中国制造业正在讨论这件事情。

结论是，从现阶段来看，有些东西我们不会把它打下来，因为代价太大。

它不可替代，但并没有那么高的盈利能力。

那么，你总要“留口饭给大家吃”，就像中国人专有的一些技术，美国人日本人也没必要把我们“干掉”一样。

这就是全球化产业配套和分工的过程，我们有的时候会说“百分之百的国产化”，其实，这并不是特别理性的一件事情。全部国产化以后，跟全球化的关系是什么?

技术毕竟是非均衡布点的，一个国家某项技术的发展，有各种各样的原因。

比如，以色列人的滴灌技术特别强，因为它整个国家都处于沙漠地带，土地面积很小，必须花大力气研究滴灌。

我们新疆也需要滴灌，我们是不是就要从头到尾自己全部做完？

没有必要。

对于有些技术，我们是选择性地不攻克。

野蛮战斗力的保障

瞭望智库：2014 年，您曾说，制造业现在是非常恐怖的淘汰时期，中国传统制造业将会有 80% 离开，剩下的 20% 会焕然一新。现在来看，这 80% 被淘汰的企业有哪些？它们为什么会被淘汰？

吴晓波：在各个行业，中小规模、高能耗、低利润的企业都会遭到淘汰。

它们当中，有些已经不见了；

有些从中国迁移到其他的国家，如印尼、马来西亚、缅甸等；

有些从东南沿海迁到了中国的中部、东部地区去。

现在，淘汰还在发生过程中。如果还是依靠成本和规模优势，这样的企业消失是迟早的。

瞭望智库：前阵子，中兴有位员工因裁员就含愤坠楼，这背后反映了什么行业问题？

吴晓波：中国每天都有很多公司在裁员，很多人被减薪或者失业。

之所以受到如此高度关注，无非因为发生在中兴。

中兴这次事件体现了这些通信公司职场竞争的残酷性。

举个例子，华为招工有两项特别要求：

第一个，必须要工作 5 年以上；第二个，40 岁就可以退休。

这说明它对人才的挤压性使用是别的行业所罕见的。

现在，中国的 BAT 员工平均年龄是 27 岁。

40 岁左右，除非你是高管，如果只是普通员工，你很可能要被淘汰。

而且，很多公司有 10% 的强制性末位淘汰。

实际上，这是中国制造业之所以能够保证野蛮战斗力的原因之一。

中兴这件事情并不能代表什么东西，只能提醒中兴公司：

你们需要有一支心理老师队伍，或者一个专门的部门来帮助大家缓和心理上的问题。

悲剧会不会重演？

瞭望智库：我的一些互联网行业的朋友看到这个消息感到非常不安——现在处于互联网行业飞速发展的阶段，我们可以拿着高薪，每天都会有猎头 hr 找我们跳槽。

但是，等我们步入中年将何去何从呢？悲剧会不会重演？

吴晓波：15 年前，我在一个报社当副总编，工资是两万块人民币。

现在全中国最好的报社的副总编工资也就是两万人民币。

这 15 年来，中国的 M2 已经从 12 万亿左右增加到 160 万亿。

那么，你怎么没看到报社副总编跳楼呢？

而且，这 15 年，这些互联网人抢了我们报社的很多生意，对不对？

所以，为什么报社的人不跳楼，而互联网的人要跳楼？这毫无道理。

每个人职业生涯中都可能出现波动期，需要我们做一个认真的选择。

十年后，这个问题可能会越来越严峻。

现在有人工智能，它可能会替代很多东西，可能很多“码农”甚至陆家嘴的很多证券分析师、精算师、会计师都会失业。

那么，陆家嘴每天都有人跳楼？不会。

人总会在绝境中给自己找一条路走下去的，大家要做好心理建设才是最关键的。

为什么是“水大鱼大”？

瞭望智库：您的新书《激荡十年　水大鱼大》，用“水大鱼大”四个字概括中国企业过去十年的发展，含义是什么呢？

吴晓波：我写这本书的时候一直找不到一个好的书名，后来，跟北大的周其仁周老师交流的时候，他提的这四个字，挺有道理。

刚才咱们谈了很多制造业，其实还有很多，比如服务行业、互联网行业等，这十年，中国各行各业都发生了很大变化。

这十年，中国经济规模扩大了 2.5 倍，世界 500 强的中国公司由 33 家增加到 115 家。

十年前，我们都到硅谷去取经，现在，他们跑到北京和深圳、杭州来取经。

十年前，中国还没有一台智能手机，现在，中国是全世界最大的智能手机制造工厂……

第一，“水大鱼大”代表的是规模不断的扩大。

中国经济规模扩大，可能对别的国家造成很大的压力。

十年前，你到日本去，日本人会问你：我有哪些技术你是需要的？

今天你再到日本去，日本人说：你能买我多少东西？

完全不一样。

所以中国的规模经济和别的国家之间的经济竞争，现在变得越来越微妙。

同时，经济规模的扩大给我们国内带来了很多新的利益调整的可能性。

第二，“鱼大”就是企业规模在扩大，这会造成很多新的问题、带来新的垄断和竞争格局。

十年前国有企业存在的方式和改革模型到今天已经完全不一样了，有些行业所有制的面貌也发生了变化。

跟人长大一样，从 8 岁长到 18 岁，就会出现 18 岁的烦恼——长出了胡子了、要开始谈恋爱了、衣服不够穿、开始叛逆了……

十年后的中国会是什么样？

瞭望智库： 2030 年前后，您觉得中国经济或者产业会发生哪些变化？

吴晓波： 我不是算命的，但 2030 年有些事情肯定会发生。

中国的经济总量应该逼近或者超过美国。

这个是因为在过去的十年，我们成为第二大经济体。

我们在 2011 年的时候，超过了日本成为第二大经济体。

那么到 2030 年这是一个应该大概率发生的事情，就是我们成为全球第一大经济体。

中国会进入老龄化人口的社会。

现在，全中国老龄化率超过 30% 的只有上海。2030 年，全中国人口的 30% 都会进入 60 岁的老龄化。

中国的城市化走到尽头。

现在每年增长率大概 1 到 1.2 个点，到 2030 年，我们城市化率会达到 70%，大概有 9.4 亿人口居住在城市里。

那时，房地产老板们的好日子就彻底过到头了。

可能会出现新兴的服务业、养老产业，等等。

以上三点是很清晰的，同时，另外一些东西，我们现在还看不清楚。

比如：癌症会不会被克服？会不会出现新的医疗革命和医疗健康服务行业？太阳能、页岩油、海底发电这些清洁能源有没有可能替代石油？中东会不会重新变成一个沙漠乡村？

还有人工智能，库兹韦尔（提出奇点理论的美国未来学家）去年有篇文章说，大概在 2029 年，芯片的计算能力会赶上人脑的能力。

那相当于在意识的层面上克隆一个人将变成现实，人的意识便有了永生的可能性。

那么，人的生殖、家庭、社会、组织结构、工作，这些我们听上去很熟悉的名词，都会被重新定义。

未来十年，很可能是人类工业革命以来200年来最戏剧性的时期，有很多领域可能发生天翻地覆式的变化。

十年后，手机很可能就消失了。

瞭望智库：您的意思是出现手机的替代品吗？

吴晓波：会的，手机就是一个通信工具。

十年后，我们用什么方式进行通信？

可能是个穿戴式设备，可能是个植入式的芯片。

现在，液晶面板材料已经可折叠了，手机未来会不会也可以折叠？

当然，书可能还会存在。

已经被革命到焦头烂额的东西，反倒会顽固地存在——它已经被革命了很多遍了，已经没有什么必要继续革命了。

嘉宾：吴晓波

主持：武　君

04

有人说“芯片救国”得靠BAT了？中国高端制造业逆袭西方的真相！

导语：中兴事件发生后，阿里巴巴集团宣布，全资收购号称中国大陆唯一的自主嵌入式CPU IP Core公司——中天微系统有限公司（以下简称“中天微”），此前百度、腾讯、科大讯飞、华为等巨头在芯片产业上也早有布局。

于是有观点认为，芯片的国产化要靠BAT（百度、阿里巴巴、腾讯三大互联网公司首字母缩写）这样的大公司大资本入局才能破解推广难题，甚至很多人认为，“芯片救国”要靠BAT了。

但其实就目前来讲，BAT在芯片这类核心技术方面并没有投入很大的力量，他们的投资也是相当有限。即使BAT财大气粗，不断增加投资，未来也不可能成为芯片产业的主导。

舆论场上某些声音指望私企成为芯片产业等高端制造业的顶梁柱，根本不现实。高端制造业领域到底应该由谁来主导？库叔今天就跟你聊一聊。

“芯片救国”为什么不能靠BAT？

搞清楚这个问题之前，我们首先要厘清研发与市场之间的关系。

要知道，“研发尊重市场需求”与“研发依靠市场驱动”是两个完全不同的理念，绝对不能混为一谈。

“研发尊重市场需求”是发展高端制造业的客观规律。芯片、涡扇发动机等高端制造业产品最终总要投入市场销售，既然如此，那就必须充分考虑市场上用户的具体需求。

例如，如果涡扇发动机在耗油率和可维护性这两个关键指标上落后于竞争对手的产品，在民航运营中就会欠缺经济性，销售层面肯定会遇到困难。俄制涡扇发动机被踢出民航市场就是因为这些原因。

因此，产品的设计定位和实际性能必须瞄准市场需求，得用户者得天下。

航空发动机被称为现代工业“皇冠上的明珠”，是一种高度复杂和精密的机械。

在高端制造业领域，“研发依靠市场驱动”则被实践证明为错误的理念，不摆脱这种僵化思维的束缚和对市场的盲目崇拜，高端制造业将永无出头之日。

这种理念错在从企业个体本位出发来思考问题，并不符合产业和国家层面的利益。信奉“研发依靠市场驱动”的企业，对研发路径肯定有这样的要求：短期内的收益，特别是边际收益一定要比较容易地填补企业研发成本。

走这个路数的典型代表就是联想集团，长期以来只看重短期就能获益的项目，回避具有挑战性的技术攻关和自主研发，依靠“短平快”的业务，联想在2010年以前还算顺风顺水，但后来它的体量和影响力却被华为等后起科技企业全面碾压，利润空间也被上游供应商和竞争对手极度挤压，以致2015财年以后陷入持续亏损，股价连续下跌。

这倒是应了一句老话：看起来容易的路，最后越走越困难；看起来困难的路，最后越走越容易。

其实，近30年来，世界范围内的高端制造业呈现出这样的特点——产业升级对资本密集程度有着极高的要求，高投入、高回报成为一种常态。

以研发民用涡扇发动机为例。且不说发动机上万个部件的迭代设计和制造成本，光是累计上万小时的发动机运行测试，就要消耗1.3万吨以上的航空煤油，成本至少 5200 万元——这还仅仅是开发总成本的一个零头。要想成功开发一代新的民用涡扇发动机，没有上百亿元的研发投入，那真是想都别想。

再来说说芯片。光刻技术平台是批量生产芯片不可或缺的。近 20 年来，光刻技术平台的加工精度，从微米级逐步提高到 40 纳米、22 纳米、16 纳米，一直到最近的 7 纳米。而每一次平台的升级，都意味着生产线配置成本的指数式上升。40 纳米的平台，十几亿美元或许还能搞定，而 16 纳米和更高级别的光刻生产线，投入成本已达百亿美元的数量级。谁掌握了行业内最先进的生产技术，谁就能获得“赢家通吃”的巨额利润。

可见，在高投入、高回报已成为高端制造业常态的情况下，“研发依靠市场驱动”的思维必然导致一个结果：后发者永远没有可能赶超和挑战行业内既有的领跑者。后发者由于缺乏技术积累和技术储备，起步阶段难免要交些“学费”。而建立研发体系、培养队伍，同样需要支付巨额成本。由于研发成本很高，投资回报周期很长，仅从企业本位出发，没人愿意做这样的后发者。

所以，想让 BAT 等巨头投入更多资金来发展芯片产业本身就很搞笑，BAT 都是上市公司，假如在芯片项目上每年投入几十亿美元，然后该项目几年内没有实际盈利，股东会受得了吗？用不了 1 年，股价就会跌得一塌糊涂，高管们还会坐得住吗？

高端制造业该由谁来主导？

那在高端制造业领域，应该由谁来主导呢？

当然还是国家力量，既能尊重必要的市场规律，又能克服市场机制固有的不足和劣势。

相对于私人资本，国家力量的优势主要在两方面：

一是为了实现产业和国家层面的至高利益，可以承受巨额研发成本和较长的投资回报周期。

例如，中国商用飞机有限责任公司和中国航空发动机集团公司（以下简称“中航发”）都是央企，这两家央企在集团层面并不是上市公司，所以大可不必担心股价的变动，只要坚决执行国家意志、搞好产业升级就可以。

二是能够容忍采取“小步快跑”的策略来提高研发水平。

高端制造业的领跑者拥有技术上的优势和壁垒，后发者不太可能一开始就做出完爆领跑者的“超级产品”。更贴近实际的情况是，后发者会先做几个“还凑活”的过渡性产品，目的主要是摸透研发思想、提高研发队伍的业务水平。这就是“小步快跑”的策略，是追赶阶段提高研发水平的最优路径。

例如，中航发对大推力涡扇发动机的研究就是这个路数：涡扇 -18 发动机先解决有无的问题，涡扇 -20 发动机争取在性能上接近欧美第三代涡扇发动机的水平，要想达到或超越欧美发动机的水平，那真得要等到下一代产品的问世。如果非要揠苗助长，难免像印度航空工业那样栽大跟头。

没有国家力量的坚定支持，后发者研发的过渡性产品、次优产品会使得企业在一段时期内非常脆弱。

我们可以用一个形象的比喻说明这个问题：大闸蟹长大的时候会蜕皮，刚蜕皮后的大闸蟹是个“软壳蟹”，在对手面前不堪一击。但是几天之后大闸蟹的新壳就变硬了，那时候对手想动也动不了。

国家力量的意义就在于，在企业向高端制造业发起冲击的“软壳蟹阶段”，提供必要的保护和支持。一旦企业度过了这个阶段，便可以“尽显英雄本色”，国家就可以收获红利了——京东方的成长历程就很有代表意义。

“两弹一星”的经验可以照搬吗?

谈到国家力量主导高端制造业，有人认为，当年的“两弹一星”也是依靠了国家力量，那芯片等高端制造业的发展可以沿用“两弹一星”的成功经验吗?

实事求是地说，想让中国的高端制造业更上一层楼，必须继承“两弹一星”的精神，但不能完全照搬“两弹一星”的研发模式。

"两弹一星"精神的可贵之处，在于坚持独立自主、自力更生，绝不把希望寄托于外部力量。因此，在向高端制造业冲击的进程中，必须充分认识到国家力量的重大作用，开弓没有回头箭。

但"两弹一星"的研发模式为什么不能照搬呢？

因为目的决定手段的合理性。

"两弹一星"的目的是满足军方的需求，终端用户不是民用领域，不需要考虑市场需求和商业生态链。当年的研发体系是一个内部封闭的体系，给国家提供一份满意的答卷就算成功。

而现代高端制造业充满了像安卓手机这样的商业生态链。打造生态链意味着将上下游大量企业联结在一起，并且要保证生态链上各部位的企业都能从市场中稳定收获利润，这确实不是一个内部封闭的体系能够解决的问题。

除此之外，"两弹一星"是制造技术上已经可行的工程产品。第一颗原子弹是美国制造的，第一次使用火箭发射人造卫星是苏联的创举，而中国的立足点是"追赶"，那就不能允许失败。

然而，现在中国已经在高端制造业占据了重要地位，要想更进一步就只能依靠创新。创新必然有风险，许多研发路径在论证阶段虽然看起来不错，但是后来被实践证明不可行。这种失败属于概率事件，在绝对意义上不可避免，在硬件开发、新药开发等领域实属家常便饭。假如坚持"不许失败"的思路，最后就会在研发体系中造就"永不走路、永不摔跤"的消极氛围，这将极为不利于鼓励原创性的研发。

因此，与当年搞"两弹一星"不同的是，国家既要包容不同的技术开发路径，又要宽容开拓者的失败，这种氛围才有利于在高端制造业开宗立派。

国家力量要如何出击？

千里之行，始于足下。再伟大的战略也必须落实到具体操作层面。为了推动中国高端制造业的进一步升级，国家力量可以从以下方面进击。

一是整合资源，重点扶持。

有媒体采访倪光南院士时，他提道，“我们国家最应该发挥的优势是什么？要集中力量办大事，我们更适合垄断性领域的发展，但实际上现在我们反而没做好。举例子来讲，就我们的桌面，wintel 是一家，微软的操作系一统天下。虽然大家都是基于开源 Linux 发展出来的桌面操作系统，你至少能看到现在还有七八家在做，本质上是基于同一个开源软件发展出来的，差别不大，但是品牌不一样，具体细节，比如软硬件支持、适配的问题都不太一样，一定没有好处，技术也不能发展，因为你分散了力量”。

高端制造业的门槛很高，土法炼钢、遍地开花是没有意义的。近年来，有多个省份都声称要大力扶持芯片企业，这种想法是比较危险的。实际造成的结果很可能是，造就一批在低层次上重复建设的企业，而产生不了一家在业界具有深刻影响力的企业。

美国在芯片产业的生态链中占据了顶端优势，从美国的情况来看，芯片产业的集中程度恰恰是非常高的。难道美国每个州都有英特尔、英伟达这种级别的企业吗？

显然不是。

中国要想在高端制造业奋起直追，就不应该分散资源，恰恰应该发挥社会主义国家“集中资源办大事”的优势，将资源投入一家或几家最有能力冲击业界第一梯队的企业。

因此，国家层面必须有清晰明确的顶层设计，积极推进行业内的资源整合。

例如，2016 年国家成立一家新的央企——中航发，将从事航空发动机研发的大型国有企业统一划归其领导。这样就大大提高了航空发动机领域的资源集中程度，有利于快速推进重点项目。以此观之，在中兴遭遇美国商务部制裁之后，国家很有可能推进芯片产业的资源整合，中芯国际、清华紫光、华润微电子等大型国企很可能受到重点关注。

二是长期投入，前期托底。

正如前文所述，国家力量的意义在于克服市场机制的不足，即单一企业无法承受研发成本和投资回报周期的问题。

国家对高端制造业要舍得进行长期投入，“中国制造2025”展现的就是这种国家意志。国家应该通过发展壮大产业基金等现代金融手段，保证高端制造业企业能够以较低的融资成本获得充足的研发资金。

如果能够以国家投入带动民间资本的投入，那更有可能产生投资的乘数效应，起到事半功倍的效果。就像国家正在构建的“军民融合发展”一样，鼓励民间资本的积极参与，前期有钱出钱有力出力，后期和“国家队”合理分享利益。

而前期托底，指的是国家需要为过渡性产品规划必要的市场空间，使得高端制造业企业能够获得一些营收，平安度过“软壳蟹阶段”。

比如，到目前为止，“龙芯”CPU侧重的是一些基本的数据处理功能，在多媒体方面是没有优化的。不能打3D游戏的CPU，肯定还不适合进入民用个人电脑市场。所以，“龙芯”CPU的前期用户是有数据保密需求的军队和政府部门。但是这些前期营收和用户反馈，对“龙芯”CPU的迭代开发有着极为重要的意义，同时，“龙芯”CPU与英特尔生产的市场主流产品的差距，确实也在不断缩小。

再比如，从中航发正在研发的涡扇发动机来看，涡扇-18发动机应该会获得军方订单，并优先用于生产轰-6K；涡扇-20发动机的军方订单可能更多，用于制造数十架新型运20，满足空军对于远程战略投送的迫切需求。

这些性能谈不上优越的过渡性产品其实是由国家托底的，但是它们的成功将为下一代性能优越的高端产品铺平道路。高端制造业企业从过渡性产品获得一些营收，等于得到了必要的正向激励，也解决了一部分用于迭代开发的经费，最终实现对竞争对手的超越。

前期托底虽然是必要的，但并不意味着国家要承担无限的责任。高端制造业企业不可能一辈子当“软壳蟹”，一段时期之内的适当保护，是为了企业未来更好地面对市场竞争。所以，国家力量提供的前期托底也要依托科学的机制，一定要防止出现“预算软约束”和“爱哭的孩子多给奶”等弊端。

三是高端制造，剩者为王。

从高端制造业的发展趋势来看，国际范围内的竞争越来越激烈，入场的门槛不断提高。也就是说，最后能够留在场上的选手越来越少。

在20世纪70年代，希腊是世界造船业的旗手，整体技术水平远远领先当时的中国；南斯拉夫和罗马尼亚航空工业的水平也不低于中国，能够自主研发喷气式攻击机。

现如今，希腊的工业萎缩得不像样子，坐吃山空；南斯拉夫在内战中灰飞烟灭，罗马尼亚的航空工业也销声匿迹了。造船业现在是中日韩领头，航空业是联合国安理会五大常任理事国的天下，其他国家只能是看客。高端制造业高门槛、高投入意味着：一旦谁因为持续投入不足而退出了军备竞赛，再想参与进来就基本没门儿了。

中国在高端制造业的研发实力，其实已经超越了诸多发达国家。假以时日，中国在暂时落后的领域也能做到奋起直追，我们应当有这样的信心，毕竟，中国是世界历史上唯一未曾中断的文明：

四千年前我们和古巴比伦人一样玩着青铜器；

两千年前我们和罗马人一样征战四方；

一千年前我们和阿拉伯人一样富足；

……

数千年来，我们虽然也有跌倒的时候，但一直都在场上，而对手却已经换了好几茬。

谁笑到最后，谁就会笑得最好。

撰文：徐实

05

我“不吃不喝”研究了一年的中国新能源汽车，有一个惊人的发现！

导语：当前，世界汽车产业进入科技革命和创新发展的新时代，汽车产业与互联网、大数据、云计算、人工智能等新兴技术正在加速融合。对于我国来说，这是实现汽车产业转型升级、由大变强的战略机遇期。

但同时，我国在发展过程中也不可避免地遇到一些问题。比如，产业链条尚不完善、关键零部件成本昂贵、各地充电基础设施配套落后等，特别是各地新能源汽车产业发展不平衡不充分的问题日益凸显。

针对这些问题，库叔认为，有必要建立指标体系对新能源汽车产业发展态势进行评价，再“对症下药”。

一个功能强大的评价体系

2014 年，习近平总书记在上海汽车集团考察时强调：“发展新能源汽车是我国从汽车大国迈向汽车强国的必由之路。要加大研发力度，认真研究市场，用好用活政策，开发适应各种需求的产品，使之成为一个强劲的增长点。”

这几年，我国新能源汽车产业发展还不错，连续三年位居全球产销第一大国。

截至 2017 年底，我国新能源汽车保有量已超过 160 万辆。

更重要的是，从近五年的产业发展态势来看，我国新能源汽车已迈入快速增长阶段——2017 年，我国新能源汽车产销分别达到 79.4 万辆和 77.7 万辆。

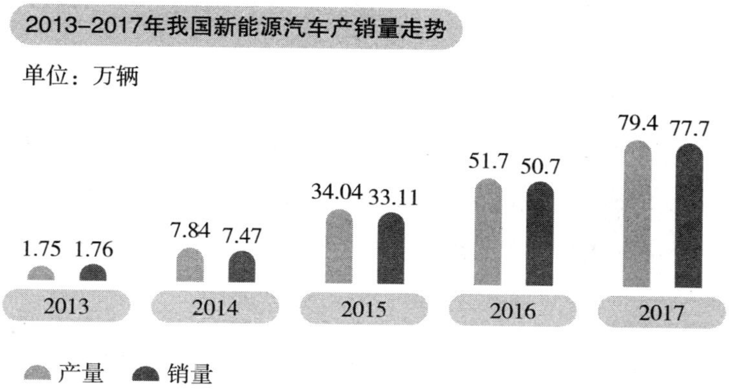

经过多年努力，我国与美日德等诸多传统汽车制造强国相比，在新能源汽车方面确实形成了一定的综合比较优势，这表现在技术研发、产业发展、市场培育、政策创新以及基础设施建设等方面。

但同时，对于我们这样一个汽车工业起步较晚的国家来说，发展过程中也不可避免地出现一些问题。

比如，产业链条尚不完善、关键零部件成本昂贵、各地充电基础设施配套落后等。

特别是从区域发展的角度来看，各地新能源汽车产业发展不平衡不充分的问题日益凸显。

比如，个别省市政府与当地企业在缺少科学评估决策的前提下盲目跟风，大举引入新能源汽车投资项目，但由于研发投入力度小、建厂投资大，使得新能源汽车产业出现“无效产能过剩”“有效产能不足”的趋势，造成资源极大浪费。

再比如，与庞大的产业规模相比，部分省市的新能源汽车充电设施建设仍然滞后，已不能适应市场需求。

而作为新能源汽车重要技术路线之一的燃料电池汽车，其配套加氢站建设在我国更是严重滞后，阻碍了这一产业方向的市场化推进。

所以，库叔觉得有必要建立一个功能强大的评价体系，来对新能源汽车产业区域发展进行完善且科学的评价。

经过长达一年的调研和深思，请教了众多汽车领域的专家之后，库叔的这个评价体系终于一点点搭建起来了！这就是——新能源汽车产业区域发展评价指标体系。

这套评价体系主要由政策布局、产业规模、技术创新、产业链布局、基础设施和市场表现六大指标构成，用以量化分析我国主要省市新能源汽车产业发展态势。

具体来说，2017 年我国各省市新能源汽车产业区域发展总排名得分，由政策布局、产业规模、技术创新、产业链布局、基础设施、市场表现六个指标的得分赋权加总构成。计算公式如下：

$$I=\alpha_{政策布局}+\alpha_{产业规模}+\alpha_{技术创新}+\alpha_{产业链布局}+\alpha_{基础设施}+\alpha_{市场表现参考}$$

$$\alpha_{分领域}=\sum_{i=0}^{I_j}\sum_{k=0}^{I_k}\omega_k\times S_{jk}$$

（注：其中 I 为 2017 年各省市新能源汽车产业总得分，为各领域的新能源汽车产业发展得分；j 表示二级指标，k 表示三级指标，wk 为三级指标的权重，Sjk 为每个三级指标的得分。）

新能源汽车产业区域发展评价指标框架

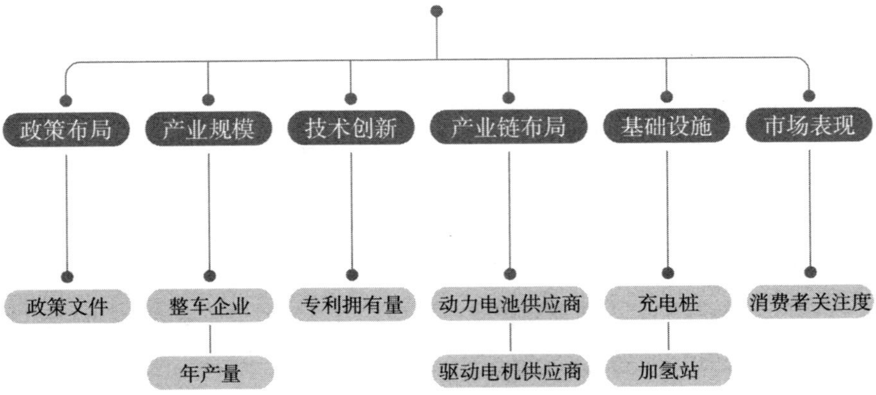

那么，这个评价体系强大在哪里呢？

从地方层面来说，可以系统梳理各省市目前产业发展水平及资源禀赋，从而扬长避短，助力地方科学决策，避免由于盲目布局引发的“扎堆”现象，造成产能过剩和人力财力浪费。

从国家层面来说，可以科学评估我国新能源汽车产业区域发展现状，有助于科学规划布局新能源汽车产业上下游产业链，防范各地一哄而上、盲目发展，并统筹各方资源，引导产业集聚，为我国新能源汽车持续健康发展营造良好环境。

总排名出炉，2017 年哪些省市表现得好?

瞭望智库《新能源汽车产业区域发展评价报告（2017 年版）》（以下简称“报告”），通过各省市六大指标的得分赋权加总，得出了 2017 年我国各省市新能源汽车产业发展总排名。

排名前 15 位的省市为：江苏、北京、广东、上海、浙江、山东、安徽、河南、湖北、四川、重庆、天津、陕西、江西和湖南。

2017年新能源汽车产业区域发展总排名TOP 15

政策布局、产业规模、技术创新、产业链布局、基础设施和市场表现六大指标的省市分排名（TOP10）如下图所示：

六大指标省市排名（TOP 10）

政策布局TOP 10

排名	省市	评分
1	广东	10
1	江苏	10
3	北京	7.5
3	浙江	7.5
3	天津	7.5
6	四川	5
7	上海	2.5
7	湖北	2.5
7	安徽	2.5
7	陕西	2.5

产业规模TOP 10

排名	省市	评分
1	江苏	15
1	北京	15
1	山东	15
1	浙江	15
5	湖北	12.5
5	安徽	12.5
5	陕西	12.5
8	上海	10
8	广东	10
8	重庆	10

技术创新TOP 10

排名	省市	评分
1	北京	20
2	江苏	15
3	广东	10
3	重庆	10
3	安徽	10
6	浙江	5
6	上海	5
6	山东	5
6	四川	5
6	河南	5

产业链布局TOP 10

排名	省市	评分
1	江苏	20
2	广东	17.5
3	上海	15
4	北京	12.5
4	山东	12.5
4	浙江	12.5
7	安徽	10
8	湖北	7.5
8	湖南	7.5
8	江西	7.5

基础设施TOP 10

排名	省市	评分
1	上海	20
2	广东	12.5
3	江苏	11.25
4	北京	8.75
5	山东	7.5
6	浙江	6.25
7	湖北	5
7	河南	5
7	四川	5
10	安徽	2.5

市场表现TOP 10

排名	省市	评分
1	广东	6.4
2	河南	6
3	北京	5.7
4	江苏	4.7
5	山东	4.4
6	浙江	4
7	四川	3.3
8	上海	3.2
9	湖北	1.9
10	陕西	1.8

说明：

政策布局、产业规模、技术创新、产业链布局、基础设施五项指标的最终分值，均是根据各省市相关统计指标，按照评判区间的换算值得出；市场表现指标的最终分值，主要按照各省市消费者对于新能源汽车的网络搜索热度指数换算得出。

从总排名和分榜排名来看，江苏、北京、广东、上海、浙江五个省市的表现较为突出，它们突出在哪儿？下面我们就来具体看看。

1. 江苏省：产业链布局完善

2017 年，江苏省共推广应用新能源汽车 39373 辆，推广数量居全国前列。

江苏省新能源汽车产业强在哪儿？产业链布局、产业规模等指标方面优势明显，特别是涌现出一批在技术水平、产能规模方面名列前茅的动力电池供应商。

2017年江苏省新能源汽车产业发展整体态势

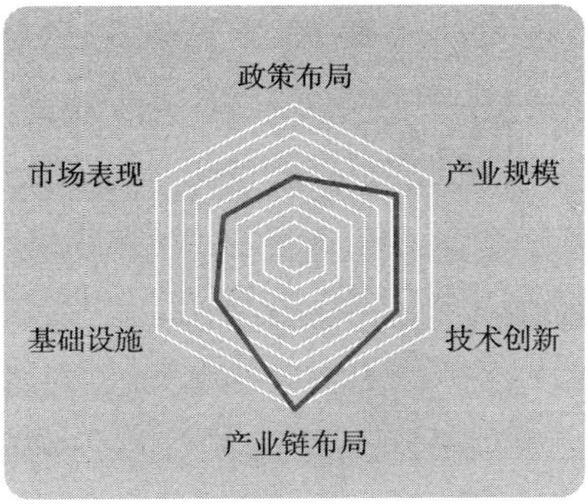

截至目前，江苏省主要新能源汽车整车企业共 34 家，包括江苏常隆客车有限公司、南京金龙客车制造有限公司、南京汽车集团有限公司、北汽新能源汽车常州有限公司、扬州亚星客车股份有限公司、江苏陆地方舟新能源电动汽车有限公司、一汽客车（无锡）有限公司、东风悦达起亚汽车有限公司等等。

2. 北京市：技术创新水平领先

截至 2017 年 11 月，北京市新能源汽车保有量接近 16 万辆，位居全国第一；其中私家汽车总数达到 11.3 万辆，占总量的 70% 左右。

也就是说，普通消费者已成为催动北京新能源汽车产业发展的主流购买人群。

北京市新能源汽车产业强在哪儿？技术创新和产业规模。

2017年北京市新能源汽车产业发展整体态势

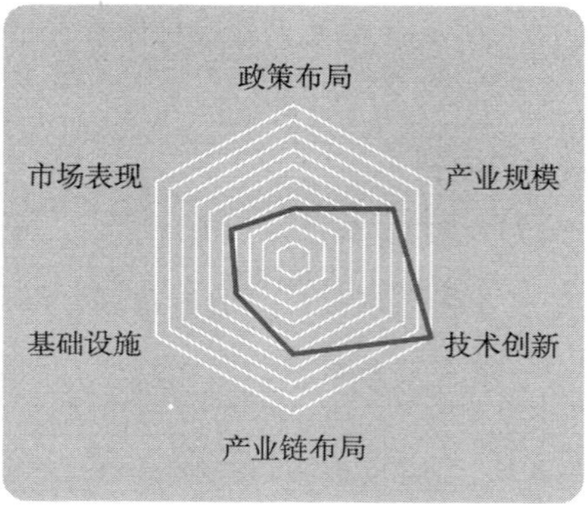

通过综合对比分析国家知识产权局及北京市知识产权局的统计数据可知，截至目前，北京市新能源汽车专利公开量超过2500件，其中外观设计类135件、发明专利类1282件、实用新型类1084件。

2017年全年，北京市新能源汽车产量达3.54万辆。而在整车企业布局方面，北京市主要新能源汽车整车企业约10家，包括北京汽车股份有限公司、北汽福田汽车股份有限公司、北京新能源汽车股份有限公司、北京汽车制造厂有限公司、北京现代汽车有限公司等。

3. 广东省：充电设施建设快速推进

广东省新能源汽车产业强在哪儿？产业链布局和基础设施。

2017年广东省新能源汽车产业发展整体态势

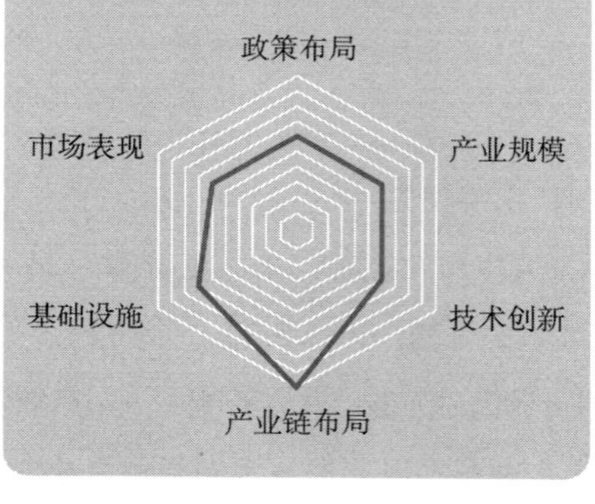

截至目前，广东全省公共充电桩超过2.9万个。根据广东省发展改革委于2016年9月发布的《广东省电动汽车充电基础设施规划（2016—2020年）》，到2020年，全省建成集中式充电站约1490座；建成分散式充电桩约35万个，实现电动汽车“走遍珠三角，通达各地市”。

在加氢站布局方面，广东全省运营中和在建的主要加氢站共有七座，其中正在运营中的加氢站共有3座，分别是中山沙朗加氢站、云浮思劳加氢站和佛山南海瑞晖加氢站。正在建设中的加氢站共有4座，分别是佛山国能联盛加氢站、云浮中石化加氢站、罗定加氢站和中山古镇加氢站。其中，位于佛山市南海区丹灶镇的瑞晖加氢站是全国首个市场化建设运营的加氢站。

4. 上海市：燃料电池汽车产业布局率先启动

2017年上海共推广新能源汽车61354辆，同比增长35%以上；新能源汽车产业实现产值232.38亿元，同比增长42.6%。

同时，2017年上海新能源汽车推广应用结构也得到进一步完善，纯电动和燃料电池汽车占比由2016年的30.87%上升到2017年的36.2%；私人领域新能源汽车推广量占比由2016年的51%上升到2017年的62.7%。

上海市新能源汽车产业强在哪儿？基础设施和产业链布局。

2017年上海市新能源汽车产业发展整体态势

根据上海市经信委数据显示，截止到2017年底，上海市充电设施管理平台共接入充换电设施129986个。其中，公共充电桩25707个、专用充电桩

21332 个、私人充电桩 82947 个。

值得注意的是，上海市在燃料电池汽车的商业化落地推广方面一直走在全国前列。目前上海正在运营的主要加氢站共有 2 座，正在建设中的加氢站共有 5 座，分别是上海金山加氢站、松江万象加氢站、青浦韵达加氢站、江桥镇加氢站、外冈镇加氢站。

根据市科委、市经信委、市发展改革委于 2017 年 9 月联合印发的《上海市燃料电池汽车发展规划》，到 2030 年，上海计划实现燃料电池汽车技术和制造总体达到国外同等水平。燃料电池汽车全产业链年产值突破 3000 亿元，形成以上海的燃料电池汽车产业链和价值链辐射全国，带动未来社会能源和动力转型。

5. 浙江省：新能源汽车产业渐成规模

作为我国汽车工业较为发达的省份，近年来浙江在新能源汽车产业发展方面已形成了比较完善的生态体系，并涌现出一批行业领先的知名企业，产业规模居于国内领先地位。

根据 2016 年浙江省发改委印发的《浙江省新能源汽车产业“十三五”发展规划》，到 2020 年，浙江省力争实现规上工业产值达到 1000 亿元以上，新能源汽车整车产能规模达到 50 万辆以上；培育年产值 10 亿元以上新能源汽车骨干企业 20 家。

浙江省新能源汽车产业强在哪儿？产业规模和产业链布局。

2017年浙江省新能源汽车产业发展整体态势

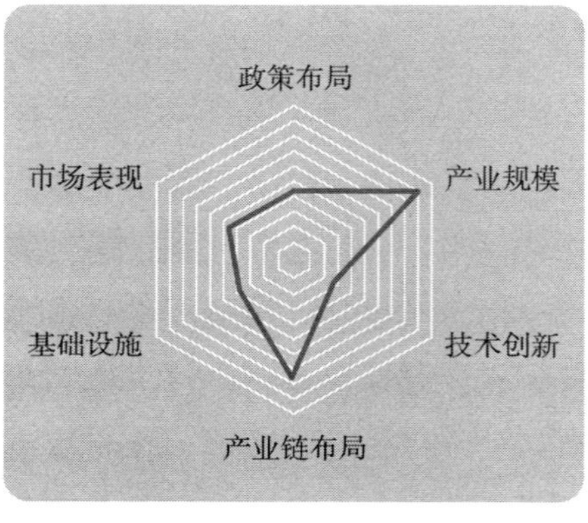

截至目前，浙江省主要新能源汽车整车企业约 12 家，包括浙江吉利汽车有限公司、杭州长江汽车有限公司、金华青年汽车制造有限公司、万向集团公司、浙江中车电车有限公司等。

浙江省主要动力电池供应商共有 14 家，包括万向 A 一二三系统有限公司、杭州南都动力科技有限公司、宁波中车新能源科技有限公司等。主要驱动电机供应商 16 家，包括浙江中车电车有限公司、浙江宝成机械科技有限公司、杭州普拉格新能源汽车有限公司、浙江云迪电气科技有限公司、杭州德沃仕电动科技有限公司等。

各地政策都在关注什么？

总体来看，2017 年各省市不仅细化完善了此前在推广补贴、充电配套等领域一系列相关政策，还极大地拓展了政策涉及范围，内容涵盖企业准入、技术标准、质量安全等方面。

从排名前十省市发布的政策类型来看，宏观导向、推广补贴和充电配套依然是 2017 年各地关注的重点议题。

2017年10省市新能源汽车相关政策分类

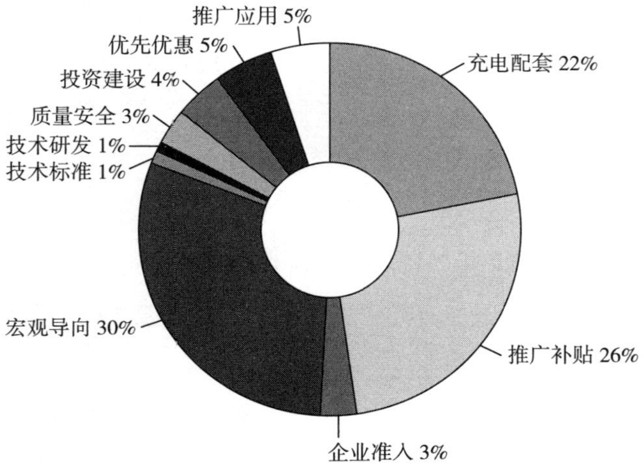

特别值得关注的是，为贯彻落实《工业和信息化部关于进一步做好新能源汽车推广应用安全监管工作的通知》（工信部装〔2016〕377号）等政策要求，2017年各省市新能源汽车相关政策尤其注重提质增效，对汽车生产企业和产品进行更加全面和严格的规范化管理，确保安全运行。

具体举措包括：明确生产企业是推广应用新能源汽车产品、安全服务保障、动力电池回收处置和推广信息上报的第一责任主体；建立安全保障与应急救援机制；建立缺陷汽车产品召回管理制度等。

在宏观导向方面。各省市对于新能源汽车发展的意义认识更加全面深刻，除了环保和汽车产业转型升级等基本考虑外，还将本地新能源汽车发展与推动能源革命、缓解城市拥堵、推进两化融合等工作相结合。

在推广补贴方面。主要省市基本依照《关于2016—2020年新能源汽车推广应用财政支持政策的通知》（财建〔2015〕134号）、《关于调整新能源汽车推广应用财政补贴政策的通知》（财建〔2016〕958号）等国家文件要求和规定，对本地新能源汽车推广应用财政补贴政策进行进一步明确和优化，包括：调整提高推荐车型目录门槛并动态调整、设置地方财政补贴不得超过中央财政单车补贴额的50%等。

在充电配套方面。总结来看，2017年部分省市的政策重点主要体现在调整充换电服务收费标准方面。例如，为电动汽车的推广应用营造宽松的政策环境，天津市滨海新区发改委发布的《关于开发区电动汽车用电价格和充换电服务费有关问题的通知》，明确了电动公交车充电服务费仅为每千瓦时0.6元；南京发布的《关于调整纯电动汽车充换电服务收费标准的通知》，将纯电动客车（12m）换电服务最高收费标准，每公里下调0.10元。

在投资建设方面。2017年，江苏、天津、广东等省市纷纷响应《国务院关于扩大对外开放积极利用外资若干措施的通知》，以“开放”这一关键词定位未来产业发展格局。通过鼓励和引导外资投向新能源汽车产业，并提升利用外资质量和效益。

这意味着新能源汽车将在一定程度上失去国家经贸政策的保护，被放归到适者生存的国际竞争海洋中。总体来看，行业的进一步开放是为推动我国汽车产业提质增效、实现从汽车生产大国向制造强国转变所构建的一种倒逼机制。

什么风险值得警惕?

根据中国汽车流通协会发布的数据显示，2015年至2017年6月底，国内已经落地的新能源整车项目超过了200个，相关投资金额高达10000亿元人民币以上，各类车企已经公开的新能源汽车产能规划超过2000万辆。

从各省市新能源汽车生产企业数量来看，截止到2017年底，江苏省位列第一名，新能源车企数量约34家。安徽和重庆并列第二位，数量均为14家。

从2017年各省市新能源汽车产量来看，北京、陕西、浙江、湖北、安徽和上海分列前五名，五个省市全年产量均超过了5万辆大关。特别是对于排名第一的北京而言，新能源汽车供需两端持续发力，未来产业发展态势看好。

受“双积分”政策的影响，诸多汽车生产厂家目前正全力布局新能源技术路线，未来新能源汽车的市场份额有望进一步扩大。考虑到现有地方规划产能的总和已远远超过国家对于该产业的预期目标，业界对于我国新能源汽车产能是否已经过剩问题这一问题也有诸多争议和见解。

一方面，规划产能并不等于实际产能，仅仅将各地生产主体上报的规划产能相加，就得出“新能源汽车产能已经过剩”的结论还为时尚早。此外，新能源汽车作为新兴产业，在发展初期激发主体投资热情、形成百花争鸣的局面是必经过程。

另一方面，各地须警惕新能源汽车规划产能过剩的趋势和风险。与产业和技术已经发展成熟的传统汽车行业不同，新能源汽车尚处在技术快速更新迭代期，未来发展空间很大。在无法预料未来技术路线的情况下，大批项目盲目上马要承担很大风险。因此，各地要注重对于新能源汽车项目的投资和产能规划的科学引导，不可过分冒进。

专利真是个急需补齐的短板！

随着新能源汽车技术的逐渐成熟，核心技术知识产权在全球日益激烈的竞争中起着至关重要的作用。

当前，国际新能源汽车产业专利博弈异常激烈。根据中国汽车工程研究院、中国汽车工程学会等机构联合发布的《中国汽车产业知识产权发展报告2016》数据显示：全球新能源汽车领域专利申请量整体呈上升趋势，专利申请大国主要为传统的汽车大国和汽车新兴市场国家。

截至2015年12月31日，排名前五位的国家依次是美国、日本、中国、德国和韩国，五国申请量占全球申请量的75%。

库叔通过综合国家知识产权局和各省市知识产权局统计数据，得出各省市新能源汽车相关专利拥有量排名：截止到2017年底，北京、江苏和重庆位列前三名。

但从整体来看，对比新能源汽车强国，我国新能源汽车产业专利后发劣势依然显现，急需甄别、补齐产业专利短板，夯实汽车强国建设的专利根基。

比如，我国专利申请存在“大而不强，多而不优”等问题，专利申请质量不高，核心专利持有率低，国内核心专利申请大部分被国外企业所掌握；此外，国内企业专利申请较为零散，尚未形成技术布局优势，未来存在专利壁垒和侵权风险的可能性较高。

核心技术进步明显

电池、电控和电机是新能源汽车三大核心技术，配套企业布局是衡量新能源汽车产业链是否完善的重要标志。从各省市的企业布局数量来看，我国电池和电机行业竞争较为激烈。

在动力电池产业发展方面。

近年来我国动力电池研发制造水平大幅提升，部分国产动力电池在能量密度、循环使用寿命、安全性能等方面已具备一定的国际市场竞争力。但同时，标准工艺不统一、智能制造水平不够等，也是国内动力电池供应商面临的普遍问题。

从各省市动力电池供应商数目来看，截止到 2017 年底，全国动力电池供应商共有约 166 家，广东、江苏和山东位列前三名。

其中，广东省作为全国最大的锂电池生产制造基地之一，主要动力电池供应商约有 23 家。紧随其后的江苏省和山东省分别约有动力电池供应商 20 家和 19 家。

在驱动电机产业布局方面。

经过十几年发展，我国车用驱动电机技术水平已取得长足进步，并自主开发出满足各类新能源汽车需求的驱动电机系统产品，形成了批量生产能力。

从各省市驱动电机供应商数目来看，截止到 2017 年底，全国驱动电机供应商共有约 214 家，江苏和广东位列前两名，上海和北京并列第三。其中，江苏省主要驱动电机供应商约 34 家，广东省主要驱动电机供应商约有 22 家。

加氢站布局相对落后

根据中国电动汽车充电基础设施促进联盟发布的数据显示：截至 2017 年底，联盟内成员单位累计上报公共类充电桩 213903 个。2017 年全年新增公共类充电桩 72649 个，增长率达到 51%，并且实现全年环比正增长。

从各省市公共充电桩布局数量来看，截至 2017 年底，北京、广东、上海位列前三名，公共充电桩数量分别达到 30363 个、29262 个和 26314 个。

与备受各地重视的充电设施建设相比，我国加氢站布局却相对滞后。2015 年之前，我国建成运行的少数几个加氢站基本属于重大活动（奥运会、世博会、大运会等）中燃料电池汽车示范项目的配套设施，在示范项目结束后就失去了持续运行的动力。2015 年之后，随着国内燃料电池汽车产业升温，加氢站建设及规划的数量已有所增加。

截至 2018 年 3 月份，我国已建成以及在建的加氢站共有 33 座，正在运营的仅有 12 座，分别位于北京、上海、江苏、大连、安徽、河南、广东、成都等地。虽然全国各地很多城市也都在规划建设加氢站，但是整体还未形成规模。

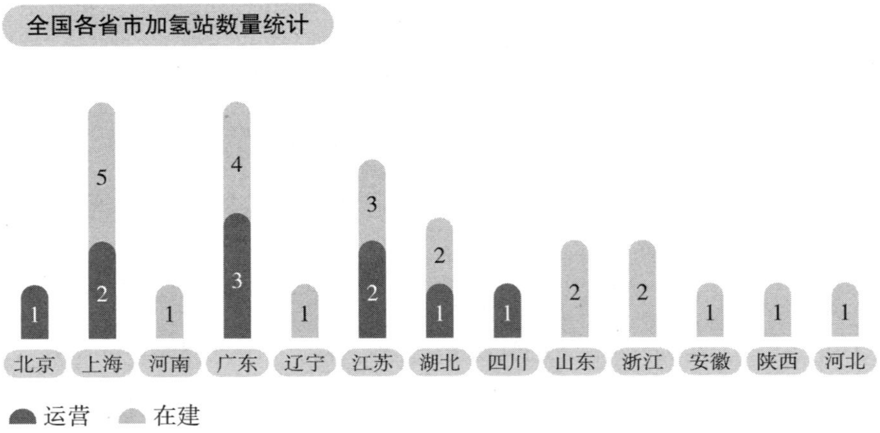

当前，各地加氢站规划建设面临的共性难题在于缺少规范化的审批流程和明确的主管审批部门。一方面，很多省市的规划部门将加氢站这一新生事物等同于已经完全市场化的加油或加气站，在加氢站选址及用地性质方面照搬国家对于加油站和加气站的标准规范，这种“一刀切”的解决方式，是造成加氢站规划建设“一址难求”的主要原因之一。

另一方面，由于监管审批部门不一、审批流程繁复，导致审批效率较为低下，各省市加氢站建设企业要在审批流程手续方面，通常要耗费大量的人力物力和时间成本。

民众对新能源汽车关注度持续上升

库叔抓取了 2017 年公众对新能源汽车相关新闻的评论，通过模型抽样得到的有效分析样本共有 300699 条，其中积极评论为 26510 条，消极评论为

18272 条，中立评论数大于 85%，表明对新能源汽车持中立观望态度的民众仍占到绝对多数。

公众对新能源汽车相关新闻评论的情感分析

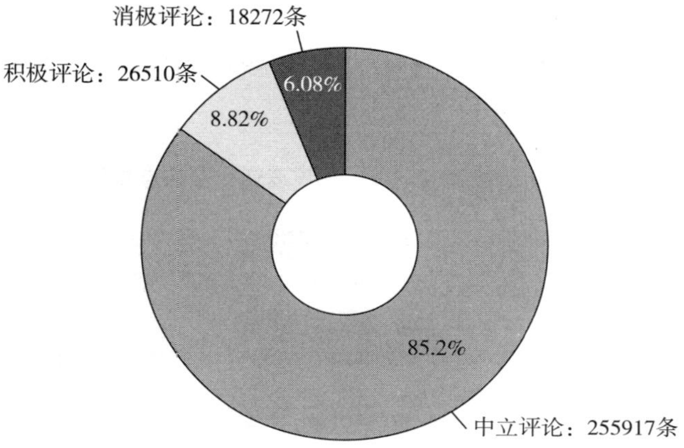

通过数据内容分析可知，2017 年公众较为关注的新能源汽车话题领域包括：新能源汽车品牌、动力类型、价格、补贴政策等。

2017年公众较为关注的新能源汽车话题领域

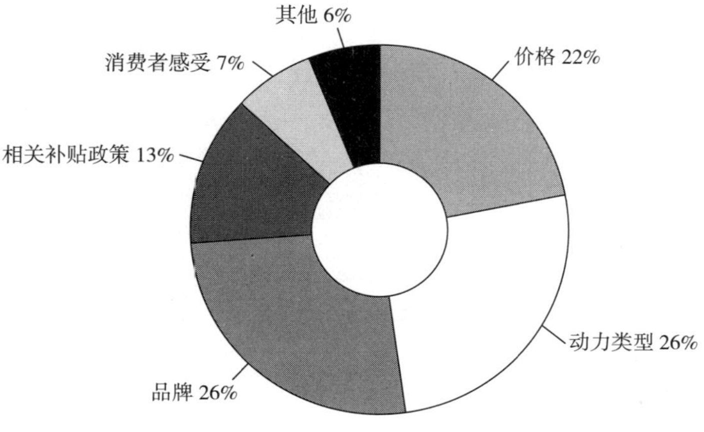

其中值得注意的是，当前我国民众对于新能源汽车价格的敏感度依然较高；但在消费者感受这一细分领域，有关“买新能源汽车后悔了”的话题在 2017 年部分时段广受舆论关注，可见性能是否优良完备也逐渐成为我国民众

选购新能源汽车的重要参考。

此外，报告通过梳理分析全年新能源汽车网络搜索指数，并与内容分析相结合，得出了 2017 年我国公众对新能源汽车的关注度变化趋势。可以看出，全网对新能源汽车搜索热度在 4 月、9 月、11 月及 12 月达到较高峰值。

通过内容分析可知，与 2017 年舆论关注峰值高度相关的主要事件如下图所示：

2017年新能源汽车舆论关注度变化及热点事件

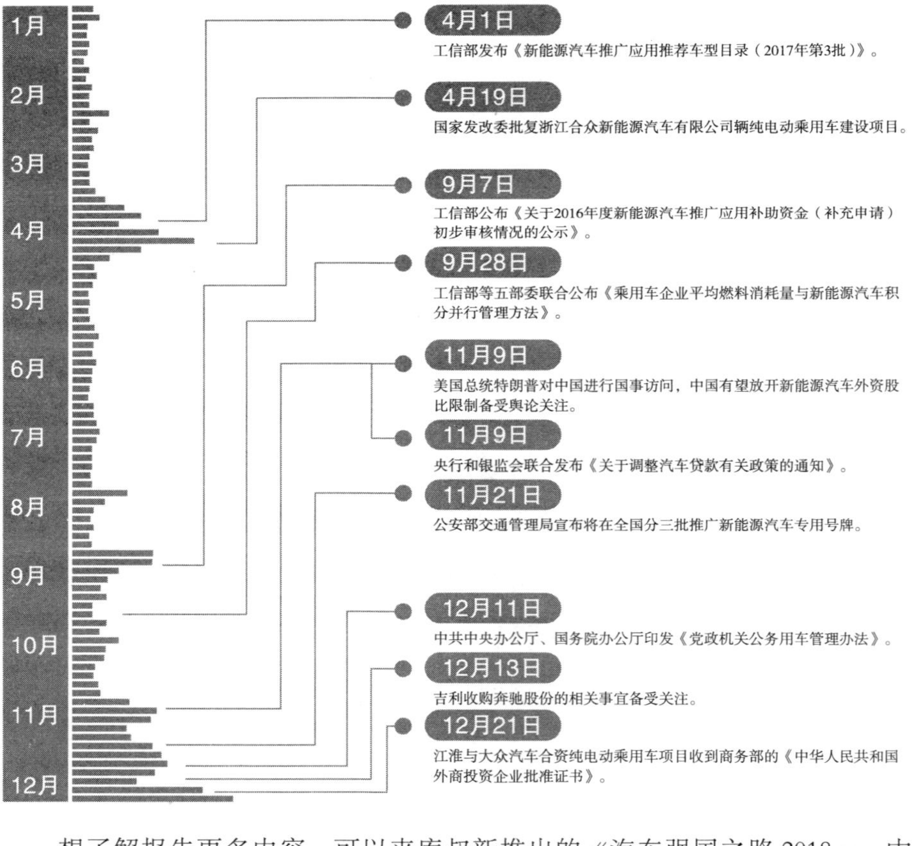

想了解报告更多内容，可以来库叔新推出的《汽车强国之路 2018——中国汽车产业发展新动能评估》这本书里看。

当前，世界汽车产业进入科技革命和创新发展的新时代，汽车产业与互联网、大数据、云计算、人工智能等新兴技术正在加速融合。对于我国来说，这是实现汽车产业转型升级、由大变强的战略机遇期。政府先后出台一系列纲领性文件，聚焦节能与新能源汽车、智能网联汽车等重点方向，为推动汽车产业由大变强提供了行动指南。

基于这一背景，《汽车强国之路 2018——中国汽车产业发展新动能评估》重点关注汽车产业技术“低碳化、信息化和智能化”变革，综合梳理过去一年我国汽车产业数据与政策趋势，将定性研究和定量分析相结合，建立起一套较为完善和科学的中国汽车产业发展新动能评价体系。

撰文：库叔

06

电动汽车不是垃圾!

导语: 库叔朋友圈中有很多人都在转发《所有的电动车,都是垃圾》(以下简称《都是垃圾》)这样一篇文章。

其实,这样的文章并不是第一次出现,2016年8月份就有类似文章刷爆过整个汽车圈。

当时,一些汽车界的专业人士对此不以为然,不屑与其争论。

之后,这种观点在网络上发酵,吸引了众多曾被电动汽车深深伤害过的消费者、电动汽车偏见者以及不明真相的吃瓜群众……

电动汽车真有这么不堪吗?

库叔对电动汽车有一定的了解,也认识一些在汽车行业摸爬滚打数十年的朋友,可以很明确地说:当然不是。

都是垃圾!这个论断很坚定,也很决绝。

但库叔仔细梳理了下,发现《都是垃圾》一文中,电动汽车被称为“垃圾”的理由无非是以下三点:

一是电动汽车“质劣价高”。

作者环顾国内整个电动汽车市场,并试驾了几个品牌的电动汽车,认为没有找到一台可以同时满足“勉强能开”和“质量可靠”这两个条件的纯电动汽车，而且价格超出预想。

二是电动汽车产业要靠政府补贴。

很多人认为，电动汽车产业不过是靠补贴勉强续命，媒体频频报道的相关企业“骗补”事件，更是让一些人觉得电动汽车产业是“扶不起的阿斗”。

三是根本不环保。

作者认为，电动汽车耗的电是烧煤得来的，说到底只是污染的搬运工，把黑烟从汽车尾气转移到了郊区发电厂。而且，电动汽车的电池污染也十分严重。

这样看来，电动汽车在一些人的眼里就是“瞎折腾”和“浪费纳税人的钱”，完全没有存在的必要。

库叔认为，这些尖锐的责难都来源于较为片面的认知，责难者只看到了电动汽车的冰山一角，而且还是背阴的一角。

借一两个边缘产品就轻易否定庞大的电动汽车产业，一个被列入国家重点发展战略的新兴产业，实在是井蛙的眼光，根本不值一驳。不过，这些观点却反映了长期以来很多人对电动汽车深深的误解。

枯竭

很多人都有这个疑问:“燃油车那么好，真有必要发展电动汽车吗？”

不得不承认，现阶段汽车行业的霸主仍是传统燃油车。

包括库叔在内的众多驾驶者都认为，目前燃油车的便利性、平稳性等都好于电动汽车。

更重要的是，燃油车并没有摆出一副“坐等淘汰”的架势，仍在马不停蹄地提升着自身的性能。

比如，为了更省油，不断提高内燃机的热效率，而且潜力巨大（有数据称，内燃机热效率还有 25% 的提升空间）。

于是，很多人认为，安安稳稳提升内燃机效率才是汽车行业发展的正道，为何非要耗时耗力发展结果未知的电动汽车?

除了绿色发展潮流这个因素，在库叔看来，更重要的原因可以用两个关键字概括：枯竭和洗牌。

枯竭的当然是石油。

石油的重要性无须多说，单就运输方面来看，全球90%的运输能量都由石油提供。

西方国家也向来把石油资源作为制定对外政策的主要依据之一。

而拥有资源的第三世界国家，也手握石油跟他们较劲，把石油作为与西方进行斗争的砝码。

对于中国来说，石油也相当重要——2015年，中国对外石油依存度就已破60%，其中至少75%都要经过极易被掐断的马六甲海峡，想想就背后一股寒气。

然而，如此重要的石油资源是不可再生的，甚至有科学家估计，全球的石油资源将在2050年左右枯竭。

如果没有可行的替代方案，届时全球以内燃机为主要动力的交通工具（目前全球单是内燃机汽车的数量就超10亿辆）将全部“趴窝”。

这就需要我们用长远的战略眼光来看待问题。

否则，难道要在石油资源枯竭后，退回到骑马时代、自行车时代、蒸汽车时代，再“临阵磨枪”地想办法吗？

称“电动汽车是垃圾”的人往往对这个问题避而不谈，只强调“电动汽车同样烧煤发电，并不环保”。

诚然，火电仍是我国电力构成的大部头。

核电、光伏、氢能源等涉及的技术、环保难题不解决，火电就没办法退出发电舞台，带来的污染也是个无法逃避的问题。

在这个前提下，即使普遍推广了电动汽车，造成环境污染的总量也不会明显下降。

但有一点可以保证：生活居住区的污染问题会得到缓解。

汽车作为每家每户时刻移动的交通工具，其尾气污染遍布人类生存领域，尤其是城市空间。

使用电动汽车，能有效弱化这些分散且无孔不入的污染，远离发电厂的生活区域，空气质量会明显提高。

同时，这也给空气的集中治污提供了可能。

只要未来提高煤炭发电效率，或者严格控制火电废气净化标准，空气污染有望在源头上得到解决。

更为重要的是，一旦新型发电难题得以解决，全链条清洁不是没可能。

但如果一直烧油，全链条清洁永不可能。

洗牌

再来说整个汽车产业的洗牌。

电动汽车的推广意味着整个汽车产业的升级换代——

从政策到技术再到市场；

从基础设施到生产再到运营服务；

从材料到零部件再到整车；

从技术创新到车型研发再到制造；

新的领域不断拓展，车辆互联和自动驾驶将更多的行业和汽车连上了关系（电动汽车是搭载自动驾驶技术的首选，从环境感知、外部信号识别到内部电驱动任务执行，比传统汽车响应速度大约快十倍）。

可以说，越来越多的新参与者加入进来。

变革之下，无论是德国、日本、美国等昔日传统汽车业的霸主，还是在燃油车时代苦苦追赶的中国、印度等国，几乎同时被推入了同一个崭新的主题。

这就直接带来两点影响——

一是更多国家有机会成为汽车标准制定者。

比如中国，在燃油车时代亦步亦趋沿着国外汽车强国制定的标准追赶，而在电动汽车成为新的发力点之后，将不再单纯地向汽车强国取经，而是有了更多自主成长的空间。

在电动汽车体量尚小、标准不全的今天，中国适时发力，成为标准制定者之一不是梦。

二是更多车企借此实现逆袭。

比如，特斯拉这样的“黑马”不是来自“百年老店”奔驰、宝马，而是几年内从无到有，一路逆袭，让人错愕不已。

再比如，2010年汽车业巨头戴姆勒公司与比亚迪合资成立了一家公司，双方各持股一半，共同研发生产电动汽车，由比亚迪负责汽车的电池和驱动系统，这与以往“市场换技术”式的合作有着根本不同，在燃油车时代也是不可想象的。

可以说，在一定程度上，汽车业后来者在电动汽车时代将有跟行业大佬平起平坐的机会。

要知道，汽车产业可是“工业中的工业”，直接代表着一个国家的工业化发展程度。

洗牌之下，一旦抓住了汽车发展的新机遇，制造业自然就跟着振兴起来了。

突破

那么，现阶段电动汽车的发展究竟如何？真如《都是垃圾》等文章中说的那么不堪吗？

《都是垃圾》一文的作者试驾了几个品牌的电动汽车，比如知豆、众泰芝麻E30等，认为其制造粗劣，价格高昂，进而环顾整个汽车市场，发现没有找到一台可以同时满足“勉强能开”和“质量可靠”的纯电动汽车，借此否定整个电动汽车产业。

这显然是罔顾事实了——

首先，单纯几款边缘车型的优劣并不能代表整个电动汽车行业，粗制滥造的产品确实有，但优质产品也不少。

比如宝马 i3 纯电动汽车，看起来“胖胖的”，但整备质量只有大约 1.2 吨。

这是什么概念呢？

汽车业有句话“增加一马力不如减重一公斤”，电动汽车想要通过增加电池来延伸续航路程，那就有必要在车身分量上下功夫减重。

由于电池组巨大，一般电动汽车的整备质量在 1.4 吨到 2.5 吨之间，而宝马这款车实现了轻量化，即便在燃油车队伍里，也算轻的，秘诀只有一个——大量使用了碳纤维增强复合材料，车身轻到两个成年人就可以抬起来。

关键是，这样轻量的设计并不影响性能，它行驶平稳，零到百公里加速时间只需要 7.2 秒。

目前，通用、克莱斯勒等汽车品牌，也开始在自己的汽车上使用更多的碳纤维设计。

我国电动汽车品牌，虽然还没有能引领整个行业的黑科技，但也做得扎扎实实。

比亚迪、上汽、北汽等国产品牌的电动汽车，在国内市场都有着不错的表现，有的续航里程甚至达到了 300km~400km，快充时间也缩短到了 1.5h~2.5h。

其次，电动汽车产业发展迅猛，用之前带偏见的眼光看待当下，早已过时。

各种品牌，无论强弱，都在一刻不停地寻求突破。

中国各大主流汽车厂商也不例外——让电池的能量密度比、体积密度比大大进步，使成本大大降低，其间当然伴随着新工艺、新材料的不断开发和应用。

库叔研究电动汽车的朋友说，我国高比能量、高功率的电池估计每年性能会提高 30%，成本约下降 30%。这样的进步已经很快了，而电机的进步比电池还快。

此外，在基础研究方面，各种类型的创新中心也已挂牌成立。

可以说，在几十万辆电动汽车市场的拉动下，中国市场产生的创新丝毫不会亚于其他国家。

再次，产业发展的初期阶段出现一些品质不高的产品，并不意外。

19 世纪末期，当汽车第一次出现时，只有三个轮子，时速最高 18 公里，最大马力约 0.75 匹，现在看来简单低端到令人发指。

当时大部分人都不相信这样的产品能取代马车，甚至对这种自己会“行走”的车充满恐惧，当它行驶在街上时，有时警察都会出面制止。

可后来，经过一代代汽车人上百年的探索，加上石油资源开采力度的增加以及加油站的普及，燃油汽车的发展速度惊人！

目前，全世界约有10亿辆燃油车在道路上行驶，零到百公里加速时间只需3秒的超级跑车也已出现，通用、福特、奔驰、丰田等一系列汽车巨头在各国和世界经济中都占据举足轻重的地位。

可见，燃油车从诞生到称霸，经历了漫长的过程，电动汽车的发展自然不能一蹴而就。

电动汽车行业在刚刚发展的初期，没有一个现成的模式可供借鉴，产业政策、管理体系、标准体系更是不完善。于是泥沙俱下，出现了良莠不齐的产品，甚至出现各种类型的“骗补”现象，其实是可以理解的。

随着我国电动汽车相关标准逐渐建立，产业发展也会渐趋成熟，粗劣产品也会慢慢被逐出市场，不过，这需要一个过程。

工信部关于电动汽车的生产准入政策，从开始制定到现在就已经进行了三次修改，并且越来越严格。

最后，电动汽车并不是一些人想当然认为的，把燃油车发动机拆掉，换一个电池就可以，这样造出来的所谓“电动汽车”也不可能有很高的续航里程。

区别于逆向开发的拆解、测绘、仿制，再生产制造，电动汽车需要进行全新的“正向开发”，即一步步地进行设计、制造，直至组装成成品。这里面动力系统跟驱动方式的改变需要全新的方式来替代，研发过程极具创新性和挑战性。

也就是说，电动汽车对技术的要求绝不低于传统燃油车——不但要满足传统燃油车的强制性标准，还要满足新型动力系统等一系列新的强制要求。

各国也把电动汽车当成传统燃油车强劲的竞争对手来培育，而不是作为燃油车的附庸，所以过程漫长，需要有足够的耐心。

培育

那么，造出什么样的电动汽车才是我们的目标?

肯定不是很多人说的低劣产品，但也不仅仅是一辆集结了各项顶尖技术的电动汽车，这样的汽车不可能横空出世。

一辆好的电动汽车是会带来“正向循环”的新能源汽车：持续的投入带来技术的进步和成本的下降，进而赢得市场认可，以获得可持续的投入。

当正向循环发生，我们将收获成熟的汽车工业，几家一流车企和若干明星车型，以及一大群汽车人才。

库叔认为知乎答主 @姚昌晟说得很有道理：

如果将各国新能源汽车的竞争比作体育竞技，那么这并不是单个竞技项目的比拼，而是一整场奥运会奖牌榜的争夺。

一位奥运金牌得主离不开自身的天赋、专业的训练团队、顶尖科技装备与营养设计。

这还仅仅是一位冠军，要赢得奥运奖牌榜前三需要怎样的投入呢?

很多很多钱、成熟的体育选拔培训机制、成熟的体育科技产业与康复训练产业，还需要一个高效的政府体育部门和一大批体育人才。

每一项都达标，才能成为体育强国。

总结来看，要开启电动汽车发展的“正向循环”，就是要培育七个方面——

- 技术：深化纯电驱动的技术积累，形成自主研发能力；
- 产品跟品牌：按照市场需求，不断完善产品，使之能够与传统燃油车充分竞争，并形成具有国际竞争力的品牌；
- 市场：没有市场就没有品牌，市场达不到一定的量就不会有质，有了市场才有充分竞争，才能不断发展；
- 产业链：包括零部件配套体系（电池、电机、上下游零部件体系等）、生产研发体系、销售服务体系、社会配套体系（充电基础设施、报废回收等）等的完善；
- 新型产业结构：电动汽车的产业结构跟传统汽车区别很大，生产工艺、生产模式、销售模式等需要改变，同时还要与 IT 及互联网行业联合融入；
- 技术与产品标准体系：需要一个渐进的过程，通过标准体系的完善保证产品安全，进一步追求国际领先，目前我国电动汽车的标准体系基本完善，但有必要进一步深化调整。
- 市场化管理和政策法规体系：新兴产业不能继续沿着传统产业的管理方式进行，要遵循市场化管理方式。

我国出台的一些政策也都在往市场化的方向努力，比如“27 号文”（发改委和工信部联合签发的 2015 年第 27 号令《新建纯电动乘用车企业管理规定》）提出允许一些没有资质，但有资金和技术的企业进入电动汽车行业，此外还有电动汽车补贴“退坡机制”“双积分”政策，以及其他监管惩罚、退出机制等。

要做好这些，至少需要 15~20 年的时间，每一步都要踏踏实实，不能盲求速度。

通过开启电动汽车的“正向循环”来实现“电动化、智能化、网联化、共享化”目标，现在中国恰有机会！

撰文：李浩然

07

三星跑了！中国人不好糊弄了！

导语：2018 年 4 月底，韩国三星正式关闭其在中国大陆唯一一家网络设备生产企业——深圳三星电子通信公司，并遣散了 320 人。

近年来，三星在中国的用工人数大幅跌落，工厂也渐渐由中国转移至东南亚。截至目前，三星在中国的用工人数已经不到 3000 人。而在东南亚地区，三星的用工人数却达到了 14 万，比当年极盛时期在中国的用工人数还多出 4 万。

除此之外，三星去年在越南砸下的 100 亿美金投资，更是占到了去年越南工业总产值的 15% 左右。

其实不单单是三星，近几年我们发现，外资从中国撤离已经变成了一种非常显著的现象。

这到底是怎么一回事？

中国曾是外资独一无二的“蓝海”

改革开放之初，中国 10 亿级人口的巨大市场规模让外企很兴奋。外资品牌不断涌入中国，他们大批量投放的广告也流行一时。

得益于中国当时所实行的战略，国际公司被中国优惠的土地税收政策与廉价劳动力吸引，将工厂搬至中国。

后来国外经济学家评论说，事情的发展出乎预料：外资本来是想来中国卖商品的，结果却将中国变成了生产基地，向世界出口。这时的中国市场，对外资来说，已经有了独特的地位。

除了市场规模、优惠政策、人力资源等因素，外资很看重的还有中国总体办事效率高，各地政府为了引进外资甚至还经常发生争抢。而且这种效率还在不断飞速提升，各种基础设施快速进步，零部件产业链加速聚集。来中国办厂是自然的选择，不这么做才需要特别的理由。

相比之下，其他发展中国家在办事效率等方面就差得有点远了。比如，2011 年富士康在巴西开了两家工厂生产苹果产品，声称要投资 120 亿美元招聘 10 万工人，一度声势很大。但这两家工厂运行一段时间后，由于当地行政部门效率太低等问题，2017 年就不得不关闭了，只留下一点人看守设备。巴西政府、当地工人、富士康互相推卸责任，搞得一地鸡毛。

也就是说，长期以来，中国是一个“生态系统”，而且这个系统还是全球唯一的，各种生产要素在里面相互作用。生态的威力就是超预期的繁荣，中国制造业迅速崛起，成为经济高速发展的最大动力和根本依靠。

进入 21 世纪，中国经济规模爆发增长成世界第二，仅次于美国，而消费市场更是全球最大。开放的中国，成为很多外资品牌数一数二的区域市场。

中国市场却被区别对待

为什么这几年外资大量撤离中国呢？

一些人说，是因为中国房价高涨、人力及经营成本快速提高，相对于一些发展中国家已经没有生产优势。

其实这只是部分原因，外资撤离中国，很大原因还在于三个方面：

外资在如何看待中国市场的问题上没有清晰的认识；

中国消费者不那么容易糊弄了，政府监管也日趋严格；

外资品牌受到正在崛起的中国品牌的阻击。

对外资来说，中国有生产与消费双重优势，如何看待中国市场至关重要。但随着中国经济及社会的不断发展，不少外资的观念并没有与时俱进，老观念依然没有转过来。

比如，应该把中国看成发达国家市场，还是发展中国家市场？从各类人均指标来看，中国还是发展中国家，但如果外资品牌把中国消费者当成落后国家的穷人，与发达国家市场区别看待，就绝对错误了！

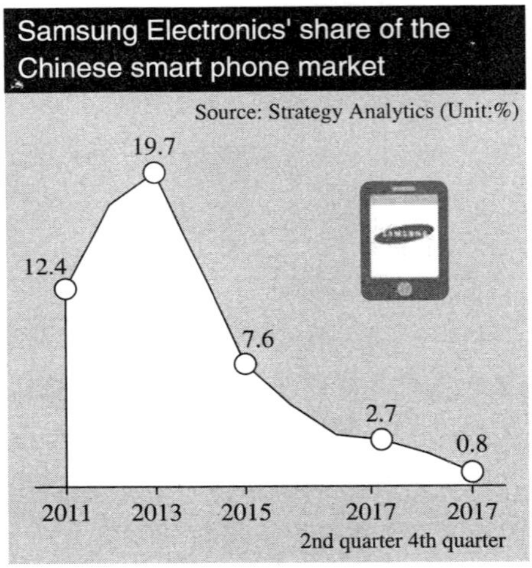

三星在中国手机市场的份额变化（2011—2017 年）

三星手机在中国市场的沉沦就有力证明了这一点。

2013 年三星在中国智能手机市场上份额高达 19.7%，稳稳地位居第一，论品牌形象与价格也仅次于苹果，高于众多中国本土品牌。

然而，2016 年三星出了 Note7 手机电池爆炸的质量问题，虽然主要发生在其他国家，在中国并没有那么严重，但三星对中国市场的处理简直匪夷所思。

Note7 爆炸事件一出，就有韩国媒体污蔑说是中国生产的电池。是哪些中国企业呢？三星也不公布，说是为了保护供应商。其实是想甩锅到中国零件身上。

结果，甩锅不成，三星最后还是承认了是自己的子公司 SDI 生产的电池，只好全球召回。

匪夷所思的是，三星竟对中国市场“特别对待”，说在中国卖的 Note7 电池不一样，没有问题，不会爆炸，不用回收。

说白了，三星就是心存侥幸，不愿意回收，根本上说还是出于对中国消费者的歧视心理。

最不可思议的是，当中国消费者投诉称自己的手机也发生了爆炸时，三星的公关居然暗示说是消费者用电磁炉讹诈！

于是，三星把爆炸手机拿去检测，得出了可笑的结论。这个载入公关灾难史的原话是：“两家公司为了调查准确的原因，将 Note7 放进微波炉、热风机、电磁炉、烤箱等进行了再现试验。结果显示，两部手机放在电磁炉上，用 200 度加热 2~3 分钟，产品的损坏样子和照片最相似。”

当中国接二连三地发生 Note7 手机爆炸，国家质检总局约谈三星后，一切终于变得不可收拾。

手机爆炸可以说是质量事故，发生了也并不是无可挽回。但这种对中国市场赤裸裸的歧视，连不少崇尚外国品牌的中国消费者都没法接受了，三星的市场份额也随之崩盘，2017 年第 4 季度跌到了 0.8%。

中国消费者不再那么好糊弄了

《士兵突击》里连长高强对主角许三多有一个评价，“明明是个强人，天生一副熊样”。

某种程度上，中国消费者就有点像许三多，通过努力，实力已经非常强大，但却没有强大的消费者心态，对外资品牌过于宽容，维权意识不足。

三星 2016 年一开始全球召回时的“不涉及中国”，其实只是一个常规操作。对众多外资企业，全球召回的确切含义就是“不包括中国”。

这么多的召回事件，中国市场都被特别对待，真是因为中国市场的外资汽车、手机、日化用品特别安全？

显然不是。

一方面是中国很多安全标准并不完善，对于外资企业不够严格。另一方面则是中国消费者长期以来的宽容心态纵容了一些外企，让他们觉得中国消费者容易糊弄，出了问题给个解释就行了。

但最近几年，情况已发生很大变化，中国政府的监管有所进步，外资品牌对中国市场不得不变得谦卑一些。

比如，2017 年 6 月，日本高田气囊因安全问题申请破产。中国质检部门持续进行的缺陷调查工作很有成效。从 2017 年 9 月起，在中国的多家跨国车企大众、通用、本田、奔驰等纷纷宣布召回，短短一个月中国市场共召回汽车 800 万辆，召回原因是“部分车辆的驾驶席或副驾驶席正面安全气囊装配了高田公司生产的未带干燥剂的硝酸铵气体发生器。在气囊展开时，这些气体发生器可能发生异常破损，导致碎片飞出，伤及车内人员，存在安全隐患”。

作为全球第一大汽车市场，当汽车出现质量问题时，类似的召回就应该成为常态。

而中国消费者也在渐渐调整之前的心态，对国产品牌严格要求，对外资品牌也不再那么客气，有问题就积极投诉。

外企居高临下看中国消费者，这是不能忍受的。既然来了，就得尊重中国消费者。不能光嘴上说，还得拿出实际态度和行动。

外企如果还想像以前那样趾高气扬地在中国赚钱，已经不太可能了。

外企受到中国本土品牌的阻击

曾经，外企是中国大学毕业生就业的优先选择，收入高、待遇好让人羡慕。但是随着一批优质中国公司的崛起，外企已然风光不再。

2003 年，北京国贸 CBD 的租户中外企占比高达 70%，顶峰时聚集了 170 家世界 500 强企业。现在则跌到了 30%，还有许多本土企业在等待进入国贸 CBD。

很多外资企业竞争不过中国本土公司已经成为了常态，多个领域已经从外资品牌主导，变成国产品牌一统天下。有两个领域比较典型，一是家电，二是

IT 行业。

以 IT 互联网公司为例，外资公司在中国开网站，遵守中国法律即可。中国本土公司也一样受到国家法律的严格监管。

很多外资互联网公司在刚进入中国时确实做得风生水起，还收购过一些中国本土网站，如雅虎中国、易趣网、MSN，也占有不小市场份额，可是后来大都经营不善消失无踪了。

失败的原因就是不接地气，但又难以改变。互联网变化很快，总公司很难了解中国市场的真实情况，而了解情况的中国员工想去应对，却没有技术开发与营销决定权。这就导致了外资互联网公司渐渐陷入颓势，甚至它们高薪聘请名校背景的员工做的网站，还不如中国草根程序员做的访问量高。

中国本土公司出现了很多新玩法，很有生命力，快速占领了市场。本土公司的快速成长，表现出了极强竞争力，成为外资公司的致命杀手。甚至于中国公司还追杀到全球市场，对跨国公司的业务造成重大打击。

举例来说，就算三星撤离了中国，也不是故事的完结。三星在全球智能手机市场份额还是第一，2017 年全球市场占有率达到 21.9%。但是，2017 年上半年三星在中国市场的占有率仅为 3%，排名前四的均为中国本土公司，分别是华为、OPPO、vivo 和小米。这些公司既然能在中国战胜三星，显然也会去海外拓展生意。

印度是全球仅存的智能手机巨大潜在市场，以前三星遥遥领先，但中国公司进入印度市场后，2017 年已经占据了 50% 以上的份额，在前五中占了前四席——小米、OPPO、vivo、联想围剿三星。中国市场的老大华为也准备在印度市场发力，三星在印度市场份额继续萎缩是可以预期的。

外资撤离会对中国经济造成打击吗?

这确实值得忧虑，但也应该综合来考虑。

以前中国在发展中国家中都算穷的，资本稀缺，技术层级也不高，急需外资带来的资金、技术和市场。

外资如果那时候大规模撤离，无疑会对中国市场造成较大的打击，外资自然也可以趾高气扬，在中国获得超国民待遇，对中国消费者区别对待，长期歧视。

但现在强弱倒转了。

对于某些制造业，中国成本确实是比过去高了。比如低端的纺织、服装、制鞋等人力成本密集行业，这些行业普遍对资本和产业链要求不高，核心竞争力就是便宜的人工成本。越南、孟加拉国等国在这方面确实竞争力更强，工厂转移过去是正常的。即使不转移过去，也没有中国工人愿意接受极低的工资。

随着我国劳动力成本持续上升，一些低端制造业外资企业不得不调整经营策略，转向成本更为低廉的国家。但与此同时，服务性行业和高端制造业外资则加快了流入中国的速度。

这某种程度上是中国产业升级带来的进步，与我国经济结构调整直接相关。

外资制造业撤离中国，外资高端服务业加速进军中国。

中国公司的技术层级、经营能力都有了长足进步，不再仰望全球公司。

而且在国家政策层面上，中国对于外资早就不再渴求，不再是什么外资都收，现在引入外资更为关注的是技术水平。

外资公司不仅不能再有过去的歧视行为，还要更多让权给了解情况的中国员工，学习中国市场上的成功办法。

外资撤出中国造成的影响实在有限，撤离的外资工厂员工也可以分散到其他行业，更多地加入本土公司。

当然，外资的离去也给我们留下了一个巨大的产业空间，促使我们加紧反思该如何降低制造业的成本，更重要的是降低税收与营商环境的成本。

未来，中国会更加开放，让更多外资公司来华生产、经营、销售，这个方向是确定无疑的。外资公司仍然会有巨大的市场空间，但需要主动适应中国市场，从根本上获得中国消费者、劳动者和政府的支持。

撰文：陈经

08

世界杯16强谁夺冠只能靠猜，但这项第一已经被中国拿走了！

导语：2018年6月29日，2018年俄罗斯世界杯小组赛阶段比赛全部结束，16强及其对阵也随之产生，冠军谁属相信大家讨论得热火朝天。

不过这么热闹的局好像没咱中国啥事啊……

且慢。

是否还记得之前，央视著名主持人白岩松在节目中的调侃刷了大家的屏："俄罗斯世界杯，中国除了足球队没去，其他都去了。"

《日本经济新闻》也登出了一篇题为《俄罗斯世界杯中国也拿了项第一？》的文章；另一家日媒《日刊现代》也刊文称日本虽然征战世界杯赛场，却在场外"被中国完败"。

的确，虽然国足没去，但中国却深刻地融入到世界杯的舞台中，存在感还特别强烈。

没有国足，中国却是"赛场主角"

预选赛的失利，使得中国国家队无缘踏上世界杯决赛圈的绿茵场，但俄罗斯的比赛场地上仍然出现了中国元素。

6 月 14 日的世界杯揭幕战上，6 名来自贵州丹寨的中国小球童担任护旗手护送国际足联会旗入场，并且本届比赛总共将有 88 名中国足球少年在 8 场比赛中登场。

随后，来自中国的重量级“世界杯主角”闪亮登场了，在每一场比赛中都扮演重要角色。它，就是本届比赛专用足球。

由阿迪达斯设计的俄罗斯世界杯比赛用球“电视之星”（telstar18），独家授权“中国制造”，由广东东莞一家企业（据《东莞日报》报道为位于茶山的东莞市硕科塑胶五金制品有限公司）生产。

1970 年阿迪达斯首次为世界杯提供的官方用球名为“电视之星”，本届世界杯用球意在“致敬经典”。

据企业的负责人介绍，他们在“电视之星”的生产中，引进了国内首条自动化生产线，使得原先 80 人的生产线现在只需要 10 人，一天可以生产 1000 个足球。

“我们用自动化的切割机取代了传统的刀模切割，用自动化打印机取代了传统的丝网印刷，用机械手取代了传统的搬运，每个球上面还会有二维码，码上的信息会告诉我们球生产的时间和地址。”

此外，这款足球还自带“黑科技”，足球内置了 NFC（Near Field Communication）近场交互芯片，只要打开任何具备 NFC 识别功能的 APP，然后将手机靠近，即可读取这款足球的最新信息。

开赛以来，任意球威力巨大，仅仅首轮小组赛（16 场）中就出现了 4 记直接任意球破门，超过了上届世界杯全部 64 场比赛总和（3 记）。有关分析认为，这与“电视之星”球皮使用热黏合技术、直角拼接的设计制造密切相关。可以说，“中国制造”的“电视之星”，正在深刻地塑造本届世界杯比赛的样貌。

揭幕战对阵沙特，东道主俄罗斯队球员戈洛文直接任意球破门，掀开了小组赛任意球狂潮的序幕。本届世界杯的任意球威力巨大可能与比赛用球的设计与制造特点相关。

当然，世界杯上的“中国足球”，也并非是头一次亮相。

早在2002年韩日世界杯前的比赛用球发布会上，就有报道显示，记者拿到的“飞火流星”官方用球上标注了“MADE IN CHINA”字样，这表明，中国可能在当时就已经开始参与到世界杯用球的生产制造中了。

在闯入韩日世界杯后，国足已经长久远离世界杯，但中国制造的足球却“持续参赛”。

此前，世界杯用球几乎都来自位于巴基斯坦北部被称为“世界足球制造之都”的锡亚尔科特。其手工缝制足球有一个世纪的历史，这里的足球工厂每年要生产6000万个足球，占世界产量的70%。后来由于雇佣童工的丑闻曝光，巴基斯坦失去了原有的订单，泰国取而代之成为2006年德国世界杯用球的主要生产者。而从2010年南非世界杯至今，官方用球制造中心转移到了中国。

据报道，江西九江的一家公司在2009年5月被指定为南非世界杯用球“普天同庆”（JABULANI）的主要生产基地（也有消息称在深圳生产）。而到了2014年巴西世界杯，比赛用球“桑巴荣耀”（Brazuca）几乎全部都是“中国制造”，这种趋势一直延续到本届比赛，两届比赛用球分别在深圳和东莞生产制造。

近年来，随着中国人力等成本的提高，很多人认为中国制造的优势将逐渐缩小甚至消失，一些企业的生产线从中国“撤离”似乎也在印证着这个判断。

但为什么世界杯足球的生产却在向中国转移呢？

当年南非世界杯用球生产转移到中国时，阿迪达斯生产负责人马科夫斯基直言“与成本有关”。也就是说，世界杯用球的“中国制造”，仍有成本优势。

这一方面是由于世界杯用球的变化。

传统的足球为手工缝制的五边形、六边形球皮，共32块组成，从2006年世界杯的“团队之星”开始，世界杯用球改用无缝热黏合技术，使用更少数量的球皮合成，2006、2010、2014 三届比赛用球使用球皮分别为 14 块、8 块、6 块，本届世界杯用球“电视之星”在沿用 6 块球皮构成的同时还使用了直角拼接的设计。这种足球在越来越“圆”的同时，制造工艺难度也越来越高，而作为新技术，更容易产生意外损坏（包括气不足时容易损坏等问题），对精准度的要求更高。

无缝热黏合技术的使用使足球球皮结构发生了根本性的变革，突破传统手缝足球 32 块五、六边形球皮结构，2006、2010、2014 世界杯用球分别只用 14 块、8 块和 6 块球皮，使足球越来越“圆”，工艺难度也越来越大。

因此，虽然巴基斯坦的手工制作足球仍然作为近几届世界杯用球的部分供应源，但其手工缝制足球百年经验的价值在新足球上大打折扣；相比之下，中国拥有更为成熟的机器生产线、技术含量更高，比手工贴皮的效率高得多，既节约了成本，在技术上也更为可靠。

巴西世界杯仍然有来自巴基斯坦锡亚尔科特的手工制作足球，但受制于生产效率，其规模已经无法再与中国机器生产线生产相匹敌。

另一方面，中国在原材料可支配性和物流、基础设施上的条件也十分突出，这使得中国具备综合的成本优势。

在中国劳动力等基础成本逐渐走高的今天，世界杯用球生产线向中国迁移的例子，也许可以给出一些启示。

赞助商三分天下，中企独占其一

本届世界杯，中国企业在官方赞助商的行列中，也是异军突起。

国际重大赛事的官方赞助资格，历来是世界各大高端品牌的必争之地。要知道，竞逐世界杯赞助商难度相当高，因为一个领域只能有一家公司成为赞助商，具有排他性。也正因如此，成为世界杯官方赞助商被视为企业快速提升品牌价值、走向国际化的“阳关道”。

历史上的很多例子都证明了这一点：

1950 年可口可乐赞助巴西世界杯后销售额翻倍，成为其营销历史转折点；

1974 年阿迪达斯赞助德国世界杯，使其一举反超劲敌耐克，并奠定世界顶级运动品牌的形象；

2002 年韩日世界杯，现代汽车斥资 15 亿欧元成为官方赞助商，同年其在美国销量增长 40%，品牌认知度从 32% 一举跃升至 67%……

在过去几届世界杯上，赞助商基本被欧美日韩包揽，中国企业几乎无法涉足。直到 2010 年南非世界杯，主营光伏发电的中国英利绿色能源公司才作为历史上第一家赞助世界杯的中国公司出现在赛场上。

当然，那次的赞助显然是值得的。

南非世界杯期间，英利官网点击率增长 5 倍，估价在比赛举行的一个月内上涨近 40%；2009 年英利销量是 525M 瓦，而一年后就升至 1.06G 瓦，2011 年更是达到 1.64G 瓦。

英利的成功，点燃了中国企业赞助世界杯的热情，在俄罗斯世界杯上，来自中国的赞助商成为极大亮点。

国际足联世界杯赞助商招商计划由高到低分三级：

第一级别为国际足联合作伙伴。其权限是可在任何时间地点，使用国际足联及其所有赛事活动商标，目前共有 7 家公司在列。中国万达集团在 2016 年 3 月 18 日与国际足联签订战略合作协议，成为国际足联首个来自中国的顶级赞助商。

第二级别为世界杯官方赞助商。本届世界杯只有 5 家，中国企业超过“半壁江山”，海信、vivo、蒙牛三家位列其中。

第三级别为区域赞助商。该级别赞助商在往届世界杯只向主办国本土公司开放，而本届首次面向全球范围开放五个区域。其中亚洲区域共有 4 个赞助商名额，3 个被中国企业拿下，它们是雅迪集团、指点艺境（VR 科技）和帝牌国际（男装品牌）。

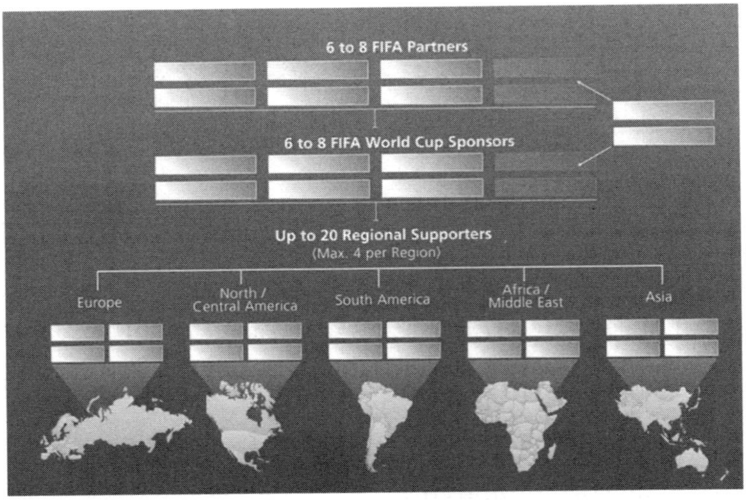

国际足联世界杯赞助商招商计划的三级结构（图示为满额上限，实际不一定足额），本届世界杯每一级赞助商都有中国企业的身影（图片来源：FIFA 官网）

中国的“赞助元素”除了与国际足联的官方合作以外，企业同世界杯参赛球队、国际球星的赞助和合作签约也十分广泛：包括法国、葡萄牙、阿根廷等国家队，以及 C 罗、梅西、内马尔、苏亚雷斯等世界杯巨星。

蒙牛为阿根廷巨星梅西设计的“天生要强”广告，意外成为“刷屏神器”，经过网友调侃散布，并随着梅西和阿根廷队表现的起伏不断“推陈出新”，甚至取得了比预期更高的传播效果。

而世界杯开赛以来，中国企业赞助的收益也正在逐步体现。

此前被人们认为“下了血本”、风险较大的海信，现在看来收获颇丰。数据显示，世界杯开赛第一周，海信电视在俄罗斯销售环比增长 236%，甚至需要通过海运和铁路运输紧急补充货品储备。这条高投入、高产出的道路，似乎正在显示它的威力。

2018 年 6 月《日本经济新闻》的文章《俄罗斯世界杯中国也拿了项第一？》更是引发广泛关注。文中说的“第一”，是中国企业在本届世界杯期间的广告总支出位居世界第一。

W杯広告費 中国が世界一

W杯ロシア大会で日本戦が行われた競技場にある、中国企業の広告
=三村幸作撮影

W杯ロシア大会の主な中国のスポンサー企業

FIFAパートナー
大連万達集団（ワンダ・グループ、不動産）

FIFAワールドカップスポンサー
海信集団（ハイセンス、家電）
蒙牛乳業（乳製品）
維沃移動通信（スマホ）

ナショナルサポーター
雅迪科技集団（電動二輪車）
指点藝境科技（ハイテク）
帝牌中国（ファッション）

（注）カッコ内は業種

日媒报道

据统计，俄罗斯世界杯各国投入的广告费用总计达 24 亿美元，其中中国企业的广告支出达到 8.35 亿美元，是位列次席的美国的两倍多，更远高于东道主俄罗斯的 6400 万美元。

事实上，自世界杯开赛以来，相信每个收看比赛的观众对于中国品牌的刷屏都深有体会。

往届世界杯被欧美日“统治”的场边广告牌，正在被中国企业取而代之。

中国自 2010 年“入局”以来，正在不断“攻占”原有大户们的“阵地”。此消彼长，美欧日的地位则正在动摇，尤其值得注意的是，20 世纪八九十年代有稳定 3~5 家赞助商供应的日本，到本届世界杯竟然挂了零。日媒《日刊现代》还专门发文，说这是国际市场上力量差距的表现，并称日本“在场外被中国完败”。

这里有看了日本队比赛转播的人可能会有质疑：我明明看到了日语的场边广告啊。

比如北京时间 6 月 24 日 23 点开球的日本对阵塞内加尔比赛中，场边就出现了 REGZA 品牌的日文广告牌。

REGZA 是日本东芝电视的主要品牌，但这则广告的实际“主人”却是中国海信。因为负责开发生产 REGZA 品牌的东芝旗下东芝映像解决方案公司（TVS），已于 2017 年 11 月被海信收购 95% 股权，如今的 TVS 已是海信的控股子公司。

这块 REGZA 广告牌，其实是海信方面在日本队比赛场次的“专供”，着重面向日本观众。

其他场次海信的场边广告一如既往是海信“本色出演”。

遥想 2006 年德国世界杯，东芝作为赞助商推出“特供电视”，而此后却彻底远离了这项世界最顶级足球赛事；时隔 12 年，中国海信把东芝的品牌带回了世界杯。且据报道，海信“拿下”TVS 后，迅速扭转了东芝电视的经营态势，近三个月实现连续盈利，REGZA4K 电视市场份额不断攀升，备受日本高端消费者追捧。

这背后折射出的，正是近年来各国经济实力的悄然变化和各国企业在国际竞争中的浮沉。

随处可见的“中国制造”，拼质不拼量

从 1966 年英格兰世界杯开始，世界杯吉祥物成为赛事不可或缺的一部分。它们往往代表着赛事举办国足球乃至整个国家民族风格特征，也是世界杯最重要、销量最大的周边产品之一。

2018 年俄罗斯世界杯的吉祥物，是一只叫作“扎比瓦卡”（Zabivaka）的西伯利亚平原狼。但这只“来自北方的狼”，其实“来自”中国。

本届世界杯吉祥物的独家品牌授权，被杭州孚德公司拿下，独家负责“扎比瓦卡”在除主办国俄罗斯以外全球范围内的定价、生产和销售。

说起来，上百万件吉祥物的生产销售也是机会与风险并存的。

早在上届世界杯，孚德就拿到了吉祥物官方授权，但由于对市场估计过高，生产数量过多，赚了吆喝却没赚到钱；而 2016 年欧洲杯，再次拿到授权的孚德却矫枉过正，因备货太少，开赛前就已断货。

吸取了前两次的教训，孚德得出的结论是：应该建立柔性化的生产供应链，即一张短时间内能够遍及全球的柔性分销网络，以及一张能够完成如此大量生产的制造网络。

为此，本届世界杯前他们首次实现了“互联网制造”，通过大数据匹配，将全国各地十余个省份的工厂在线上组成了一个虚拟的“联合工厂”。由此，互联网将世界杯吉祥物生产化整为零，生产周期从 2 个月缩短到 15 天，完美地承接住了市场的需求。

除了吉祥物，还有大量的世界杯周边产品也是“中国制造”。

全球小商品生产中心义乌，从 2017 年年初，就“接单接到手软”。义乌海关数据显示：2018 年 1–2 月，义乌体育类商品出口达 6.1 亿元，同比增长 48%；其中对俄罗斯体育类商品出口达 2900 万元，同比增长 24%。

大量的球迷用品——围巾、帽子、旗帜、哨子、假发、贴纸、望远镜……都是“中国制造”，预计占到全球总产量的百分之七八十。据报道，一家义乌商贸城的商铺预计销售几百万面球迷旗帜，有的单笔订单就能达到几十万元。

“中国制造”参与的，还有各类世界杯纪念品：世界杯冠军奖杯——大力神杯的授权产品由广东一家企业生产；官方授权的世界杯纪念币银章由南京造币厂制造。甚至，纪念银的发布会都是在人民日报社举办，并由人民网向全球直播……

不过，本届世界杯周边产品的“中国制造”，有些微妙的变化。企业、工厂接单不再追求简单的“多多益善”，很多都是不接大单选小单，拼质不拼量。

这是因为，在设备工艺更新换代、人工和材料成本上升的背景下，老旧的低价拼量方式真的赚不到钱了。2010 年南非世界杯“让人欢喜让人愁”的特色“加油神器”——“呜呜祖拉”（vuvuzela），90% 由中国制造，但利润被压缩至创纪录的 5%，单个产品的毛利仅为 0.2 元，如此的大单却几乎成为中国制造的一次“耻辱”经历。

如今的“中国制造”正在脱离过去的模式，转向小单化、个性化方向，企业更愿意去接那些量小但品质好、利润高的订单，就像一位加工工厂负责人所说那样，如今他们“利润低于 40% 是不会做的”。

俄罗斯世界杯的“中国制造”，就这样悄然地发生变化，走在升级转型的成长道路上。

基建狂魔，“比欧洲品牌做得更好”

每逢大赛，主办国的基础设施建设都是件大事。

邻邦举办的世界杯，又怎能少了“基建狂魔”中国的戏份呢？

早在2年前，本届世界杯承办比赛的12座场馆建设，中国元素就参与其中。

其中3座球场——萨马拉体育场、伏尔加格勒体育场、莫尔多维亚体育场，均由中国装备制造企业——中联重科的履带起重机深度参建。

这其中还有一个有趣的故事。

2016年，俄罗斯世界杯各场馆开建，三座球场的承建商俄罗斯PSO Kazan公司开始选购起重机设备。

据中联重科的相关负责人称，当时俄方购买了他们的一台QUY350履带起重机，这台履带起重机在项目中精准、无故障的表现为其树立了良好口碑，并迅速在俄罗斯打开局面——

俄罗斯本土最大的履带起重机租赁商SOPIG公司，此前沿用欧美品牌设备长达15年，其总裁在2016年8月赴长沙实地考察和操作后，认为中联重科“比欧洲品牌做得更好”，双方当即签订近亿元的合同。

可以说，“中国制造”起重机械在俄罗斯世界杯场馆如期完工交付并通过验收的过程中，起到相当关键的作用。

比赛场馆落成以后，场馆的配套设施又成了各国企业争夺的主阵地，中国企业同样毫不示弱。

2017年3月，中国远大智能博林特电梯同时中标俄罗斯世界杯两座球场——莫尔多维亚体育场和萨马拉体育场的电梯项目，共计67台电梯。

这两座球场分别可容纳4.5万人和4.4万人，比赛时，中国博林特电梯就在赛场为广大球迷观众服务。

能拿到这两座球场的项目并不容易，要知道，对手可是有着百年历史的北欧诸多老牌电梯“列强”。最终能够“虎口夺食”，依靠的是十余年的高品质积淀和接地气的产品。

事实上，除去世界杯赛场，目前已经有 2700 多台博林特电梯在俄罗斯安全运行。面对作为世界第三大潜在电梯市场的俄罗斯，“中国制造”的野心可远不止短短一个月的世界杯。

此外，中国美的集团也成功中标俄罗斯世界杯 12 个比赛场馆中 11 个场馆的中央空调项目，其家用空调产品也进入世界杯多个场馆及建筑场所；同时，另一家中国电器巨头——格力也不甘寂寞，宣布格力高效螺杆式水冷冷水机组中标俄罗斯世界杯莫尔多维亚体育场项目，成为中标该场馆的唯一水机品牌。

还有俄罗斯世界杯赛场上的 LED 显示屏，同样由“中国制造”提供。

在世界杯比赛期间的交通运营中，同样能看到中国的影子。

在服务世界杯的众多客车品牌中，郑州宇通客车数量排名第一。在俄罗斯的众多城市，包括圣彼得堡、莫斯科等，宇通客车已陆续向 BBUS 等旅游运输企业交付了 300 多辆客车，这些车辆在世界杯比赛城市承担着接送各国球迷的任务。

借势而行：开拓俄罗斯，布局卡塔尔

本届世界杯“中国制造”迎来大爆发，质、量均明显升级，也有着天时地利的优势，可以说是借势而行，抓住了契机。

由于政治等因素，传统上在世界杯上“唱主角”的西方公司，对于俄罗斯世界杯以及下一届的卡塔尔世界杯显得缺乏兴趣，这为中国企业的进入提供了机会。

中俄作为邻邦，长期以来在经贸方面的合作都十分密切。本届世界杯中国制造的出彩，离不开中俄战略商业合作在国家层面推动的大背景。

近年来，中俄战略性大项目合作全面深化：天然气管道等能源项目顺利实施，中俄远程宽体客机项目研制进入实质阶段。这些合作是空前的、独一无二的。2018 年 1 月至 4 月，中俄两国贸易额达到 312 亿美元（约合人民币 2029

亿元)，同比增长 27.3%。这客观上为“中国制造”开拓俄罗斯世界杯市场创造了有利条件。

天时地利俱在，但根本在于“人和”，“中国制造”自身的实力基础和近年来调整转型的改革，才是其在世界杯上大放异彩的决定性因素。

中国企业经过往届世界杯的参与和积累，逐渐摸着了“道”，及时抓住了难得的机会，在布局和生产的思维上都有了显著的成长。有报道称，“中国制造”已经在为下届卡塔尔世界杯布局，包括由中国造集装箱拼装世界杯比赛场馆，成都公司海瑞克盾构机辅助设备卖到卡塔尔首都多哈以推动建设世界杯期间的轨道交通，负责世界杯周边产品生产的东莞企业，正在俄罗斯与国际足联洽谈下届世界杯的合作事宜……

可以想见，四年之后，我们将会看到更进一步的“中国制造”。

而同所有关心中国足球的人们一样，库叔也期盼着中国队能够不再缺席，同“中国制造”一同出现在卡塔尔世界杯的赛场上!

撰文：黄俊峰

商业模式的革命

01

称霸一个多世纪的燃油汽车即将在中国走向终结？不靠谱！

导语： 一则有关汽车的报道成为舆论关注的焦点。

2017年9月9日，工信部副部长辛国斌在某汽车产业发展论坛上提道："目前工信部已经开始研究制定传统燃油汽车停产停售的时间表，未来还将会同相关部门进行协调合作。"

此前，无论是法国、英国等老牌资本主义强国，还是印度这样发展中的"潜力股"，都已推出了禁售传统能源汽车的时间表。

一时间，"燃油车即将终结""作为燃油车主要动力来源的内燃机'时日无多'"等类似声音充斥舆论。

股市也做出了强烈反应：随后的交易日早盘，新能源汽车板块集体飙升，多股涨停。

很多媒体也加入进来，发出"内燃机末日即将来临"的感叹。

"以后加油的汽车就买不到了？"

"自家的燃油车就快要成为废铁了？"

"一个多世纪的内燃机即将像恐龙一样灭绝？"

凡此种种，库叔没有看到很多靠谱的解读，倒像是看到了末日的恐慌。

这些评论真的理解了工信部的表态吗？明显是误读！

库叔可以很负责任地告诉大家：燃油车在短期内不仅不会过时，甚至还能继续发展几十年！

加油的汽车不准卖？

先来明确一下概念。传统能源汽车就是通常意义上的燃油汽车。与其相对应的，是新能源汽车。

现在，新能源汽车以其环保性和节能性而备受推崇。但其实很多人并不了解新能源汽车到底是什么，甚至把新能源汽车简单理解为不烧汽柴油的汽车。

这就错了！

虽然目前国际上并没有对新能源汽车给出一个统一的概念，但按照我国工信部给出的定义，新能源汽车包括了混合动力汽车、纯电动汽车和燃料电池汽车。

其他国家的新能源汽车也至少包括了这三者，美国甚至还涵盖了甲醇汽车、二甲醚汽车、天然气汽车等。

其中，纯电动汽车和燃料电池汽车彻底摆脱了内燃机，单纯靠电动机来进行驱动，真正做到了不烧汽柴油。

但混合动力汽车相当于架设在燃油汽车与纯电动汽车之间的“桥梁”，同时把内燃机与电动机作为动力源，两者可单独或同时工作，并能随意切换。目前，混合动力汽车的主要发展方向是插电式混合动力汽车（PHEV），既可以单纯采用电动机在电池能够提供的合理续航里程之内进行驱动，通过外接电源进行充电，也能够使用发动机参与驱动，做到“低污染、低耗能”。

这样看来，即使禁售了传统的燃油汽车，纯电动汽车也不是消费者唯一的选择，消费者仍可买到“加油的汽车”，即混合动力汽车。并非一些媒体所宣传的“加油的汽车不准卖”。

工信部领导的表态到底是什么意思？

准确地说，工信部的这次表态，强调的其实是汽车产业发展的大趋势。

谁都知道，环境及能源问题已经到了必须下大力气解决的时候。

在国际上，汽车尾气被视为环境的杀手之一。已经推出传统能源汽车退出时间表的国家中，不管德国、英国，还是印度，都无一例外地将矛头直指环境污染。

此外，不管是欧盟、印度还是中国，大家都有一个共同的特性——石油进口国。中国自不必多说，欧盟是多年受制于中东和俄罗斯的石油供给，印度也在 2015 年晋升为世界第三大石油进口国。

相比其他国家，这些国家无疑更需要迅速摆脱能源限制。

辛国斌副部长也提道，“中国政府承诺 2030 年碳排放达到峰值，截至 2016 年底，中国汽车保有量接近两亿辆，带来非常严峻的资源能源和环境压力。”

但传统能源汽车的退市肯定是“道阻且长”，不是“一蹴而就”的。

别的先不说，单看汽车产业在国民经济中的支柱性地位就知道了——不仅涉及钢铁、陶瓷、木材、塑料等原材料工业，而且与电器、信息、电子等工业部门也都有着或深或浅的关联，拉动的就业也是一个庞大的数字，这里面“牵一发而动全身”。

更不用说这里面还要考虑产业成长、技术水平等种种因素。

所以，面对这个影响力巨大的行业，国家无论是推出传统能源汽车退出时间表，还是推出其他引导新能源汽车的规划，都会非常谨慎，综合考虑各个方面。

工信部领导关于传统能源汽车退出时间表的表态也说得很清楚，目前只是启动研究，并未给出具体时间表，目的是引导，趋势是节能环保。

然而，这个再正常不过的表态却被部分媒体误读和放大了！

很多声音高喊“汽车行业即将崩溃”“内燃机已死”“内燃机汽车要成为废铁”……

燃油车禁售，英法等国怎么就做得如此“决绝”？

有人可能会问，既然传统燃油车禁售是一项这么庞大的工程，那此前已经推出禁售时间表的英法等国怎么就能做得如此“决绝”。

其实，这种“决绝”值得商榷。

先来看现阶段这些国家中最容易实现目标的挪威。

挪威在电动汽车推广方面有着自己得天独厚的条件——

- 人口只有 500 万，相当于中国三线城市河北廊坊；
- 电动汽车占新出售汽车的比重高达 24%；
- 挪威民众本身就对燃油车热情不高，挪威在去年仅销售出约 15 万辆燃油汽车，在欧洲市场中接近倒数。

即便拥有这样的优势，挪威对 2025 年实现传统燃油车禁售还是没有足够的“底气”，此前挪威政府代表就表示，这个协议还需要进行一些调整才能成为法律条文。

跟挪威同样“小国寡民”的荷兰，以及英国、法国、德国等汽车大国，目前在传统燃油车禁售方面并无任何具体细节落地，没有政策诉诸实践。德国的禁令甚至还遭到德国汽车协会和全德汽车俱乐部的强烈反对，认为该目标太过激进。

除了欧洲，饱受空气污染之苦的南亚国家——印度，也有了禁售时间表，但新华社记者查证发现，目前这个说法在印度还仅仅是一项“倡议”，建议印度在 2030 年时全面实现车辆的电动化，到最后落地更是需要较长时间。

由此看来，禁售燃油车在已经推出时间表的国家依然有较大的缓冲空间，各国还要考虑现状、时机和国情，并不能做到很“决绝”。

某种程度上，禁售时间表是一种技术预测，即各国认为，在未来的某一时刻，燃油车在技术、经济、环保上会大概率的全面落后，所以，提前用政策促进、刺激这一局面的到来，以免在全球竞争中落后。同时，对车辆发展的技术预测，本质上，也是对新能源技术发展的预测。

但是，短期内，燃油车不仅不会过时，从技术发展角度上看，甚至还能存在很长一段时间。

历史上，电动汽车曾碾压燃油汽车

电动汽车并不算是一种新事物。在汽车发明初期，电动汽车的出现其实早于燃油汽车。

1881 年 4 月 19 日，法国工程师古斯塔夫 · 特鲁夫在巴黎市中心成功测试了他的电动车。三年后，第一辆量产电动汽车诞生。

而在相隔不久的 1886 年，世界上第一辆燃油汽车也出现了。

那个年代，没有高速公路，基本都是乡下小路，开长途的需求较低。在加油站还不普及的情况下，电动汽车回家充电比内燃机车找地方加油更加便捷。同时，电动汽车没有变速箱，启动时只需要按下一个按钮（燃油汽车那时靠手摇启动），噪声也小得多，所以更受欢迎。很多欧美富家太太也极其喜欢电动汽车，“汽车大王”亨利福 · 特的妻子，开的也是一台电动汽车，“发明大王”爱迪生也只开电动汽车。

当时电动汽车销售数量也远远多于燃油汽车。比如，1900 年美国售出的 4200 辆机动车中，电动汽车占 38%，蒸汽机汽车占 40%，燃油汽车占 22%。

然而，从 1900 年开始，燃油汽车取得巨大进步，慢慢开始了“逆袭”之路。

福特 T 型车推出市场，加上石油资源开采力度的增加以及加油站的普及，廉价皮实的燃油汽车逐渐占据了主动。

以蒸汽机为动力的汽车很快消失在人们的视野中，而电动汽车由于其低噪声零排放等一系列优点还是顽强地抗争了一段时间，大约在 20 世纪前十年，也逐渐走向了消亡。

于是，燃油汽车一统天下，一直称霸到现在。全世界现在约有 10 亿辆汽车在道路上行驶，几乎全部经由内燃机由化石燃料驱动。内燃机的确是有史以来人类最伟大的动力机器。

后来，石油等资源的匮乏和日益严重的环境污染成了大问题，在科技引领下，电动汽车又重出江湖，被人们寄予了厚望。各国政府对电动汽车的推广也进行了大力支持，包括补贴和各种优惠政策。这使得全球电动汽车的销售量和保有量暴增，硬生生地在燃油汽车遮蔽的一片天中撕开一道口子！

那么，这道撕开的口子究竟有多大呢？

从市场份额来看，全球纯电动汽车和插电式混合动力汽车销量占汽车总销量的比重也仅为 1.1%，即便是作为电动汽车推广最成功国家之一的中国，市场份额也仅有 1.8%。如果只看纯电动汽车，市场份额就更低了。

除此之外，世界电动汽车的使用范围还呈现出很高的集中性，95% 以上的纯电动汽车和插电式混合动力汽车销量主要集中在美国、日本、欧洲和中国四地，也就是说，电动汽车能在非洲、拉美等地区形成较高程度的普及更是“遥遥无期”。

所以目前来看，相比于燃油汽车，电动汽车还是太弱了。

再过几十年，内燃机都未必过时

汽车发明初期，燃油汽车艰难地挑战了电动汽车的霸主地位。现在，电动汽车想撼动燃油汽车会艰难数倍！

一方面是电动汽车在性能、价格等方面还有很大漏洞，尤其是作为电动汽车“心脏”的电池系统，成了最大的一块短板。

比如电池成本过高。新能源汽车成本主要由三大部分构成：电池、电机、电控系统，电池系统成本占到了总体的 30%~50%，如果没有国家补贴，这些汽车与同等价位的燃油车在性能和品牌上毫无竞争力可言。

并且，更换寿命并不长的电池又需要付出一笔开支，这进一步把成本推高了。此外还存在能量密度低导致的续航里程短、低温条件下电池性能的减弱以及电池回收利用管理经验的不成熟等问题。

充电基础设施的匮乏也是电动汽车普及的另一只“拦路虎”。

充电桩很难找，找到后很长时间才能充满电，这还不算最令人绝望的，更让人绝望的是，很多电动汽车的充电接口并不统一，即使找到了充电桩也无法充电。

目前各国在电动汽车的某些标准上“各自为战”，形成了北美标准、日本标准、欧洲标准和中国标准这四个体系的标准。

另一方面，高居霸主之位的内燃机也并没有扬扬得意地止步不前，仍在稳步提高着自身性能。

想想看 20 世纪 70 年代，当时的车辆还都靠着机械式点火系统，通过化油器的供油方式来发动。相较于 40 年前的内燃机科技，现在的引擎只需要当时不到一半的燃料，就可以“榨出”一倍以上的动力，内燃机的热效率已经比以前提高了太多。

内燃机技术还将进一步发展。比如综合了汽油机和柴油机优点、油耗和排放都更低的均质压燃发动机，就会有更大的用武之地。马自达就利用了此项技术，将压缩比提升到 18∶1，而热效率提升到 50%，比目前热效率最高的丰田 2.5L 发动机高出了很多，而百公里油耗竟仅为 3.3L！

即便如此，内燃机的潜力还远远没有得到最大限度的发挥（有数据说热效率还有 25% 的提升空间）。作为电动汽车引领者的美国也丝毫没有放松对内燃机潜力的挖掘，美国能源部就曾要求大幅度提高内燃机效率，计划 2020 年重型内燃机热效率由当前的 40% 提高到 55%。

许多汽车制造商也仍在孜孜不倦地下功夫，努力让内燃机再拔高一个层次。

博世集团（全球第一汽车技术供应商）柴油系统研发执行副总裁 Rolf. Leonhard 表示，在未来的十年之内，全球市场对燃油汽车的需求将上升 40%。因此，提升内燃机的效率依然至关重要。

可以说，即使燃油汽车主动给电动汽车让路，电动汽车在较长时间内也难以“接棒”，更不用说，燃油汽车在提效省油方面也抓得很紧，丝毫不想掉队。

目前，电动汽车仍处在追赶燃油汽车的阶段，并未达到全面超过燃油汽车的程度。可以预见的是，在今后几十年内，将是电机驱动与内燃机驱动并存的阶段。

根据国际能源署 2010 年的预测，到 2050 年，全球汽车动力的构成，将包括燃料电池、纯电动、插电式混合动力、混合动力、天然气以及汽油和柴油等。其中，80% 左右的车辆上装有电动机，70% 的车辆上装有内燃机，而 50% 左右的车辆是既有电动机、又有内燃机的混合动力汽车。

其实，仔细分析一下那些有关停止生产、销售燃油汽车的声明，会发现讲的是停止生产、销售纯粹的燃油汽车，而混合动力汽车将大量存在，内燃机也将继续大量生产和使用。

混合动力汽车中表现最好的就是日系车了。日本的丰田、本田、日产已经攻占了全球大大小小的混合动力汽车市场，即便是在对汽车要求较高、标准严格的欧美市场，日系车也能砍下超过“半壁江山”。

在汽车产业领域，中国相比于德日等国还有明显差距，需要稳扎稳打地攻破一个个技术难关，而不能只高喊“内燃机已死”，只想“弯道超车”，试图尽快绕过内燃机，直取电动机。

此番急功近利的论述煽动起了股市飙涨，背后不排除有资本力量在借新能源汽车之名狂欢，助推行业的非理性繁荣，借机炒作概念来“圈地圈钱”。对这种做法，我们要警惕，要防范。

总之，汽车电动化是未来不可逆转的趋势，但现在就着急宣称传统燃油汽车要变废铁，还是太早了！

撰文：李浩然

02

这个影响大局的事情，基层政府还有更好的办法吗？

导语：地方政府和官方媒体帮助农户推销滞销农产品本是件好事，但是除了这种事后补救式的登高一呼，他们原本可以做得更好。

2017年1月11日央视新闻的认证微博号发布了一条引人关注的“代卖活鱼”微博——帮助河北承德潘家口水库“推销”因全面清理网箱养鱼而积压滞销、价格暴跌的近7000万斤活淡水鱼。

这种由地方政府或官方传媒体“登高一呼”，帮助因各种原因积压、滞销、跌价的农产品寻找合适销路、市场的做法，早在几年前就开始出现，近年来则更见频繁。

仅2016年传播较广的，就有河北“白菜之乡”玉田县通过政府网络公众号和门户网站“吆喝兜售”滞销跌价的8万亩大白菜；陕西宝鸡凤县各官方政务微博“网上呼吁找销路”，为该县黄牛铺、红花铺等镇滞销菜花难题寻找“彻底解决”方法；福建建阳政府公号、官微积极帮助建阳水吉镇和平村积压、跌价大棚蔬菜寻找销路；等等。

不论当地政府、有关职能部门还是官方传媒，近年来都积极向“服务型”转变，这种借助官方口径“高屋建瓴”的优势，利用官媒和网络时代便利，解一方农民和基层农产品生产者燃眉之急的做法，无疑是值得鼓励、赞赏和推广的。

但在鼓励、赞赏和推广之余，我们似乎应思考另一个层面的问题：

基层农产品生产户的积压、滞销、跌价困境以往固然也有，何以近年来出现得更频繁、一旦出现损失更严重？除了待事情发生再“登高一呼”，地方政府、职能部门及官方传媒、机构，是否还能有更好、更有效的帮扶办法？

笔者至今仍与全国各地许多在农村生活、在基层从事农产品产供销的朋友保持较多的联系，许多朋友都反映，这种近年来频繁出现的“丰收综合征”，成因是比较复杂的，其中固然有基层生产者、农户盲目扩产，以及市场、气候等发生急遽变化的因素，但很多时候问题却出在“上游”。

什么是“上游”？我们看到，发生“丰收综合征”的地方、产业和产品，有的原本是当地产量不大但小有名气和市场品牌效应的土特产，也有的原本在当地并不普及甚至根本“无种”，鉴于市场上“卖火了”而从外地引进的。

具体到单个农户、基层生产者，作这样的决策固然原因多多，但倘若成片、成规模，甚至几千亩上万亩地普及、推广特定农副产品种植、养殖，背后多半有地方政府、职能部门等的信息提供、推广提倡、资源供给，甚至政策扶植。

正如一位曾在陕南某县遭遇“苹果丰收综合征”的朋友所坦言，基层农户是“棋子”，不可能具有“棋手”那般通观全盘、高瞻远瞩的视野，“棋手”下出好棋，棋盘上每一粒“棋子”都受益匪浅，但倘若“棋手”一步走错，每一颗“棋子”都难免受到牵累。

笔者的微博私信箱中经常会收到国内许多地方农户恳求帮助推销滞销、积压和降价农副产品的信函，一些熟人、乡亲甚至会直接通过网络社交平台找上门来。

有位乡亲曾说，他们乡之所以放弃原本的传统养猪业，改为集体饲养一种“嘴又刁、又娇贵”的皮毛用经济兽，完全是地方政府行政鼓励甚至指令的结果，“当初他们信誓旦旦‘全包’，如今卖不出去怎么不‘包’了”；

还有一位南方乡亲表示，“上面”牵头推广的新种子“自己不能育种，全部要买，第一批是送的，不然我们也不会把原来备好的种都处理掉，几个村都换新种”，如今市场滞销，价格下滑，“算起来还不如种旧的赚得多”，地方政府也心急火燎，网上网下帮忙推销，“可当初干什么去了”？

中国农副产品生产的集约化程度还不算很高，“棋子”的“能量”不可能和美国、阿根廷的“大农业”“大牧业”相提并论，在很多时候，他们需要“棋手”的战略眼光和前瞻性，才能在市场上占据先机和有利地位。不仅如此，相对于其他领域、行业，农副业“棋子”的“抗击打能力”相对更弱，对“棋手”的依赖性也更强。

网络时代、“大市场”时代固然便利了商品的流通，令许多原本“养在深山人未识”的好产品有了更强大的推广、变现能力，令不少原本只能“小打小闹”的农副产品、产业也有了“做大做强”的机会。但任何东西都是柄双刃剑，网络、信息和“大市场”也同样会放大某些“负能量”——倘若“棋手”在谋局、布子时考虑欠妥，下出“疑问手”，在这样的崭新“气场”里同样会被放大。

如前所述，基层农副产品生产户是“农产品一盘棋”中最弱势、最难具备战略眼光和前瞻性，抗风险能力较差的环节，却同时又是最重要、最基本的环节，他们的利益倘受到伤害，整个“一盘棋”就会险象环生，既不利于市场及市场环节中的方方面面和每个人，也很可能影响到民生幸福、社会安定等大局。这就要求“旗手”们在“出棋”前多作“长考”，“出棋”时缜密斟酌，而不能总等到“出棋”后去补救——要知道，农副产品的生产要靠天吃饭（这个“天”可能是大自然的，也可能是市场等“非自然”的），很多时候也是“落子无悔”的。

特别应该注意到的是，文章开头提到的“代卖活鱼”，起因是水库网箱养殖政策的改变。水库是人工水面，没有当初地方政府、职能部门的政策引导，不可能发展到年产 1.2 亿斤的庞大规模；如此庞大规模的产业链突然发生“雪崩”，也并非纯粹市场、气候等因素所致，而是地方政府、职能部门出于保护水源地的需要，开始收缩网箱养殖的结果。

这种因政策一百八十度转弯而造成的“棋子损失”在许多地方、产业都有表现，且未必表现为“大跌价”：以中外驰名的阳澄湖大闸蟹为例，同样出于环保等考量，2016 每个养殖户养殖水面从 20 亩减少至 10 亩，总养殖水面从 32000 亩减少至 16000 亩，以当地平均亩产（不超过 300 斤）计，每个养殖户的损失可想而知——尽管因货源（指“真阳澄湖蟹”，不计“洗澡蟹”）锐减，价格其实是大涨的。当初将大闸蟹养殖当作“地方拳头产业”推广、扶植，其情其景犹在目前，如今却已是明日黄花。

不论是潘家口的活鱼，还是阳澄湖的螃蟹，当初“棋手”的提倡、帮扶是出于一片“帮农致富”的好心，如今“棋手”的削减、封禁也同样出于对“大局”的考量、顾全，这些都是无可厚非的。

但必须认识到，这些“非市场因素”的政策转向风险，较前面提到的那些，更难苛求“棋盘”上的区区一枚“棋子”可以未雨绸缪、可以及时规避，甚至许多时候，站在“棋子”的地位上，风险迫在眉睫，他们都未必知道。

这就要求“棋手”们担负起更多前瞻、预判的责任，在“布局”“变招”时作更多的通盘考虑，而不能让“棋子”去操“棋手”的心——那样非但不公平，对整个“棋局”、对与“棋局”有关的每一方面和每个人，也都没什么好处。

说得再清楚一些，就是作为站得更高、看得更远、利益更远大、抗风险能力更强，且在特定场合和领域具备“一言兴邦、一言丧邦”能力的地方政府、职能部门和官方机构、平台，必须担负起自己理应担负的“战略指导”、产业及市场前瞻责任，而绝不能把政策性风险全都转嫁到农民和基层生产者身上。

撰文：陶短房

附文：

一年签下33份责任状，谁为基层干部减负松绑？

“我也不知道具体签了多少份，得好好数一数。”湘西某县的一位镇长对记者说。这位镇长仔细梳理2016年与上级党委政府签订的责任状，共33份。除计划生育、安全生产、食品安全、防汛抗旱外，还有烟叶生产、网格化管理、劳动力转移和金融环境创建等。

张家界市一位乡长对记者说，乡镇的一些责任状是县里自行“加码”的，如经济作物生产、果树病虫害防治等。

一些乡镇干部坦言，完成上级交办的任务本在职责之内，但各类责任状过多、过滥，也就变了味、变了质，甚至让基层干部像“无头苍蝇”一样，做事抓不住重点，工作没有效率，反而助长了形式主义，不利于责任落实。

基层签的责任状多，要应付的各种考核检查自然就多。“责任落实得怎样，上级部门不定期要来检查。”一位乡镇干部说，这种检查虽然不少是走马观花，但他们为此隔三岔五就要准备材料、开会汇报、陪同检查，不堪重负。

一些乡镇干部反映，在各类责任状的重压下，基层一些工作是只看结果不问手段。“为应付上级落实责任状情况的检查，避免出现耕地抛荒情况，镇政府甚至出钱请人种地。”湖南某产粮大县的一位镇党委书记说。

“自从到这个镇任镇长后，每天都提心吊胆，生怕安全生产出问题。”湖南醴陵市一位镇长对记者说，乡镇安监站人手极少，也没有执法权。“镇上有几家烟花企业，如果发现有烟花企业违规生产，不管有没有执法权，也会采取强制措施。”

年终考核时，为了完成责任目标，有的乡镇更浮夸造假。“只要没出大乱，检查意思意思就行了，上级部门一般也不会较真，反正你好我好大家好。”上述产粮大县的一位镇党委书记说。

一些乡镇干部说，“摆平就是水平”，很多时候也是“迫不得已”。如一些农业项目需要配套资金，惠农政策的落实需要工作经费，为保证这些工作开展和责任落实，一些基层只能“拆东墙补西墙”，甚至不得已负债运行。

对有些责任状，能不能完成，乡镇干部心里也没底。常德市一位乡长说，他所在的乡镇地处武陵山区，面积200多平方公里，共有17个行政村，镇上没有交警中队和交管站，乡里和村里都没有执法权，看到有村民超载或三轮车载人，只能劝导，但往往起不到什么作用。“落实道路交通安全责任，我们没什么有效的办法。”

一些基层干部表示，守土有责，属地管理，这些原则并没有错，但基层钱少权小事多也是不争的事实，如果在正常的责任之外，一味将责任“包袱”往基层压，效果并不见得好。

“像国土所、财政所、派出所等有执法权的站办所都是垂直管理，规划、建设等领域的执法权也都在县直机关。”湘潭县一位镇党委书记说，一旦签了责任状，有些部门就成了“甩手掌柜”，习惯站在上面发号施令、指指点点，把职责范围内的事也扔给了基层。

“很多工作，乡镇跟县里签了责任状，乡镇再把责任分解后压到村一级。村里经费极少，村道维修、村容整治等，所有事情都要花钱，哪来那么多钱？”湘西一位村支书说，“巧妇难为无米之炊”。

一些基层干部表示，过多、过滥的责任状该精简的要精简，该合并的要合并。一方面要争取责任状“瘦身”，为基层干部减负松绑；另一方面要加强上下联动，形成合力。上级要积极为基层“撑腰壮胆”，在业务指导、执法支持、人员培训等方面给予基层帮助。

湘潭大学法学院副教授倪洪涛建议，应根据责任权利对等原则，科学合理划分上级和基层之间的事权和责任，构建严密科学的责任体系，上级的归上级，基层的归基层，各司其职，各尽其责。

撰文：刘良恒

03

关于共享经济，99% 以上的公司都是在炒作概念吗？

导语：今天当我们说起共享经济时，大部分人马上会想到网约车服务、网上住房短租服务，以及各种共享单车服务。几乎每一个生活在大城市里的人都受益于这些新的服务。

但是如果再让大家想一些例子，恐怕举出来的都是凑数了，无论是共享充电宝、共享板凳、共享雨伞等对共享单车模式廉价的复制，还是更早前打着共享资源旗号的诸如 O2O 门诊挂号、共享会计、共享律师、共享医生等，对大家的生活都没有什么帮助。

如果我们把共享经济的圈子划得再大一点，把那些所谓 P2P、O2O 等数十万家创业公司都包括进来，你会发现它们对我们的生活也没有产生什么影响。

那么，到底什么是共享经济？

单纯从共享经济公司的数量上来讲，过去和今天 99% 以上的公司是在炒作概念。当然，凡是存在的都是合理的。那么多人炒作概念，不能简单地以“钱多人傻”来总结，它的背后有着相应的社会基础。

共享资源这个概念听起来非常合理，因为我们的城市甚至我们的地球已经不堪重负，过去被浪费的资源实在太多，而闲置的资源也实在太多，因此通过共享更好地利用资源至少听上去是有道理的。倡导“共享”还有一个好处，就是能站到道德的制高点，显得有那么点儿情怀。投资人对于这样各方面都赞许的事情是喜欢投资的，媒体也喜欢追在后面宣传。

在中国，共享经济比在世界其他国家炒得更厉害还多了一个特殊的理由——这些年，中国大城市里非常严重的环境污染问题，让每一个有责任心的市民都意识到通过共享减少资源使用的必要性。

但是，并非所有的资源都可以共享，或者都适合共享。美国在共享各种资源方面开始之早、尝试领域之多，远超出国内人的想象。早在2000年前后第一次互联网高潮时，美国就开始做出各种共享的尝试，比如诞生过好几个电动工具（电钻、电锯等）共享的公司。

那些公司创始人初衷很好。美国人喜欢自己动手做东西，即所谓的DIY（do it yourself），因此家里都有不少电动工具。而那些工具的使用率极低，比如一个电钻买来以后一辈子的使用时间不超过1小时，而比较昂贵的割草机平均不超过100小时。于是从2000年之后，他们先后创立了十几家共享工具的公司，但是不论使用早期的互联网技术，还是后来的社交网络、移动互联网，都失败了。

除了共享资源，世界各国还出现了共享个人时间和专业技能的公司。美国在第一次互联网高潮前出现了共享会计和投资顾问业务的MyCFO公司，其创始人是硅谷著名企业家詹姆斯·亨利·克拉克，除了一度短暂辉煌过，很快就关门大吉了，今天已经没有什么人知道它了。同样，硅谷还出现过MyConcierges等共享管家服务公司，今天也不见了踪影。

中国的各种共享专业服务（律师、医生和会计师）等，其实都是美国那些失败的共享经济公司的翻版，而其结果也并没有比美国的前辈们更好。直到今天，全世界第一波围绕共享经济创业的公司，不仅都没有上市，而且除了爱彼迎、优步和滴滴发展得比较好之外，剩下的大部分已经死掉了。

2016年之后，共享经济的形态发生了变化，具有代表性的是以摩拜和ofo为代表的共享单车服务。这一次“共享”和之前所不同的是，并不需要大家把自己闲置的东西拿出来，而是由提供共享服务的公司制作标准产品让大家使用。

当然，市场上永远不缺乏廉价的复制。当摩拜和 ofo 获得巨额的投资和超高的估值后，一夜之间，什么共享充电宝、共享雨伞，甚至共享篮球都纷纷出现，而一些原有的设备租赁服务也打上了共享的旗号。不过，可以预计接下来的几年内，又会像两年前那样死掉一大片。

不论是哪种形式的共享，为什么只有少数公司能成功，而大部分看似商业模式相同的共享却只是烧钱，没有产生效果，也不会产生效果呢？下面我就从经济发展的根本需求来分析，大致可以归结为三个原因。

共享不是利用闲置资源，而是创造新产品

共享是一把双刃剑，它既有可能发展经济，又有可能让 GDP（国内生产总值）萎缩；既有可能为大家省钱，又有可能让我们失去拥有物质财富时的快感。因此，人们对于共享的需求本身就很矛盾。

一方面，虽然每个人都认同如果全世界人人都过上美国人那样的生活——每个家庭拥有两辆汽车、200 平方米的住房，每个月用掉 500~1000 度电——这需要 2~3 个地球的资源，但是大家依然在追求这样的生活，甚至房间空置也还要购买。每个人都想的是让别人减少消耗，而轮到自己却很难做到。

另一方面，在过去的几十年里，全世界的 GDP 就是靠消费在维持。如果生产的商品真少了一半，GDP 真的萎缩了。GDP 并非冷冰冰的数字，它是就业，是每个人的收入基础和梦想的来源。

说到污染，几乎每个人都痛恨它，但是如果真的将大家的收入和财富减少 20%，以换取更好的环境，大多数人都不愿意，这就是大家宁可挤在空气污染严重的北京，也不愿意到山清水秀的三线城市的一个重要原因。因此，不论大家喜欢不喜欢，任何让经济萎缩、让 GDP 降低的共享经济（或者其他什么商业模式）都是维持不下去的。使用这个试金石就可以判断哪些共享经济的公司能成功，哪些一定会失败。

我们先来看看早期的成功案例——网约车和爱彼迎的短租。它们看上去都

是将自己的闲置资源拿出来共享，从而达到了减少资源浪费的目的，不过仔细分析就会发现它们有区别。爱彼迎确实是让人们将自己不用的住房拿了出来，符合利用闲置资源的原则，但是优步和滴滴并非如此。因为网约车的大部分从业者都是专职司机，并非工薪阶层下了班去做第二份工作。很多司机为了从事这个职业还专门买了新车，以达到专车的要求。

事实上到目前为止，除了住房之外，任何将自己的闲置资源拿来共享的尝试都不成功。

如果是因为购买了新车，让更多的人能够就业支撑了网约车的生意的话，这符合做大经济规模的原则，那么它的出现是促进了经济的增长，而不是让经济萎缩。网约车可以理解成将原来的出租车行业的体量迅速扩大。

以中国为例，中国自改革开放后就有了出租车，但是发展了 30 多年，至今一共也就发放了大约 200 万张牌照。而滴滴等网约车公司诞生之后，被管理起来的、在路上跑的这种起到“出租车”作用的车辆，到 2016 年已经超过 900 万辆了，翻了两番多，新增加的 700 万辆都是原来没有的网约车。因此，汽车的共享让这个市场的规模快速增加。

在美国的情况类似，旧金山市原本希望通过各种共享汽车解决交通拥堵问题，但是优步出来以后，交通更加拥堵了，因为街上跑的汽车增加了，而不是减少了。同样，有了爱彼迎之后，在美国，家庭外出旅游的时间由原本的 3 天增加到了 5 天，市场规模增加了。

至于 2016 年的摩拜单车和 ofo，它们让自行车又重新回到了城市，造就了一个新的大市场。此外，它们也不是把大家闲置的资源拿出来共享，而是制造新的产品。从这两个方面看，至少它们符合让市场变大的原则，至于最终是否能成功，还有待时日的考验。

共享是为了便利，而不是节省资源

反观那些失败的共享经济案例。

首先，它们都没有将原有市场扩大这个特点，无论是过去的共享电动工具，还是今天的共享充电宝。就说手机充电这件事吧，虽然手机充电是刚需，但是充电宝却不是。你不可能因为有了租赁充电宝，让原来每天使用 5 个小时的手机变成能使用 10 个小时。更何况，租来的充电宝带不带病毒也是个问题。

其次，共享是为了带来便利，而不是为了节省资源。因此，是将自己闲置的资源拿出去共享，还是由第三方公司提供共享资源，都无关紧要。以共享电动工具为例，在美国买一个电钻只要 20~40 美元，但是为了使用它，开车一小时去别人家取实在不方便。至于割草机，重达 50~100 磅（约 23~46 千克），需要 SUV 这样的车才能拉走，更不可能到别人家去借了。不仅那些家里闲置的设备没有能够成功地共享，即使是自己不使用的汽车也没有能共享成功。

在爱彼迎诞生之后，美国就出现了几家共享短期闲置汽车的公司。它们的想法看起来合情合理：美国很多短期出差或者旅游（一周以内）的人，大多会自己开车到机场，将车子停在那里，每天交几美元到十几美元的停车费。而等这些人到了要去的城市后，每天还要花 40~60 美元租车。于是就有人考虑，为什么不能把那些停在机场的车通过共享的方式租给出差的人呢？这不是一举两得吗？接下来就诞生了撮合这种生意的公司，不过三年过去了，这种生意一直没有能够做起来。其中根本的原因是，它既不符合能够创造更大市场的原则，使用起来也很不方便。属于个人的每一辆车条件好坏不一，开出去有了问题，真是叫天天不应、叫地地不灵。

在摩拜单车出现之后，有人问它的共同创始人王晓峰，为什么不简单设计一种智能锁，然后让大家将自己不骑的自行车贡献出来呢？王晓峰讲，那些品质差异巨大、毛病一大堆的自行车，骑起来没有面子，更重要的是紧急的时候不能保证它们不掉链子，损毁了以后也没有人维修，看似节省资源的做法其实无法给大家带来便利性。因此，摩拜单车并不考虑利用闲置资源，而是更多地考虑共享所提供的便利性。

在未来，更多的共享可能不是将自己闲置的东西提供给大家有偿使用，而是像摩拜和 ofo 那样利用新技术的物品租赁。

早在 20 世纪 90 年代末第一次互联网大潮时，在美国，很多垂直领域就有了类似摩拜单车这样的服务。在美国，很多女士参加晚会，包括很多好莱坞明星走红毯时，用的首饰甚至服装就是租赁的。根据《奢侈》(Deluxe) 一书介绍，当时美国名媛伊万卡·特朗普也会租赁极为昂贵的、单价上百万美元的时装，而不是选择购买。在美国，除了有些病态的名牌手袋和时装购买者，很少有人愿意买 50 个包、100 套时装放在家里，当然新加坡和迪拜这种地区有这样的人。

像伊万卡·特朗普这样的人不是没有钱购买，而是觉得没有必要。而服装和饰品的租赁让很多人能够每次参加活动都换一个手袋和一套服装。通常，路易·威登或者香奈儿的手袋一次的租金是售价的 1/10 左右，通常为 200~400 美元。如果由个人将自己在家闲置的服装和手袋拿出来共享，不仅质量没有保障，使用后如果出了问题，纠纷也难以解决。因此，在这个行业，共享资源做得到，共享个人闲置资源却没有意义。

同样，在互联网兴起之后，照相器材的出租也随之出现，租一次大约也是售价的 1/10。这一类市场有很多，不过今天的规模并不大，因为都是相对小众的垂直市场，但值得一提的是它们的生意不错。这些共享租赁给客户提供的最大价值是多样性（服装饰品）和便利性（照相器材），而在多样性和便利性的后面，是让顾客更多地使用资源，而不是减少资源的使用。这是共享经济能够成功的本质所在。中国共享自行车的商业模式，和这些高端产品的共享如出一辙。

时间和技能的共享早已开始

最后，对于专业人士，时间和技能的共享其实早就已经开始了，只是我们没有采用“共享”这个词而已。

在历史上，除了国王和个别贵族，没有人会养着一个医生、理发师或者园丁，让他们只给自己提供服务，后者的时间其实已经被共享。同样，除了大机构，不会有人专门养一个会计师或者律师，这些专业人员的时间和知识已经在被共享了。今天，看病难的症结不在于没有共享医生时间和知识的平台，而在于好的医生永远是供不应求的。在任何时代，即使医生的平均水平可以提高很多，也是永远都有好的和相对差的分别，而前者永远是缺乏的，因此利用社交网络或者移动互联网平台，并不能解决这种供需矛盾。

专业人士的时间和技能难以利用新的互联网平台进一步共享的另一个原因是，如果服务相对满意，顾客和他们之间总是希望建立一种长期的关系。因此，这种以共享为噱头的平台，即使做得好，也不过是带来第一单生意。一位投资人和我讲，他太太约了一个上门美甲的人到家里做指甲，做完后向技师要了个电话，从此他们之间的生意就不再通过网约平台了。这位投资人马上就想到，不能投资给这个共享经济的公司，因为成交了第一单生意就不会有第二单了。更何况他太太半个月做一次指甲，也不会因为有了共享的平台就天天做指甲，因此市场规模不会扩大。

在对那些虚假的、炒作起来的共享经济泼了些冷水之后，我要说，那些真正能够调动更多资源、将市场做大的共享经济在未来还是大有希望的。

在 2016 年新的一轮共享经济发展过程中，一些关键性技术，比如机器智能、IoT 和移动支付，使共享的便利性得到很大的改善。IoT 和 GPS（全球定位系统）定位技术，可以让一些难以携带的大件物品变得容易跟踪，从而容易共享。今天，我到世界上大部分大城市，在机场不需要到柜台办理任何手续，就能找到我订好的车，然后直接把车开走，在离开机场还车时，也不需要和任何人进行交接，直接将钥匙扔回到钥匙箱中就可以。在未来，我们差旅的行李可能就不需要像现在这样带很多，因为一些笨重的用品，比如照相机和镜头，可以在机场提取。

不论是什么形式，要想对哪一种物品或者服务成功实现共享，从根本上来讲，都需要通过共享创造出更大的市场、更多的需求。

自从工业革命之后，全世界经济就进入要靠消费来拉动的供大于求的时代，而且这个趋势在不断地加速。

商业的本质是为了让人多花钱，而不是省钱。如果共享的结果是大家都不去买东西，那么经济一定会萎缩，这样的共享经济是一定发展不起来的；反之，如果让更多的资源加入到经济活动中，利用新技术提高效率、增加使用量，给大家带来方便，最终让大家多花钱，这样的共享经济就有造血功能，就能成功。

美国在没有共享奢侈品之前，那些喜欢时尚的女性每次出门只能在自己的两三个手袋、七八套礼服中来回挑选；有了这个服务之后，她们在不知不觉中就花掉了很多钱使用奢侈品。至于共享是由每个参与者提供物品，还是由某家公司自己提供，倒不是问题的关键。

那么，共享经济什么时候能够普及？很多技术的最终成功都需要三波浪潮。

2016 年之前的共享经济算是第一波，大部分失败了，因为从业者关于利用闲置资源的理解就是错误的。2016 年到最近兴起的是第二波，不少创业者对扩大市场规模这一点有了深刻体会，因此是一个进步。另外，技术的进步也让共享更加容易，但是依然会有大部分人要失败。当然，失败的主要原因是商业上的失败，而不是模式本身的失败，更不是技术的失败。接下来，还会有第三波浪潮，而在那一波浪潮中，我们今天所欠缺的一个环境，即用户的信用和行为习惯会被补充进来，并融入共享经济的生态圈，这样就能够做到共享更多资源了。

撰文：吴军

04

凭借北斗、5G、物联网，中国在这十万亿级的产业里完全可以“直道超车”！

导语：目前，中国国产汽车品牌在全球的竞争力还比较薄弱。不过，未来十至十五年，一场激动人心的无人驾驶革命有望扭转这一局面。

就在2018年3月1日，上海向上汽集团、蔚来汽车等企业发放了三张无人驾驶汽车路试牌照。当天下午，数辆使用新牌照的无人驾驶试验车辆在指定路段进行了实际测试。过程中人们清楚地看到，汽车司机双手离开方向盘，汽车依旧能够自动行驶、转弯、加减速、避让来往行人。

国产无人驾驶汽车开始大范围路试，标志着中国力量在竞争逐渐白热化的全球无人驾驶产业正式“崭露头角”，开始与各国顶尖高手同台竞技。凭借国家政策推动、跨行业企业广泛联盟等战略，中国汽车工业足以在无人驾驶时代来临之际实现“直道超车”，一举跃升为全球一流水平。

未来，当国产无人驾驶汽车跑在大街小巷，中国的社会形态也将发生巨大变化，社会经济在无人驾驶的带动下将迎来新的高速增长时期。与此同时，中国产业升级的宏伟目标也会一并实现，推动我国提前跨入发达国家行列。届时，无人驾驶将成为中国在新世纪的国家骄傲和产业重器，标志着中国真正成为高技术、高水平产业主导的一流国家。

无人驾驶意义堪比蒸汽机

正如字面意思一样，无人驾驶指的是车辆无须司机操控，完全自主行驶的技术。

完全形态的无人驾驶所需要的技术极为复杂先进，涉及多维度高精度传感器网络、人工智能、超低延迟高速移动网络、精确定位系统、大规模物联网、智能交通管理系统等一系列尖端科技领域，堪称人类科技发展的推动剂。

发展无人驾驶产业，意味着同时带动车辆制造、人工智能、大数据分析、物联网等一系列技术行业的进步，并推动交通、物流、地产、文娱等诸多行业产生全新的形态，大幅解放社会生产力、推动国家经济高速增长。

举个例子，如今需要诸多人力运行的行业，如快递、外卖、出租汽车，未来都将交给自动化系统运行，成本会显著下降，同时运输效率会提升到前所未有的程度。在智能交通管理网络的协调下，所有车辆都以最优路线、最优速度行驶，堵车现象将成为历史，交通事故也几乎消失。

更为重要的是，人们乘坐无人驾驶车辆时可以在车内继续工作、娱乐或休息，无须浪费精力关注路况，这将极大程度地节约消耗在路上的时间资源。

毫不夸张地说，无人驾驶技术最终将改变我们的社会形态，其意义堪比历史上蒸汽机、电力能源的普及。

美日欧领跑，中国追赶

正因为看到了无人驾驶产业辉煌诱人的未来，众多国家都投入了大量资源，以期在这一产业中占据先机，取得全球范围的主导地位。

当下，在全球无人驾驶领域，美国暂居领跑者位置，但中国的追赶决心不可小觑。

从终端层面来看，美日欧的几大传统车企是各国无人驾驶产业的中坚力量，戴姆勒、福特、通用、本田、丰田、大众、沃尔沃等企业都在全力发展相关技术，也取得了相当大的成果。

不过，虽然无人驾驶技术的终端载体是汽车，但关键技术环节却在IT层面。可以说，美国的无人驾驶产业主要由几大科技企业推动，谷歌、优步、特斯拉、英伟达是市场领跑者，苹果、脸谱等则是潜在的实力竞争者。

以谷歌为代表，在人工智能、先进传感器、芯片技术等IT领域钻研多年，其无人驾驶汽车已经完成数百万公里的上路测试，离完全意义的实用化指日可待；

特斯拉在量产电动汽车中已经部署了初、中级的无人驾驶系统，并积累了大量实际上路行驶数据；

英伟达为无人驾驶汽车推出了一系列关键核心芯片和传感器平台，在这一领域遥遥领先……

总体上来看，美国未来的无人驾驶市场大概率将由科技企业主导，传统车企将退居二线。

在我国，国内科技公司和汽车制造企业都对无人驾驶技术表现出了浓厚的兴趣，在发展中也形成了科技企业与汽车行业联合推进、国家科研学术机构提供协助的产业模式。

此次上海发布的路试牌照就是颁给上汽集团与蔚来汽车的联合阵营。上汽集团是国内传统车企的代表，蔚来汽车则有多家科技巨头的投资背景，代表国内科技企业的尖端力量。两大产业携手共进、联合发展，是国内无人驾驶产业的重要特征。

在政策引导方面，各国政府也表现出了比较积极的态度。美国加州最早准许企业进行无人驾驶汽车上路测试，如今联邦政府已经制定了无人驾驶产业的具体发展规划和相关政策引导措施。欧盟、日本也跟随美国脚步，相继制定了推动本国无人驾驶技术发展的法规。

中国在2015年提出的《中国制造2025》白皮书，对未来十年中国无人驾驶产业的发展给出了顶层规划。2016年，中国智能网联汽车标准的发布，则标志着中国无人驾驶产业的技术路线大体确定。2018年初，交通部发布消息称，正在制定无人驾驶的具体技术标准体系，为产业的前进道路指明具体方向。

目前来说，在实际的产品、技术形态上，中国无人驾驶技术的发展等级与美国等领跑者还有较大差距；在传感器、人工智能、核心芯片等关键技术环节，中国企业的发展水平还比较初级，有待掌握核心技术；在实际的上路测试里程、经验方面，中国也尚待追赶。

但是，中国政府在推进无人驾驶技术方面展现的决心和行动力，并不低于或少于其他国家。事实上，目前只有中国将无人驾驶产业的发展提高到了国之大计的层面，其他国家的产业发展主要由企业推动，我国则在更大程度上由政府推动，因此在技术路线、标准制定等方面有着更好的前瞻性和统筹规划。

事实上，这一关键的区别很可能成为中国在无人驾驶领域实现超越的“撒手锏”。

终端核心：发达国家走上了“弯路”

前文提到，无人驾驶技术不仅涉及终端汽车的传感器、人工智能分析、核心芯片等技术领域，同时还与物联网、高精度定位、智能交通网络管理等技术息息相关，而后者是未来完全形态无人驾驶的关键点所在。

事实上，单纯凭车辆终端的传感器和自动控制系统，永远不可能从根源上解决无人驾驶面临的困境：传感器只能捕捉周围路况的变化并反馈到控制系统，无法对路况发展作出“预测”，遇到突发事件、糟糕的天气状况，就极有可能出现故障。

全球首起在使用汽车“自动驾驶”功能时，发生车祸并致死的事故就发生在特斯拉的身上。事故原因是，特斯拉的摄像头和雷达未能分辨前方的道路清扫车，径直撞了上去，最终导致23岁的驾驶员不幸身亡。

上述事件发生在中国，此后，美国也发生类似事件。

一名40岁的男子驾车通过十字路口时，正在“自动驾驶”状态的特斯拉没有识别出左转的大型卡车，与其相撞，司机当场死亡，而特斯拉撞上电线杆才最终停下来。

传感器的升级虽然能解决类似的故障，但终归“治标不治本”。

要解决这一根本矛盾，唯一的出路就是彻底改变“终端核心”的技术路线，将无人驾驶车辆视为无人驾驶网络的组成部分，将整个网络视为整体，来进行统一协调管理。

这样一来，路面所有汽车的传感器信息就能融合共享，所有车辆的行驶轨迹、前进路线都会实时发送给周围汽车，一辆车开始转向之前周围车辆就已经获得消息，提前做好了避让准备。道路沿线也将部署固定式的传感器网络，为路面车辆提供实时更新的路况信息。有行人准备穿越马路时，路口的传感器立刻会将行人动向发送给附近来往车辆，避免事故发生。

整个城市、整条公路路段的行驶车辆以及沿路的传感器网络，全部都归总到政府运营的交通管理中心进行统一协调。交管中心的智能网络管理系统会自动安排所有车辆的行驶计划，根据车辆的需求优先级、性能、路况等因素选择最优管理方案。当所有的无人驾驶汽车融合为一张“大网”，终端的传感器、自动控制系统分析能力局限就不再是问题，“各自为战”的交通现状将被“统一行动”的全新模式取代，这才是无人驾驶的终极发展方向。

然而，欧美国家目前主流的无人驾驶技术方向，仍然偏向于“终端技术改进”而非“统一规划”一侧。

究其原因，一方面，统一规划的无人驾驶网络更依赖政府政策引导，难以体现企业的技术优势。另一方面，欧美日等国政府对产业发展的控制权较小，影响力较弱，很难在政策上引导企业优先发展智能交通网络系统。

以谷歌为例，虽然谷歌在网络建设、大数据分析等技术领域积累雄厚，但其无人驾驶技术的发展重点却放在了汽车本身，所有的努力都放在了怎样让汽车“特立独行”，独自完成自动控制的层面。这样的策略对未来谷歌销售自己的汽车、授权无人驾驶技术非常有利，但长远上看是非常低效的。优步本想同谷歌合作，在网络建设方面进一步探索，谷歌却出于自身利益考虑而拒绝了合作邀请，由此可见私营企业在产业推动方面的局限性。

企业出于自身利益不愿意关注网络化模式，政府又无力改变企业发展路线，结果就造成今天欧美日的无人驾驶产业高度偏向终端技术，忽视网络发展的现状。

发达国家在发展无人驾驶产业时走上了“弯路”，给中国的产业崛起创造了绝佳的历史机遇。中国在制度、政策、市场等层面的优势，最终很可能使国产无人驾驶汽车直线超越，实现行业跨越升级，一举赶上甚至超越发达国家的现有地位。

直道超车：中国握有三张好牌

如前所述，未来无人驾驶产业的关键制胜点在于城市智能交通网络，而不是车辆本身。在这条路线上，中国的无人驾驶行业有数张好牌可打，潜力十分可观。

第一张好牌是国家政策。

虽然目前全球无人驾驶技术主要由私营企业研发和推动，但长远来看各国的产业政策所起到的作用会越来越大。与发达国家不同，中国的政策决定由中央统筹规划，没有太多的扯皮和利益纠葛，更容易把握全局、考虑长远影响。

具体到无人驾驶领域，中国很早就开始在诸多方面为产业发展铺垫道路，以国家之力开始建设几大重要前置工程：

其一是北斗高精度定位系统。城市无人驾驶交通网络需要非常高的移动状态定位精度，传统的卫星定位系统已经无法满足这一需求。大范围铺设定位站需要庞大的投资和长期建设，而中国在基础设施建设领域处于全球领先地位。目前正在建设的北斗高精度定位网络，通过在地面铺设大量辅助定位站的方式将定位精度提升到了厘米级，为无人驾驶车辆的自主定位、安全行驶打下了良好基础。在未来，我国将最早建成覆盖全国的高精度定位平台。

其二是 5G 移动通信网络。无人驾驶交通系统需要高带宽、超低延迟的无线网络来传输海量数据，只有 5G 网络能够符合条件。中国在 5G 建设方面同样走在世界前列，几大移动通信集团已经做好了全面升级到 5G 的准备。2020

年之后，中国将迅速进入 5G 时代，广泛覆盖的 5G 信号可以完美地承载无人驾驶交通网络的流通数据，并大幅降低后者的建设成本和风险。

其三是城市物联网产业。中国已经将物联网纳入国家重点产业规划，未来将在全国范围全面推广。无人驾驶智能交通需要大量路边传感器提供信息支持，这些传感器需要通过物联网来通信和控制。建设城际物联网同样是费时费力的工程，只有中国在这种任务上驾轻就熟，总是走在各国前面。

这三大工程的共同特点，就是耗资巨大、费时良久，只有国家主导统筹才能快速建设推广。中国得益于政策和国企等优势，在这类基础设施的建设覆盖方面优势巨大。三大工程一旦建成，中国的无人驾驶交通网络就可以非常容易地在此基础上以较低的成本发展起来，在世界范围抢占先机。

第二张好牌是市场规模。

中国国土辽阔、人口众多，改革开放后经过数十年经济增长，人均 GDP 即将突破 1 万美元，社会经济发展到了相当高的水平，为无人驾驶产业的发展留出了庞大的市场空间。

目前，中国各级公路总长超过 450 万公里，机动车保有量超过 3 亿。未来无人驾驶技术全面普及后，中国就会成为全球最大的无人驾驶技术应用市场。庞大的市场空间，为无人驾驶产业的发展创造了巨大的利润前景，足以吸引国内乃至世界一流水平的人才、技术、资金。

更为重要的是，无人驾驶技术的更新迭代，非常依赖实际应用中获得的大数据和相关经验。虽然国外企业已经进行了很长时间的上路测试，但一旦无人汽车实际上路销售，其面临的路况复杂程度是测试阶段难以比拟的。在政策的支持和鼓励下，一旦国内企业的无人驾驶汽车快速上路推广、城市智能交通网络实地建成运营，就能在实践中收集大量数据，为产业技术升级提供宝贵的资源。另一方面，各企业获得的技术数据可以在政府推动下实现行业共享，减少不同企业的重复收集劳动，提升整个产业的进化速度，并为创新企业、中小企业提供平等的发展机遇。

第三张好牌是金融和人才支持。

无人驾驶产业技术复杂、规模庞大，发展过程中需要投入大量资金、占用大批高精尖人才的研究能力，并且多年以后才能看到回报。在这种情况下，国外发展无人驾驶技术的企业基本都是财力雄厚的跨国巨头，它们才能负担得起这方面的巨大投入。

中国能与国外巨头在资金、人才方面抗衡的企业少之又少，但中国的优势在于国家层面。在政府产业基金的支持下，国内汽车和科技企业可以获得金融层面的大力支持，就有了同国外巨头同样的起跑线。而国家的大学、科研机构又可以在学术层面上为产业输送技术储备和人才队伍。与国外企业“单打独斗”“各自为战”的情况不同，中国的无人驾驶产业是合作多于竞争，政府、学术界和企业界共同努力、联合作战，在资金、技术、人才方面都能拧成一股绳，最大限度发挥国家实力。

此外，由于中国已经确立了明确的产业规划和方向，产业的资金、人才就能尽可能减少浪费现象，投入到最关键的领域，发挥最大的效率。

有了这几张好牌，中国的无人驾驶产业的发展前景可谓十分光明。只要中国坚持将无人驾驶产业作为国家战略重点对待，在实践中不断根据实际情况快速调整政策细节、持续鼓励企业试错、创新，中国在无人驾驶领域实现超越，就是可见的必然结果。

当然，我国存在的诸多问题也需要予以重视，要在地方政策保护、企业恶性竞争、政府运作效率不足等方面设法解决障碍。只要政策和市场引导工作做好，金融和人才层面给予足够的资源，这些就会是中国无人驾驶行业的独有优势。相比之下，发达国家不仅在政策和政府引导方面步伐较慢、容易反复，企业间也难以形成合力，在产业长跑中后劲不足的问题就会越来越明显，更给中国“直道超车”留下了机遇和空间。

日本的汽车工业非常发达，日系车在全球的市占率高达 30%。而未来的中国品牌无人驾驶汽车不仅有望超越这一数字，甚至可以将国产智能交通网络解决方案一并推广到全球，在世界范围全面普及无人驾驶智能交通系统。无人驾驶产业很可能成为未来中国在全球影响力最大、最广泛的技术工业。

撰文：王强

05

估值2万亿美元？中国会不会接盘这家可能比苹果还赚钱的公司？

导语：作为世界第一大原油生产公司，沙特国家石油公司（Saudi Aramco，简称“沙特阿美”）预计2018年会IPO（Initial Public Offerings，首次公开募股），但是市场广泛预计真正上市会在2019年。沙特王储萨勒曼 (Mohammed bin Salman) 对沙特阿美的目标估值是2万亿美元，并且希望通过上市募集约1000亿美元，这也被称为“史上最大规模IPO”。

在沙特阿美境外IPO选择上，英美等国都积极伸出橄榄枝，中国对此也抱有极大的兴趣。

当下，我国能源对外依存度已超过65%的警戒线，并不断攀升。作为沙特原油的主要进口国之一，中国加强与沙特阿美的业务联系与合作，无疑有助于确保境外原油来源和长期安全稳定供应。

然而，沙特在我国重点关切问题上顾忌颇多，也不排除大打一场经济外交牌的可能。

沙特阿美这么大个“盘子”，接还是不接，中国真的要好好考虑。

五个财务指标

彭博社（Bloomberg）对外披露了一份涉及沙特阿美 2017 年上半年的财报信息。

信息显示，沙特阿美远超苹果（Apple）、三星（Samsung）和微软（Microsoft）等巨头，成为全球最赚钱公司。

阿美方面发表声明，称彭博社披露数据并不准确，并一如既往地拒绝对涉及该公司的任何传闻和猜测予以置评。

但是，考虑到沙特政府和阿美公司此前多次表示将在 2017 年公开发布该公司史上首份年报，外界普遍认为，这些数据具备一定可信度。

彭博社披露的沙特阿美财报信息主要包含五个关键财务指标。

- **高达 338 亿美元的净利润**

以 2017 年上半年国际平均油价为 53 美元 / 桶、沙特限产后日均产油 990 万桶计算，高出排名第二的苹果公司近 17%，是同为油气行业巨头的埃克森美孚（Exxon Mobil）和荷兰皇家壳牌（Shell）各自的 4 倍有余。

- **521 亿美元的现金流**

其中包含 307 亿美元业务现金流以及 214 亿美元的政府还款。

市值最高的上市油企埃克森美孚同期现金流为 152 亿美元，荷兰皇家壳牌则为 210 亿美元。

- **向沙特政府支付的 130 亿美元分红**

埃克森美孚和荷兰皇家壳牌的股息支出则分别为 64 亿美元和 78 亿美元。

- **向沙特王室缴纳的 185 亿美元特许经营费和向沙特政府缴纳的 399 亿美元所得税**

- **区区 13 亿美元的公司债务**

截至 2017 年 6 月底，沙特阿美总借款额为 202 亿美元，现金和现金等价物价值为 190 亿美元。而埃克森美孚、荷兰皇家壳牌、雪佛龙、道达尔和英国石油这5家同期债务总额则接近1500亿美元。

在各大媒体为获得这家过去40年时间里最神秘公司的财报信息而倍感兴奋时，理智的投资者们则再次对阿美公司的IPO前景产生了质疑。

虽然阿美公司拥有创造现金流的强大能力，但其持有的绝大部分现金均用于纳税、支付特许经营费和用于资本投资等，其上市后的自由现金流收益率或不会高于业界平均水平。

从此次信息“泄露”的时机来看，号称“史上最大规模IPO”的阿美公开上市募股计划近期在上市时间地点、公司估值等方面引发各方争论。

此时披露如此亮眼的财报信息无疑有助于提升潜在投资者信心，为公司未来IPO股价托市，甚至有分析认为可能是阿美方面故意为之。

三大关键问题

但这里仍有三大关键问题需要搞清。

问题之一：2万亿估值从哪来？

就沙特政府对于阿美公司高达2万亿美元的估值，彭博社先后采访了十余位行业分析师、投资者和业界高管（由于话题的敏感性，受访者均拒绝公开署名）。

沙特方面对于2万亿美元的估值貌似来源于一个简单的计算：以该国知名的陆上油田Ghawar和海上油田Safaniya等埋藏的2611亿桶原油储量，乘以8美元/桶（一种用于估值原油储备的基准价格）。

但是，如果按照沙特人的逻辑和算法，俄罗斯国家石油公司（Rosneft）的市值就可达到2720亿美元，而非目前的640亿美元；埃克森美孚的估值则将比现在缩减53%。

法国道达尔的首席执行官Patrick Pouyanne在去年就曾表示，“仅将一家石油公司所掌控的原油储量简单地乘以一个油价就可算出这家公司的市值？我不太懂这种计算方法。毕竟还有许多需要考量的因素会影响到阿美的实际价值”。

从华尔街的业界专家们所做的一些简单测算来看，以 80 美元 / 桶的价格、日产 1100 万桶为基础出发，参照业界平均水平，假设年均投入 400 亿美元作为资本支出（阿美自己宣布的未来 10 年年均投资额）、自由现金流收益率为 7%，由此测算得出的阿美公司估值不足 1.5 万亿美元。

若将当前国际油价和实际产量水平带入上述测算，再加上此次披露的阿美公司资本支出数值，阿美公司的估值则将进一步降至 1.2 万亿美元左右。

综合来看，华尔街普遍对于该公司的估值在 1 万 –1.2 万亿美元区间内，即便沙特王储小萨勒曼 2018 年 3 月访美期间大做美方工作，美方对于 2 万亿美元的估值目标仍不看好。

问题之二：税负压力过大？

从彭博社披露的数据来看，阿美公司仅在 2017 年上半年就向沙特王室和沙特政府支付了累计 714 亿美元的各种税费。

根据沙特政府 2017 年 3 月出台的新规，阿美公司需缴纳的所得税税率由此前的 85% 大幅下降至 50%，但缴纳给王室的特许经营费则由 20% 的固定费率改为浮动费率：

当油价低于 70 美元 / 桶时仍为 20%；

当油价在 70~100 美元 / 桶时，高出 70 美元的部分费率为 40%；

当油价高于 100 美元 / 桶时，高出 100 美元的部分费率为 50%。

据美银美林集团（BoAML）测算，当油价高于 70 美元 / 桶时，每高出 1 美元，沙特王室就可多获得 19 亿美元特许经营费。

因此，总部位于英国爱丁堡的能源资产评估公司 Wood Mackenzie 认为，阿美公司 IPO 后可用于支付给股东的现金分红仍将低于埃克森美孚等油企，或难以吸引海外投资者的兴趣。

问题之三：企业发展不明晰？

根据沙特政府的设想，除去公开上市的 5% 股份外，剩余股份均为沙特主权财富基金—公共投资基金（PIF）持有。

虽然沙特政府于2018年1月1日将该公司变更为股份制企业，公司资本金160亿美元划分为2000亿股，并组建了含11名成员的董事会（沙特王室任命6人），但改制后的阿美公司未来与政府间的关系仍未厘清：

沙特政府和公司董事会究竟谁有权决定公司生产经营战略？

阿美公司未来究竟以国家利益为导向还是以公司利润为导向？

此外，沙特政府内部对于阿美公司未来发展路径也有不同声音。

该国王储及其身边团队倾向于将其打造成韩国三星那样的全球性综合工业集团（global industrial conglomerate），但部分政府机构及西方咨询顾问公司则更赞成专注于油气领域的国际石油公司（specialised international company）。

一旦阿美公司未来发展领域不明晰，投资者将难以分析其业务潜在风险，亦难以对其业绩表现进行评估，进而影响对公司股价的估值。

中国需要什么？

当下，我国能源对外依存度已超过65%的警戒线并不断攀升。在这个背景下，作为沙特原油的主要进口国之一，加强与阿美公司的业务联系与合作，无疑有助于我国确保境外原油来源和长期安全稳定供应。

而沙特亦看重我国能源消费大国地位，一方面，希望增加对华原油出口，另一方面，也寄望于我国金融机构和能源企业投资阿美公司。

随着阿美预计上市时间日益临近，2万亿美元估值未能得到资本市场认可，沙特方面压力骤增。为此，沙特积极与我国有关方面接洽，通过突出“沙特—中国全面战略伙伴关系”定位游说中方成为该公司的战略投资者和基石投资者。

我国的确对参与阿美公司IPO并借此强化与沙特在能源领域的合作抱有极大的兴趣，中石化与中石油均先后确认有意购入阿美公司股份。

2017年10月，英国《金融时报（Financial Times）》披露，包括中投和“三桶油”等中方机构组成的联合体有意直接以1000亿美元吃下阿美公司待IPO的5%股份。

同时，我国对此亦有自己的考量与诉求，除了确保稳定的能源供应外，还希望借此实现的目的有三个：

- 争取阿美公司选择香港作为境外IPO地点。
- 争取沙特向中国企业放开沙特油气上游市场。
- 争取沙特支持上海原油期货市场和接受以人民币结算两国油贸。

那么，实现上述这些目标的可能性有多大?

扑朔迷离的境外IPO地点

在境外IPO地点的选择上，沙方想法始终扑朔迷离。

纽约证交所曾是头号热门候选地。

一方面，纽约在接纳能源企业挂牌上市方面管理机制健全、再融资能力强大、市场活跃度较高；另一方面，沙特在国内外形势错综复杂的背景下愈发看重与美国的盟友关系。无论出于政治因素考量抑或是萨勒曼家族与特朗普家族之间的私交，都为纽约证交所增加了砝码。

为了帮助伦敦证交所争取阿美公司的IPO，2017年，英国首相两次访问沙特。英国金融行为管理局“示好”愿修改上市规则，为阿美这类主权国家控股企业量身打造一个新上市类别，规避现有烦琐的公司治理要求。英国财政部更在2017年底向阿美提供了价值20亿美元的信贷额度。

香港证交所凭借“可结构性介入庞大的中国内地市场”而成为竞争中的“黑马”。2018年1月，港交所行政总裁李小加对外表示，阿美公司如选择香港IPO，将是“天造地设的契合”。3月15日，路透社的财经评论认为，香港在与纽约和伦敦的竞争中稍稍领先。

但是，无论如何比对三个地点的优势与劣势，做出最终结论的仍然是这对父子——沙特国王萨勒曼与王储小萨勒曼。

在这一问题上，沙特对于中方积极推介香港的回应是，“希望中方对阿美的 IPO 做出符合自身地位和分量的投资，期待阿美成为中方最大的能源合作伙伴”。

随着近期国际油价的飙升，彭博社等分析认为，沙特极有可能搁置境外 IPO 计划，仅在沙特本地挂牌上市。

沙特的顾忌

沙特油气上游市场长期并仍将处于对外封闭状态，阿美公司全面控制沙特境内的油气勘探、开发、生产、炼制和销售等。

对于参与上海原油期货交易或拿出一定比例原油在上海交易所拍卖等动议，沙特方面并不积极，在使用人民币结算或以上海期货市场价格作为定价参考基准也有一些顾虑。

众所周知，石油美元体系是保障美元作为全球最主要储备货币的基石，而沙特的选择对于该体系至关重要。

外界有评论称，沙特会从双边合作长远发展角度来考虑使用人民币结算问题，但在实际接触过程中，沙特常常“顾左右而言他”：

一方面，沙特深知油贸结算货币问题的高度敏感性，进而破坏对美同盟关系后需承担的政治经济后果；

另一方面，沙特无意改变外储结构，因为这可能造成其持有的巨额美元资产贬值，增加其维持本币与美元间固定汇率的压力，同时还要额外承受人民币汇率波动的风险。

此外，一旦在“石油人民币”的态度上有所松动，印度、日本、韩国等沙特石油的其他主要买家亦有可能提出类似要求。

中国该不该接盘?

沙特虽看重中国能源市场及对华关系，希望在激烈的国际原油市场竞争中保持甚至扩大在华份额，但目前看来在我国的重点关切问题上顾忌颇多。

而阿美公司的亮眼数据也并没有赢得投资者的足够信心。安联投资（Allianz Global Investors）能源分析师 Rohan Murphy 就直言，虽然其持有包括埃克森美孚、英国石油等多家能源企业的股份，但不会在 IPO 中购入阿美公司股票，因为“我们普遍认为投资与国家政府紧密相连的公司，其经济回报往往并不具备吸引力”。

在这种情况下，中国对于沙特利用阿美公司 IPO 在美国、英国等传统盟友间，在中国、日本、印度等原油主要买家间大打经济外交牌的本质有着清醒认识，不大可能以“接盘侠”的姿态去过度追逐阿美公司的 IPO，避免重蹈在油价呈涨态势下收购高溢价资产的覆辙。

毕竟，美国华尔街对于阿美公司估值的态度已经很明显：

2 万亿美元？不值！

撰文：王诚　北京外国语大学海湾阿拉伯国家研究中心特聘研究员

06

轰动整个中国的联想“投票门”背后，是中国与美日欧20多年的生死暗战！

导语：2018年5月，有传言称“5G通信标准，联想不给华为投票”，此言一出立即引发了网络热议。联想在网络上瞬间成了“民族罪人”，联想创始人柳传志也受网络舆论影响，公开出来回应网友的质疑。

5月16日晚，联想控股董事长柳传志再次就该事件发声，称有人把“卖国贼”的帽子扣在联想集团的头上，不但是要砸全体联想人的饭碗，还要联想终身蒙羞受辱。

联想到底做了什么？全球通信厂商争夺的5G通信标准又是什么？

联想真的没有投票给华为？

备受争议的3GPP会议，是由全球影响最大的通讯标准化机构3GPP（3rd Generation Partnership Project中文译名“第三代合作伙伴计划”）举办的，该会议主要协调各组织确定通讯领域的标准，内容基本都是纯技术领域的讨论。而涉及“联想不给华为投票”的3次3GPP会议均发生在2016年。时隔两年后，让我们看看当时到底发生了什么。

第一次会议于2016年8月举办，被称为第86次3GPP会议。在本次会议上LDPC、Polar和Turbo三种编码方案被正式提出，成为5G“eMBB”（增强型移动宽带，5G三大应用场景①之一）场景信道编码的备选方案。

LDPC（Low Density Parity Check Code）是1962年由美国学者提出的编码技术，Polar是2008年由土耳其学者提出的编码技术，Turbo则是由欧洲主推、发展得非常成熟的一项编码技术，也是现在4G通信标准所使用的编码技术。

在这次会议中，三种方案都有一些支持者，因此最终没有确定选取哪一个标准作为5G编码标准。

第二次会议于2016年10月召开，也被称为第86b次3GPP会议。这次，全球通信厂商对于支持的对象有了较为明显的倾向，也是在这次会议上，联想被爆出不支持华为。

爱立信、索尼、夏普、诺基亚、阿朗、三星、英特尔、高通、富士通、摩托罗拉、联想等厂商支持只采用LDPC；华为支持只采用Polar；LG、NEC等厂商支持同时采用Turbo和LDPC；中兴、展讯、联发科、努比亚、小米、酷派、OPPO等厂商支持同时采用Polar和LDPC。可以看出，支持LDPC的公司占绝大多数，包括联想在内，还有很多公司支持两种标准共存。而联想集团基于自身前期技术和专利储备，选择了LDPC技术方案，这无可厚非。并且即使没有联想及其旗下摩托罗拉的支持，LDPC仍占据最大优势，胜出毫无悬念，并非网传的两者竞争“只差联想这一票”。

那么华为为何“唯Polar”不可？这主要是因为，Polar被提出的历史短，更好突破和创新，华为在Polar上倾注了非常多的心血和汗水。

在最终的投票阶段，华为弃权，LDPC被选为数据信道②的长码方案。数

---

① 5G三大应用场景由3GPP提出并定义，分别为增强型移动宽带（eMBB），主要为个体用户提供优质的移动宽带；海量物联网通信（mMTC），主要面向智慧城市、环境监测、智能农业、森林防火等应用场景；低时延、高可靠通信（uRLLC），主要面向智能无人驾驶、工业自动化等领域。

② 数据信道主要是传输数据，并对数据信号检错，增强其在传输中抵御各种干扰的能力，提高系统的可靠性；控制信道主要用于传输指令操作下级网络设备或同步数据。数据信道区分长短码，控制信道不区分长短码。编码是采用二进制位数表示一个指令，编码越短效率越高。

据信道的短码方案继续留待讨论。

紧接着，第 87 次会议在 2016 年 11 月召开，参会各国就数据信道短码方案，以及控制信道的方案进行了讨论。

这次会议上，在数据信道的投票环节，联想及摩托罗拉都鼎力支持华为的 Polar，只不过因为投票结果并非按照一家厂商一票计算，而是按照投票厂商在行业中的地位乘以一定权重来决定。最终，被高通、爱立信等一批国外老牌厂商反对的 Polar，败给了 LDPC。数据信道的短码方案也花落 LDPC。

就此，只剩下控制信道的方案可以争夺了。

中国电信、中国移动、中国联通、大唐电信、中兴、展讯、联想、摩托罗拉、vivo、oppo 等大陆企业，以及海峡对岸的台湾“国立”大学和联发科等一大批企业都团结起来，一起支持华为 Polar。最终，Polar 成为控制信道的方案。

从几次投票的结果可以看出，在第 86b 次会议上，LDPC 获胜是大势所趋，这主要在于 LDPC 的技术更成熟，很多专利已过期或快过期，通信企业得以拥有使用权限，当然，主打 LDPC 的高通在国际上巨大的影响力也是原因之一。

而在第 87 次会议上的两次投票中，联想集团都是支持 Polar 的，只不过在数据信道短码方案上无法左右美国的老牌通信企业。好在，最后中国企业合力让华为 Polar 在 eMBB 场景中占据了一席之地。

对此次事件，任正非也表示，“联想在 5G 标准的投票过程中的做法没有任何问题，并对联想对华为的支持表示感谢”。“中国企业应团结，不能被外人所挑拨。”

各国企业争相押宝通信标准

那么，编码标准到底有多重要，以至于引发各国通信企业的厮杀。

正如“三流企业做产品，二流企业做品牌，一流企业做标准”，编码标准在一定程度上决定着通信标准，而后者对于通信产业的发展至关重要。

回溯历史，每一次通信标准的争夺和变更，背后都蕴藏着巨大的利益，同时伴随着一场场血雨腥风。全球不少知名的通信厂商，就因为在通信标准上“押错宝”而陨落。

在2G时代，中国通信企业尚无力参与国际通信标准的制定。但与中国隔海相望的日本却非常有野心，制定并推行了PDC (Personal Digital Cellular) 标准，也就是中国人熟悉的小灵通。

日本制定和推广PDC标准还有一个背景，那就是希望用保护性的“锁国”政策扶持本土产业发展。然而，由于日本本土市场狭小，日本通信企业无法依靠本土市场成为国际巨头（这一点和中国完全相反）。

PDC一出，迅速占领了日本的本土市场，但这也导致日本的通信产品与2G时代成为主流的GSM（Global System for Mobile Communication）标准不兼容，日本通信企业就此错失庞大的海外市场。

长期过度的保护，也让日本通信企业成为“温室里的花朵”，在日本市场大门被美国强行打开后，PDC在群狼环伺下逐渐衰落。

在3G时代，德国西门子曾经与诺基亚、爱立信争夺欧洲通信标准的主导权，可惜不幸落败，西门子的通信业务也随之衰亡。

与之形成鲜明对比的是，中国通过从西门子手中购买技术，再与国内已有技术成果相融合，提出了TD—SCDMA（Time Division-Synchronous Code Division Multiple Access）标准，这一标准是以我国知识产权为主的、被国际上广泛接受和认可的无线通信国际标准，堪称我国电信史上重要的里程碑。

由于中国移动在推广TD—SCDMA上的不遗余力，国内通信厂商轻而易举地拿下了接近7亿人的市场，进而带动了中国通信企业的发展，为中国参与国际通信标准制定跨出了万里长征第一步。

不过，在3G时代，最大的赢家当属高通，由于掌握了大量底层专利，它得以对全球通信厂商征收高额的“高通税”。

也正是由于高通在3G时代滥用其对CDMA专利的垄断地位，到了4G时代，中欧厂商开始联手遏制高通。

当然，发改委之所以“敢于”对高通提起反垄断，底牌之一就是中国通信产业已经从3G时代的参与者，变为4G时代的规则制定者之一。

反观高通，早已不复3G时代的辉煌——在产业实力与技术实力此消彼长的现状下，旧时代的不平等协议理所应当被抛弃，行政力量的“干预”也仅仅是加速这一过程，并为通信终端厂商与高通达成更加公平合理的新协议保驾护航。

值得一提的是，由于北美厂商英特尔、IBM、北电和摩托罗拉主导的WinMax标准，在竞争中输给了LTE（Long Term Evolution）标准，间接导致加拿大的北电和摩托罗拉破产，随后摩托罗拉被联想收购，英特尔和IBM因为抽身的早，勉强得以全身而退。

纵观过去几十年通信产业的发展历程，可以看出，一旦在通信标准争夺中占据主导地位，在市场竞争中就可以立于不败之地，而一旦“押错了宝”，则有可能像德国西门子、加拿大北电、美国摩托罗拉那样在市场竞争中衰败。

不要带着“民族情绪”审视问题

由上我们可以看出，各国通信企业为何执着于追求在通信标准中占据一席之地了。

需要指出的是，编码只是5G通信标准[①]中的一部分，将其作为5G通信技术的全部，进而无限放大两年前全球通信厂商对编码争夺的重要性，未免太过夸张。

而且，虽然华为主推Polar，但华为、中兴等国内厂商在LDPC上也有一定技术积累。类似的，虽然高通、三星、爱立信等厂商力挺LDPC，但其实在Polar上也有自己的解决方案。何况polar标准最早由土耳其的一位学者提出，

① 5G通信标准核心技术有很多，比如多址技术、多天线技术等。多址技术指的是解决多个用户同时和基站通信的问题，第一代通信采用的是FDMA技术，第二代通信采用的是TDMA技术，第三代通信采用的是CDMA技术，第四代通信采用的是OFDMA技术。多天线技术是一种增加容量的技术，在理论上能把容量提高很多倍。简单来说，即在现有多天线的基础上配置数十根甚至数百根天线，支持数十个独立的空间数据流，实现用户系统频谱效率的大幅提升。

并非中国原创技术，很多专利并不在中国公司手中。本次华为力推 polar，也如上文所说，更多的是因为手上没有原创好牌，只能从产业实力较弱的玩家手里借一张牌，当作防御欧美科技公司的武器，以求提升自己在通信标准制定中的话语权。因此，不能用“Polar= 中国标准，LDPC= 外国标准”的眼光去审视这次编码的争夺。在上文介绍的 3 次投票中，LDPC 之所以能够赢得众多通信厂商的青睐，主要是因为提出来的时间早，很多技术经过了充分的实验及验证，相对成熟，而且由于时间比较早，很多专利已经过期，或者快过期了，这对于诸多通信厂商都是很有利的。欧洲、日本、美国的众多厂商选择 LDPC，以求实现各自的利益最大化，实属正常。再看 Polar 标准，由于提出的时间比较短，大家对新技术还有一定争议，加上华为在 Polar 的工程应用上投入了大量资源，很多专利还在有效期内，美国商业公司出于自身利益考量反对 Polar 的确符合他们的商业诉求。进一步说，在投票上，全球通信厂商都会选择自己有较多积累的技术，联想能够为了支持华为，把票投给自己缺乏技术积累的 Polar，这是违背联想自身商业利益的决策，更不应该遭受舆论的抨击。

从最后的结果来看，在几次关键的投票中，绝大部分中国企业都整齐划一地支持华为，甚至舍弃自身的利益，这已经是历史性的突破了。

5G 未来的发展趋势是合作

在 2016 年的第 87 次 3GPP 会议上，当华为主推的 Polar 成为控制信道编码时，并没有多少人注意到投票情况，只欢呼“华为打败高通拿下 5G 时代”。

而到了现在，当第 86b 次 3GPP 会议被重提时，网友们的关注点又聚集到了所谓的“联想不给华为投票”，导致 LDPC 获胜，占领数据信道长短码。

前后差距如此大的关注点及由此而生的情感波动，其实源于网友们对于 5G 标准的认识不全面，再加上某些媒体的过度渲染，编码仿佛成了 5G 标准的唯一。

然而，编码只是 5G 通信标准的核心技术之一，过度把目光聚焦在 eMBB

场景方案的争夺，未免有些一叶障目。像上文中提到的多址技术、多天线技术、射频调制解调技术等也是需要多加关注的核心技术。

还是拿 3G 时代的高通垄断来举例子。当时，全球通用的编码是欧洲厂商主推的 turbo，但欧洲厂商并没有因此叱咤风云，反而受制于高通，爱立信、诺基亚等欧洲厂商都要缴纳高通税。造成这种现象的一个重要原因就是，3G 时代的多址选用了 CDMA，而高通在 CDMA 技术上有着非常深厚的技术积累。这种垄断直到 4G 时代来临，多址技术被换成 OFDMA 才得到缓解。也正是因为全球通信厂商在 3G 时代都吃了“高通税”的亏，在制定 4G、5G 的标准时，他们都尽量保持平衡，一家独大的局面已经不可能再现。在可以预见的未来，通信格局是“合则两利，分则两伤”，5G 通信标准的制定和全球 5G 网络的建设，都有赖于全球通信厂商的共同努力，任何一家公司都无法独占如此庞大的市场。

总之，Polar 成为控制信道编码方案，并不意味着中国企业在 5G 标准的争夺中就立于不败之地了。这仅仅是一个小胜利，在接下来的博弈中，中国企业还有更为艰辛的路要走。

当然，两年前华为主推的 Polar 能够有所斩获，证明了中国通信企业的产业实力和技术实力在与日俱增，也证明了只要中国企业联合起来，也是能够占领或者说分享一直被欧美企业垄断的领域的。

今后，中国企业集体作战或将成为常态。

撰文：铁流

07

“芯片事件”没那么简单，中国面临一个历史大抉择！

导语：缺“芯”之痛剥去了一层关于“中国制造”骄傲的新衣，也让人意识到单靠共享单车和在线外卖难以挺起中国制造的脊梁，飞上云霄的房地产和金融业没法应对制造短板。

而在“扎芯时间”前十年，中国由于在国际分工中处于产业链的中低端，也曾出现“八亿件衬衫换一架飞机”的窘境。

当前，中国经济要怎么发展，如何避免走弯路，是需要直面的问题。

芯片是小个子的“国之重器”，如果不能掌握这方面的生产能力，很可能在关键时刻受制于人。

然而，仍然有不少人认为，在目前的国际贸易规则下有可能以低成本的方式买到芯片，自主研发费时费力。

究竟是是自主研发还是低成本进口，从发展经济学的角度看，其实是进口替代与出口导向两种发展思路之争。

进口替代一度折戟，出口导向也非万应良药

对于立志经济起飞的发展中国家来说，要实现工业化一度有两条道路可以选择：进口替代和出口导向。

进口替代战略是指用本国产品来替代进口品，促进本国工业化的战略。

拉美国家在工业化的过程中曾普遍采用进口替代战略，比如，从20世纪30年代到80年代巴西就一直采取这种发展模式。尤其是在20世纪50年代中期，拉美不少经济体的发展速度都超过了西方工业化国家。不过进口替代战略的美誉没能一直持续，随着20世纪80年代后拉美国家陆续跌入中等收入陷阱，进口替代战略遭到不少诟病，也被认为是造成拉美失落十年的罪魁祸首。

进口替代战略致力于通过国有化、对农业和发电等重要行业提供补贴、增加税收以及高度保护贸易政策，带动经济发展，但这些措施由于成本高且效率低而广为诟病。

相形之下东亚和东南亚的一些国家在工业化过程中解决这些问题做得较好，它们选择的是出口导向的发展战略。

在发展经济学中，出口导向是指利用国外资源与开拓国际市场，以生产有比较优势的出口产品来带动本国经济的发展模式。无论是战后亚洲最先崛起的日本，还是最后沿着“雁阵模式”实现腾飞的“亚洲四小龙”，再到越南和泰国等新兴市场国家，都遵循这一发展路径取得成功。

尤其是20世纪80年代后，东亚和拉美在经济发展方面差距被拉大，这让不少人得出结论——“开放、外向型的”出口导向模式要优于“封闭、内向型的”进口替代模式。这一论断甚至还获得了国际货币基金组织和世界银行的“官方认可”。

1989年，陷于债务危机的拉美国家急需进行国内经济改革。美国国际经济研究所邀请国际货币基金组织、世界银行、美洲开发银行和美国财政部的研

究人员以及拉美国家代表在华盛顿召开了一个研讨会，旨在为拉美国家经济改革提供方案和对策。

美国国际经济研究所经济学家约翰·威廉姆森系统地提出指导拉美经济改革的各项主张，包括实行紧缩政策防止通货膨胀、削减公共福利开支、金融和贸易自由化、统一汇率、取消对外资自由流动的各种障碍以及国有企业私有化、取消政府对企业的管制等，得到世界银行的支持。

威廉姆森对拉美国家的国内经济改革提出了已与上述各机构达成共识的十条政策措施，由于国际机构的总部和美国财政部都在华盛顿，加之会议就在华盛顿召开，因此这也被称作“华盛顿共识”。

从那之后，国际货币基金组织和世界银行坚持向后发国家“推销”以全球市场为导向的全球市场自由化结构调整方案，出口导向也成为新兴市场的“成功模板”。

但是，后来俄罗斯和东欧国家经济转轨政策的失败，证明以出口导向为指引的“华盛顿共识”并非万应良药。

十年后，在美国次贷危机、全球信贷危机愈演愈烈背景下的 2009 年，英国首相戈登·布朗在二十国集团伦敦峰会上干脆称“旧有的华盛顿共识已经终结”。

而在美国总统特朗普上台后，先后做出了退出 TPP、重新审视北美自由贸易协定、违反 WTO 规则对别国发动贸易战等一系列举措，破坏了全球贸易自由化的市场规则。

皮之不存，毛将焉附，出口导向型经济受到最严峻的挑战。

“出口导向”对中国四十年产业发展卓有成效

就中国来说，改革开放的四十年是主要实施出口导向发展的四十年。这期间出口一直是驱动中国经济增长的主要动力之一，中国利用低成本劳动力资源的优势，逐步打造出影响力巨大的“世界工厂”，成为全球贸易中重要的一环。

中国在推行出口导向型战略之初，发展两头在外的加工型产业成了很多地方政府引进外资的主要目标。尤其是21世纪初加入WTO后，中国一方面享受“入世红利”，一方面也减少外资进入国内市场的限制，方便外资投资办厂，同时出台出口导向的配套政策来吸引外资。中国每年的贸易顺差也从一个侧面证明了，在低工资、低人民币汇率和退税政策等一系列政策支持下，出口导向产业发展卓有成效。

比贸易顺差更引人注目的是宏观经济数据。1978年到2017年间，中国对外贸易总额从206.4亿美元增长到4.41万亿美元，由世界第22位跃居世界首位。与此同时，中国的经济总量在世界上的排名从1978年的第13位上升到第2位。这样的增长速度，在世界经济史上堪称奇迹。其增速之快、增长持续时间之长，证明中国借助出口导向型发展战略行之有效，中国分享了全球化的经济红利，是自由贸易的受益者。

当然，在21世纪第一个十年后，外贸对经济的推动作用已经开始减弱，因此中国逐步推进产业升级和扩大内需，以培养经济发展的新动能。这既是中国经济持续发展的需要，也是应对国际贸易形势恶化的客观需求。

尤其是2017年8月以来特朗普频繁挥动“301大棒”更让中国感到出口导向的危机和转变发展模式的必要。特朗普扎下“贸易藩篱”的行为让世界瞠目结舌，他不仅热衷于在美国边界筑墙，也积极在自由贸易领域添加障碍。其一次次单边贸易保护主义行为已经严重伤害了世界贸易组织的通行原则，挥舞“301”大棒并屡次提高对华贸易战的威胁调门，更是置全球两个最大经济体之间正常的贸易往来于不顾。

美国的制裁清单瞄准《中国制造2025》规划中重点发展的高新科技产业和高端制造业领域，但却没有能力像《三体》里的“智子”一样为中国的发展加上“科技锁”。近两年经济结构转型让中国在应对这类威胁时更有底气。

当然，面对特朗普树起“贸易藩篱”的行为，中国最有力的应对方式还是更加开放。虽然国际贸易环境遭遇逆流，但中国对外开放的步伐不会动摇，开放的大门也只会越开越大。用更开放的姿态融入世界发展潮流，以大幅度放宽市场准入创造更有吸引力的投资环境，可以充分利用国际国内两个市场和两种资源，主动参与和推动经济全球化进程，这都会让中国受益，也会让中国的贸易伙伴受益。

与美国破坏贸易规则的单边主义行径相比，中国负责任的行为对维护世界多边贸易体系、维护经济全球化进程至关重要。可以肯定的是，中国的开放会让世界变得更平，但是，用制裁清单构建“贸易藩篱”的人会被拒之门外。

中国在重要领域实行“进口替代”如何少走弯路?

十多年前，全球化大踏步向前推进时，全球主义者热捧之下，不少人欣喜地宣布世界是平的。毕竟自由贸易规则带来了经济上的相互依赖，世界各国前所未有地紧密联系在一起。

不过，事实证明欢呼声来得有些太早。贸易保护主义回潮，出口导向的贸易环境恶化，让一度被打入冷宫的进口替代战略也被重新反思。

对中小型经济体来说，完全依赖国际市场与国际分工确实可以获得发展的动力。但是，大型经济体却还是要两条腿走路才稳妥。因此，中国一直强调在经济发展中利用好“国内国外两个市场、两种资源”。而且由于“巴统”（巴黎统筹委员会的简称，是对社会主义国家实行禁运和贸易限制的国际组织。正式名称为输出管制统筹委员会）禁运始终存在，也迫使中国在注重出口的同时，一直没有放松本国的产业升级，在一些重要领域注重研发填补进口的不足。

经过“市场换技术”这一弯路之后，中国本土供应商对外国出口商的替代效应正在增多。比如，经过精心培养，拥有独立知识产权的高铁和核反应堆，已经成为“中国制造”新的名片。即使在相对落后的汽车行业，在毫米波雷达等一些细分领域，中国技术也已经逐渐形成突破，并从之前的国际供应商手中慢慢抢下市场（“市场换技术”是过去30多年来我国汽车产业发展的主导策略。这一思路本意是让外国技术随同其产品进入本国市场，缩短走完“学习曲线”所需要的时间来提高技术能力，但事实上市场培育出来了，技术却没有都学到）。

在这次中兴的“扎芯事件”前十年，中国其实也遭遇过类似尴尬。当时，由于在国际分工中处于产业链的中低端，出现了“八亿件衬衫换一架飞机”的窘境。

还好，这种情况正在逐渐改进。如果已见眉目的C919大飞机成功实现量产，就意味着中国“用八亿件衬衫才换一架波音飞机”的尴尬将彻底终结，同时也将打破长期由欧美垄断的大飞机市场。虽然有人质疑，C919的核心发动机等部件全都来自“进口”，不算“国产货”。但目前C919飞机整体国产化率可达50%以上，其中包括国内企业和国内外合资企业在国内的本土化生产，而且国产化率还会不断提高。

中国的大飞机进口替代花了10多年时间，打造“中国芯”可能要花更长的时间。但在此类关键领域，无论时间还是资金投入都不会成为障碍。这一过程中困难的不仅是研发与技术积累，还有如何从总体上避免当年拉美国家在进口替代方面走过的一些弯路。

第一，应该明确技术升级转型并非一帆风顺，除了技术积累外，还面临来自国外的封锁甚至打压，对困难要充分估计，才能坚持得出成果。

《中国制造2025》要在先进微芯片、无人驾驶汽车和机器人等行业打造具有全球竞争力的参与者，美国商务部长罗斯在一次有关技术信息的发言中直接指出：“有一些美国公司太倾向于向我们潜在的敌对国家分享技术。”他的这一发言被认为是针对中国。面对此类言论和行为，只有在足够的信心和勇气加持下，才能不半途而废，完成艰苦的进口替代目标。

第二，要将长远利益和短期收益结合起来制订计划。

进口替代战略追求的是长期的利益，即为了经济上的自力更生，摆脱对国外市场的经济依赖。但是，这种战略不能很好地照顾和利用短期内的比较优势，往往不考虑完备的生产技术条件和市场需求条件就上马一些新兴产业项目，其短期内的社会代价和经济代价是高昂的。而且，即使形成技术突破，在形成规模效益前也还需要精心培育。当然，中国庞大的国内市场有助于缩减规模效益产生的时间。

第三，积极完成进口替代的同时，也继续重视开放和国外市场。

中国是真正希望扩大进口，促进经常项目收支平衡。而且，中国也不会关起门来搞建设。“一带一路”倡议就是全球化课题中的一部分，这样有助于世界分享中国产业升级后的发展成果，实现互利共赢。从这个角度讲，当“中国芯”成功出现后，市场的力量也会积极推动其成为“世界芯”。

撰文：王亚宏

谁来保障我们的安全感

01

住宅成了投资品，香港楼市发展给内地多少警示？

导语：内地房地产发展模式源自香港，基因相传，利好虽具，积弊同在。

中国内地房地产发展至今，已是经济的重中之重。按联合国核算标准推算，目前它实际上占有全国五分之一的经济活动、四分之一的居民消费、三分之一的财政收入和二分之一的社会财富。虽然内地地大人多，大小城市楼市表现各异，政策回旋空间较大，但也要正视问题本质之所在，调控楼市需要有清晰的目标模式和科学的政策设计，才能破解剪不断理还乱的房地产难题。

内地房地产发展模式源自香港，基因相传，利好虽具，积弊同在。在内地22个城市相继出台调控措施后，香港特区政府也进一步收紧楼市政策。2016年香港特区政府再出楼市调控新招，将住宅印花税税率从之前的1.5%~8.5%，统一上调至15%，首次置业的香港永久居民则不受影响。这是香港自2012年9月金管局收紧海外买家的按揭比例以来，政府推出的第八轮楼市调控措施。

此次政府重拳出击，主要针对投资需求。新政出台后本地永久居民购买第二套住宅，以楼价为500万元为例，印花税将由原先的30万元猛增至75万元；海外买家因需另缴15%的特别印花税(SSD)，全部税额将高达150万元，相当于全部楼价的三成，实乃香港历史上最严厉的调控政策。调控力度之大，连北上广深都要甘拜下风。

香港楼市三十年里经历一轮半周期变动

行政长官梁振英表示，本港楼价高企，长期困扰市场，令好多家庭无力置业，并居住在狭窄的环境里；过去数年推出印花税等调控措施，令炒卖需求及外来需求减少，但投资需求一直主导市场，需要采取新的压抑措施。这一番话，道出了香港面对的困境和无奈。

香港楼市问题由来已久，于今为烈。长期以来，香港同时面对两大需求：自住需求和投资需求。投资需求包括短线炒卖需求和长期投资需求，资金来自本地和境外，一直是香港楼市的主宰。由于投资需求可以无限大，资金频繁进出香港，加上金融危机频仍冲击不断，带动香港楼价大起大落，在楼价螺旋式上升的同时，呈现出很强的周期波动。

过去三十年，即在整整一代人的时间里，香港楼市就经历了一轮半的大周期变动，一路上亢奋与悲愤交集，辉煌与苦难并行，经历了鲜花和泪水的双重洗礼：

上一轮周期从 1984 年中英联合声明签署后至 2003 年沙士（非典事件，下同）结束，历时 19 个年头。香港进入后过渡期后，前途渐趋明朗化，投资信心不断上扬，大量资金入市炒作，导致楼价一路暴升至九七回归初期，13 年间楼价（指私人住宅价格，下同）飙升九倍，而同期名义人均 GDP 只增加 3.4 倍，与购房能力相对应的家庭收入升幅更小。当时虽有不少人抱怨买不起楼、通胀急升和贫富分化，但高楼价带来的正面资产效应，包括强劲的内部需求、超低的失业率、激增的工资收入、丰腴的企业盈余以及充盈的政府财政，使整个社会沉醉在虚假繁荣当中，甚至误认为是“经济奇迹”。

然而，资产效应毕竟是一把双刃剑，总在泡沫顶峰逆袭。1997 年 10 月亚洲金融风暴席卷香港，迅速刺破本地楼市泡沫，楼价在一年内调整近半。随后更是祸不单行，又遇上美国网络泡沫破灭和突如其来的沙士冲击，致使楼价下泻不止。在沙士肆虐最严重的时候，楼价比九七年高峰期大跌三分之二，即一个在高峰期以600万元购入的普通住宅，在沙士期间市值只剩下约200万元，十多万个负资产（拥有的房屋市值低于银行按揭贷款）个案由此产生。这批人被戏称为负资产阶级，甚至比马克思笔下的无产阶段还要低一个等级。

与此同时，负面资产效应即刻从天而降：内部消费和投资双双下滑，经济陷入严重衰退，失业率急升三倍以上，通货收缩持续了68个月之久，财政更是连年赤字。更不幸的是，由于许多人丢掉饭碗，涌现出大批个人破产案例，高峰期时每月有数千人到法院排队申请破产；由于一些女生对下嫁给负资产阶级心有不甘，连带许多人婚姻都受到影响。正应了诗人李清照的名句："乍暖还寒时候，最难将息……怎一个愁字了得！"

在香港面对严重困难的时刻，中央政府推出CEPA（大陆与香港为打破贸易壁垒签署的《关于建立更紧密经贸关系的安排》）和自由行，对恢复经济信心至关重要。加上国家入世后进出口大幅攀升，带动香港经济走出谷底，楼价逐渐企稳并进入新一轮上升周期，迄今正好也有13个年头。其中2004—2005年为恢复期，楼价年均上涨超过两成；2006—2009年为稳定期，其间虽受全球金融海啸影响，楼价仍每年上升7%。2010年后随着经济逐步恢复，投资资金加快入市，带动楼价加快攀升，至去年9月到达新顶点，与2009年金融海啸低位相比，楼价劲升近两倍，比九七高峰期还高出77%。政府虽然多次出招调控，楼价仍居高难下，最近半年内地炒楼资金南下，楼市亢奋，风险不断累积，楼价大有冲关破顶之势，逼使政府不得不出台调控政策，抑制楼价。

住宅成为投资品，超出普通人购买力

必须指出，特区政府推出这些政策调控楼市，短期内可以见到一些效果，但始终是仅能治标，不能治本，因为这是香港房屋发展模式固有的内在缺陷，影响既深且远。

这一说法似乎不好理解。在做深入剖白之前，大家不妨先来观察一个全球华人都十分熟悉、且争先为之的现象：在香港，不少朋友想多买一两套住房作为长线投资，当“收租佬”(房东)，靠租房维持生活，希望早早退休“叹世界”(享受生活)。这本来无可厚非，如果楼价涨幅不超过收入升幅，当然不是问题；但如果楼价涨幅长期大大高于工资升幅，就会出现极端不平等现象：收租佬的财富不断膨胀，长期租房者不仅沦为无产阶级，可能还要一辈子为收租佬打工，甚至连为房东打工也不可得。

为了更好地说明问题，笔者发明一个新概念，叫作“安居负担指数”(即楼价涨幅与收入升幅之比)，用于衡量一个社会的购房负担能力和居住条件。当指数小于1时，民众可以买到更大更好的住房，居住水平可以不断提升；相反，当指数大于1时，说明楼价上涨速度快于收入升幅，一般民众只能买到更小更差的住房，甚至干脆就买不起房，居住条件必然下降。前者是欧美常见的正常情况，后者则是香港面对的天大难题。

由此可见，关键的问题不是大家能否买房当房东，而是要看安居负担指数的变动特点和长期走势。而枯燥数字的背后，隐藏着鲜为人知的秘密，那就是房地产发展模式。因为从国际经验看，引领这一指数的核心力量，正好是受政策取向、价值观和利益支配的房地产发展模式。

香港房地产模式刚好是滋生如上所述的不平等现象的温床。经过多年的不断演进，现已成为利益严重分化、牵一发而动全身、单靠市场手段已无法根治的结构性难题，一系列矛盾和问题便由此而生。

具体而言，从供应方式和价值取向看，全球房屋发展模式主要有三种：

一种是欧美的完全市场模式，土地和房屋供应均由市场主导，政府通过税收进行调节，楼价涨幅长期低于收入升幅，带动民众居住条件不断改善。

二是新加坡的政府供应模式，土地供应由政府控制，超过八成房屋由政府提供，政策重心是确保居住需要，投资需求限制在小范围之内。

三是香港的投资 / 投机主导模式，政府主要控制土地供应，房屋供应由市场自由调节，房地产发展重投资价值而轻居住需要。

从客观效果看，欧美模式最佳，新加坡次之，香港模式后遗症最大。

进一步观察可见，香港房屋问题是早年港英政府肆意打破市场和社会之严格界限，在房屋领域全面引入自由市场规则、放任市场炒作、同时由政府控制土地供应以推行高地价政策的结果。它使得住宅这一最重要的民生保障品，变成最受市场欢迎的投资品。表面上看一点问题都没有，实际上并不简单。

从社会层面看，由于楼价升幅长期快于家庭收入，早已抛离绝大多数普通市民、尤其是年青一代的购买能力。权威数字显示，1985—2015 年，香港私人住宅价格猛升逾 16 倍，人均名义 GDP 却增加不到 6 倍，安居负担指数平均高达 1.51，在发达经济体中属最高水平。换句话说，香港上一代人用当时的收入，可以买一个面积 70 平方米的普通住房，这一代人只能买到 25 平方米。目前在香港大量出现 16~25 平方米迷你房，售价依然高达 300 万 ~500 万元，正是安居负担指数不断攀升的真实写照。

1985—2015 年香港私人住宅价格与人均名义 GDP 累计升幅比较

反观美国，情况完全不同。在 1891—1990 年，美国人均实质 GDP 增长四倍，楼价基本上跟通胀走，安居负担指数保持在 0.65 左右，这使得民众人均居住水平也提升四倍。居住条件的不断改善，使房地产成为这一百年间美国内部需求和经济增长的主要引擎，目前美国房地产及相关行业提供的增加值占 GDP 比重高达三成，为制造业的 2.5 倍和金融业的 4 倍，就是其以居住为本的房地产发展模式长期运作的结果。新加坡的居住条件虽不如美国，但比香港要好得多，其安居负担指数应在 1 以下。

我们再来看国际调查机构 Demographia 的研究结果，目前香港楼价中位数为港人每年收入中位数的 19 倍，意即一般打工仔不吃不喝 19 年才勉强买得上一个小单位，比例为全球最高，也创下近11年最高纪录。其结果是绝大多数人的居住条件都难以改善，常常为人诟病：目前港人平均居住面积仅有15平方米，而新加坡却超过30平方米；约120万人受到高租金和恶劣居住环境的煎熬，包括蜗居在面积只有数平方米的劏房（即房中房，香港出租房的一种）、笼屋（即床位寓所）的基层市民和租住私人住宅的中产市民；由于多年来安居负担指数大幅攀升，年青一代更加买不起房子，居住、就业和婚姻都受到影响，部分人对前途失去信心。此外，香港拥有私人自置居屋的比例只有53%左右，近半市民无法分享资产增值的好处，造成社会分化甚至分裂。

高楼价衍生经济问题，势必影响社会稳定

从经济层面看，香港以高楼价为重心的经济结构衍生的问题，早已浮出台面，近年来不断趋于激化，突出表现在经济结构出现三化现象，即泡沫化、空心化和劣质化。具体来看：

其一，经济结构泡沫化是核心问题，具体表现在地产炒作凌驾于正常生产活动之上，地产收益远高于生产收入，资产泡沫游戏成为最受青睐的经济活动；地产泡沫带动通胀急升骤降，成为决定香港经济总量增长的关键因素，如1988—1997年香港名义GDP总量劲升两倍，人均GDP由1万美元猛增至2.7万美元，其中有2/3是由通胀带来的。地产泡沫带动租金急升，使企业经营成本大增，导致经营环境恶化，也阻止外部竞争者进入。经济泡沫化并非香港独有，但持续时间之长、影响范围之广、波动幅度之大，则是举世罕见的。

其二，经济结构空心化始于20世纪80年代香港把工业转移出去，本地则乐于依照“前店后厂”分工模式发展支援服务，没能积极打造品牌和运用科技创新推动转型。由于资本热衷于追逐资产收益以及缺少科技及产业政策，导致在欧美和其他三小龙蓬勃发展的资讯科技等新兴产业，在香港难以立足。高度依赖服务业的结果，是经济结构存在极大脆弱性。

其三，经济结构劣质化是香港经济未能跟随世界潮流转向知识经济的恶

果，一方面表现在传统优势产业未能转型升级，增值能力不断下降，另一方面表现在近些年来发展较快的产业，大多数是低增值产业，如旅游业，无形中降低了整体经济素质。21 世纪以来香港劳动生产率平均每年仅提升 2.5%，远低于八九十年代的水准，就是经济劣质化的综合反映。

经济泡沫化、空心化和劣质化产生了一系列不良后果，除了加剧经济循环波动、拖慢经济增长、带来高通胀以及收入差距扩大和贫困不断蔓延外，还造成就业结构低质化和不稳定。目前香港所谓的全民就业，是建立在高楼价基础上的，一旦楼价出现大调整，全民就业状态就会被打破，反过来会影响经济和社会稳定。

总而言之，此次特区政府重拳调控楼市，朝着正确道路迈出了重要一步。但从根本上看，要解决香港早已固化的房地产滞胀模式，需要有一整套以提升房地产生产效率为中心、以改善居住条件为目标、同时又能促进经济增长和财富公平分配的长远房屋发展策略，关键是要在保护居住权上狠下功夫，使香港真正成为一个市民安居乐业和体现公平正义的好地方。

撰文：王春新

02

又是深圳！

导语：2018 年 6 月，自然资源部相关人士透露，全国统一的不动产登记信息管理基础平台已实现全国联网，这将是我国建立房地产长效机制的重要基础。

事实上，自 2016 年 9 月起，国内热点城市就相继开启调控按钮，对市场采取限购、限售、限贷、限签等多重措施。时至今日，这轮波及全国范围的调控仍未见停，部分城市仍在不断加码。

但最近一段时间，部分城市房地产市场又出现过热苗头，投机炒作有所抬头，风险不容忽视。

据媒体报道，在成都，7 万人排队抢 1000 套商品房，一手房出现房荒；在西安，以人为操作摇号结果方式违规销售 106 套商品房，涉事区长已辞职，35 名公职人员受到处分；在杭州，某楼盘摇号，由于与周边二手房存在巨额剪刀差，吸引过万人通过审核参与抢房大战……

住建部多次重申坚持房地产调控目标不动摇、力度不放松，并约谈西安、成都、海口等 12 个城市，强调坚持调控力度不放松，同时要求各地有针对性地增加有效供给，抓紧调整土地和住房供应结构。

在“因城施策、持续调控”的政策基调下，一些地方的楼市反而“病情加重”，问题究竟出在了哪里？房地产调控该如何走出困境？楼市的“病”，能够根治吗?

一、二手房房价“倒挂”引发躁动，限价令有用吗?

2018年的楼市躁动缘于一道简单的算术题，这道题无需你成为金融专业人士，“吃瓜群众”照样看得一清二楚。

2018年5月下旬，杭州某楼盘开始摇号，预售证均价不到每平方米1.9万元，而周边二手房的价格已经在每平方米2.7万~2.8万元。如此巨额的价格剪刀差，吸引接近1.2万人通过审核参与抢房大战。

这样的算术题，在杭州，从奥体核心区、江湾城再到余杭新城，屡见不鲜；在全国，从西安、南京、无锡到惠州，亦殊城同道。

这种状况由何而来?

有媒体认为，原因在于这些城市对新房的限价令，这使得市场上一、二手房房价倒挂，从而诱发了人们的投资热情，形成了某种“套利”。

尽管住建部一再强调中央对房地产市场“房住不炒”的定位，但一些地方的调控措施显然与这个治理目标之间出现了不一致，从而使得其具体举措的“毒副作用”愈加凸显。

一方面，限价令形成了事实上的房价“双轨”：新房由政府限价，二手房却是市场价。这既是对“买新房必赚”这种不合理的投资心态的变相鼓励，由此所造的“套利”，也扭曲了供求关系。

另一方面，限价与限贷同时出现的副作用也很明显。限价令的本意赢在于稳定房价，但这一政策使开发商的利润降低，他们转而以快速回款保现金流；而限贷却客观上提高了购房成本和资金量，因此而来的高首付甚至全款购房，使得能调动大量资金的人获得先机，对真正的刚需者造成事实上的歧视和挤压。

这些现象的深层次原因在于，面对中央的楼市调控要求，出于各种原因，一些地方开始试图博弈。此前楼市调控的钟摆式、运动式、治标不治本的弊病仍没有完全消除。

强炒的高房价不持久！楼市调控进入多目标管理阶段

“强行”炒出的高房价，往往不能持久。

中国房地产和城市成长之间，有一个“补课”原理。即住宅开发先行，城市配套一般后补。在项目之初，开发商难免借重概念抬高住房价格，但房价只能托一时不能托一世，如果该城市没有支撑房价的长期、实质利好，那房价会被打回原形。

也就是说，这“课”有补得上的，也有补不上的。

事实上，绝大多数中国城市，要么房价多年不涨，如将通胀因素考虑在内，还可能是下跌的；要么是试图炒作上涨，但最终不成功；还有炒作之后，先是不成功被打回原形，后来又有了实质支撑，又成功补涨者，如北京的通州，当然最典型的例子是郑州的郑东新区。

从开发商角度看，支持他们到二三线城市“炒房”的理念，或是认为其他城市都可以复制在一线城市的成功经验，或是认为一线城市房价太高，风险太大，于是下沉到全国其他城市。

但正如以上所梳理的状况，他们的行为总体上是失败的。失败的案例分两种，一是在重庆和苏州的“温水煮青蛙”式的失败，这也是大多数开发商的结局；二是温州和鄂尔多斯式的“崩塌式失败”。

以我的家乡，一个三线半的东北工业老城为例。大约10年前，现今全国排名前三的房企就已进入当地楼市，他们当初认为房价也是会和一线城市一样必然快速增长，所以开盘就奔每平方米六七千元。但结局怎么样呢？事实证明他们只是一厢情愿，后来不得不实质性降价。直到10年后的今天，房价才勉强达到他们当年的期望值。

有着如此惨痛的教训，开发商们今天为何仍然乐此不疲呢？

这是因为如今的情况有了新变化。一方面，一线城市受到了严厉的调控，使得购房人的目标区域下移。另一方面，部分禀赋优异的二三线城市，其本身价值确实有了长足进步，能撑得住每平方米数万元的房价。

但高房价的实际效应，却很难做到“正确”；部分开发商、“炒房团”强行推动房价过快增长的现象，都让人难以接受。

这就给楼市调控出了更大的难题，调控也进入了多目标管理阶段：楼市不能大涨，亦不能大跌；银行和大型企业需要去杠杆，但整体又不能出系统性金融风险。这不仅是经济目标的管理，也是社会情绪的管理。

因城施策的差异化调控更要提防各类乱象

各地楼市调控已然很难，未来会怎样？

首先，限价令继续使用的空间逼仄。但政策目标就在于控制房价，如何调整才能达到预期目标，这是个问题。

其次，聚焦视线的房地产税，也应当通盘考量。房地产市场长效机制中，房地产税依法征收的时机是否合适，这也是一个需要深思熟虑的问题。

再次，楼市调控政策的“监管从严”是主基调，不会轻易改变。但目前局部性的稳定价格、限制流动性的做法，似乎更应该是局部性而不是全局性的。这种政策可不可能全部铺开，如果铺开，会不会造成全国性的流动枯竭和交易萎缩，从而引发整个市场塌方，都需要我们慎重思考。

中国各地发展不平衡的现状决定了房价不大可能按年份平均上涨，也不大可能在所有区域同时上涨。所以楼市管理和调控措施也是一种结构性管理、流动性管理和总量管理。以前像时钟钟摆，几年松，几年紧；现在像空间钟摆，东边日出，西边雨。

正因如此，才有了现在的因城施策的差异化调控，相当于将住房购买力在全国再分配。

目前的状态是：一线城市严控，三、四、五线级城市加杠杆去库存，二线城市则介乎两者之间，从而达到某种均衡。但近期出现了变味的摇号抢房乱象，上述均衡会不会被打破，这里的风险需要防范。

此外，保障房和租赁市场能否形成对拥有产权住房的替代同样值得关注。

各地楼市调控已进行数年，但看上去市场交易热点只是转移，并未消失。一线城市房价虽企稳，二三线城市房价却有上涨趋势，因此2018年调控的主基调是不会改变的。

虽然，当前的一些外部因素特别是贸易战阴影，给调控带来了很大的不确定性。但无论如何，目前房价调整的空间变小，起码在一线城市，房价已脱离普通人群的承受值，再升高会触碰到社会情绪的“红线”。

因此，当下楼市调控，的确面临不少待解、难解之局。破解这些局面，主管部门和地方官员显然需要发挥更高超的智慧，运用更丰富的手段，而不仅仅是限价和约谈。

可以说，中国楼市调控的深度困局，在于主动调控经常演化为被动调控，宏观和中观调控被迫成为微观调控；调控的非市场化手段日盛，而长效机制的出台任重道远。

长效管理的积极探索和尝试：深圳新政

眼下，一个市场风向标正在树立，那就是深圳。

2018年6月5日，深圳公布《关于深化住房制度改革加快建立多主体供给多渠道保障租购并举的住房供应与保障体系的意见（征求意见稿）》（以下简称《意见》），明确了到2035年的住房发展目标。根据文件透露的信息，今后深圳的住房供应体系中，人才房、安居房、公租房比重将大大增加，占新增住房供应总量的60%左右。

而就在深圳公布《意见》的同一天，天津、湖北、徐州等地也更新了楼市调控政策。其中天津要求坚决打击房地产开发企业和中介机构扰乱市场秩序的违法违规行为；湖北倡导以公证摇号方式进行公开销售，并提高住房用地比例；徐州则针对各类商品房进行两年到六年不得出售的限制。

可以说，当国内多地还在如何限购、限售等调控政策上做文章时，深圳的

《意见》已在探索如何进一步建立房地产长效机制。

《意见》最受人关注的便是住房供应体系变化。由于各类非商品属性住宅的供应量加大，深圳也会形成“商品住房 + 政策性支持住房 + 公共租赁住房”三大住房来源。

今后，商品住房将只占到深圳住房供应的 40% 左右，价格继续受宏观调控的限制。

政策性支持住房包含人才住房和安居型商品房，两者合计占住房供应的 40%，租售价格分别为市场价格的 60% 和 50%。

房屋可租可售。公共租赁住房将占住房供应的 20% 左右，以小户型为主，房屋只租不售，租金为市场价 30% 左右，部分受照顾人员可以享受市场租金 10% 的租房优惠。

具体在住房供应量方面，《意见》也给出了诚意——

到 2035 年，新增建设筹集各类住房共 170 万套，其中人才住房、安居型商品房和公共租赁住房总量不少于 100 万套。近期（2018 年至 2020 年）深圳将首先建设筹集各类住房 42 万套，其中人才住房、安居型商品房和公共租赁住房不少于 25 万套。

“未来 17 年，年均新增建设各类住房 10 万套，远高于过去 5 年年均 5.1 万套的新建商品住房供应水平，但是商品住房计划年均供应 4 万套，低于过去 5 年年均 4.4 万套的成交水平”，有分析师表示，这一高一低，意味着今后商品房的供应不足可通过大幅增加保障型住房供应来弥补，从而稳定供求关系，抑制房价持续上涨的冲动。

加快建立长效机制，并以 20 年为周期去规划住房制度安排，深圳这一做法值得肯定。既将“多主体供给，多渠道保障，租售并举”的口号落到实处，又给出了政府安居商品房转正和退出机制，并向引进人才倾斜，而且还设置了当地居民享受保障房的财产标准。可以说，在各方面均有较大突破。

如果《征求意见稿》能在深圳推进成功，也完全可以在各城市推而广之。

撰文：张文豪　中房智库顾问、原《新地产》杂志主编

03

坑完欧洲坑美国，现在又盯上了中国，这些无良大中介有多不靠谱？

导语：2017 年 9 月 21 日，标准普尔（以下简称为“标普”）公司将中国的主权信用评级从 AA- 下调到 A+，展望从负面调整至稳定。中国财政部作出回应：“这是一个错误的决定”。9 月 25 日，标普又称，要下调 21 家中国央企的信用评级。财政部为什么说这是一个错误？因为标普一直有点不太靠谱。不靠谱的不只是标普，世界三大评级机构穆迪、标普、惠誉国际的“黑历史”其实很悠久。

有权有钱就变坏

信用评级公司，说白了，就是金融领域的中介公司。

A 想借钱，B 想投资，可他俩相互并不认识，这时候，评级机构跳出来，查清 A 的家底，估量出他的还款能力，再把 A 介绍给 B。之后，如愿借到钱的 A 会付给“中介”服务费，信用评级机构就是靠“中介费”吃饭的。

而债券市场上就形成了“想借钱，先评级”的惯例。企业也好、国家也罢，都很仰仗评级机构——只要获得优质评级，就可以轻轻松松地借到钱；反之，被降级意味着很难找到投资，将面临重大的财政困难。

因此，在一定程度上，可以说，世界三大评级机构掌握着企业的“生杀大权”，在债券市场上可以呼风唤雨。

然而，面对高额利益诱惑，评级机构没能坚守住节操，他们变“坏”了。

惯用伎俩之一：通过恶意差评进行讹诈。

2003年，穆迪曾主动找到德国的汉诺威保险公司，要为这家公司评级。没成想，热脸贴了冷屁股，被拒绝了。此后，穆迪连续几次给汉诺威较低评级．这汉诺威也够耿直，除了拒绝啥都不说。2004年，穆迪恼羞成怒，把汉诺威评成了“垃圾级”。

穆迪很生气，后果很严重。众多投资者纷纷抛售汉诺威的债券，股票价格也被拉低。走投无路的汉诺威再也耿直不下去了，不得不低头，成了穆迪的客户。

惯用伎俩之二：配合投资大佬“表演”，拿出场费。

评级机构的股东当中，有一些投资大佬。大佬要卖掉一家公司，评级机构就提前给这家公司好评，用来拉升公司股价，这样，大佬就能把公司卖个超高的价格。同理，若大佬想要买进一家公司，这些“中介”就会给差评来压低价格。

1997年，穆迪突袭日本“山一证券”，大幅降低其评级，导致这家当时日本最大的证券公司股价暴跌，最终破产。不久，美国的美林证券高调收购“山一”，用极低的成本打入日本证券市场。

所谓的职业操守，在巨额利润面前，早就被这些评级公司丢到地球之外了。

然而，上述提到的讹诈与配合演出，还都只是小打小闹，相比之后的“大手笔”，真不算什么。

坑出美国，坑向世界

2000年以来，美国开始大规模发行次级抵押债券，面向的是信用程度较低和收入不高的借款人，这些人的还款能力很差，多数是些失业断粮的主，因此投资这种债券风险极大。

然而，各评级机构却罔顾事实，给予此类债券最高信用评级。

原因很简单：一方面，评级机构能从这种“大放水”中获得巨额回报；另一方面，同行的激烈竞争也助推了这种趋势——哪家机构给的评级高，客户就会流向哪里。

恶果很快显现出来了。

2006年下半年，市场上就开始有大批负债人违约。按道理说，负债人不还钱了，这种债券就没什么价值了，投资人就会马上抛售。但是，这些中介给出的高评级，让投资人盲目乐观、忽视了风险。到这个时候，次级债券的交易还在热火朝天地进行着。

直到2007年春季，各大评级机构才降低了新发行的次级债券的评级。然而，为时已晚。这些大中介为了挽回颜面，纷纷再次调低次级债券评级：

仅在7月10日一天，穆迪就调低了超过400种此类债券的评级，标普将612种债券列为观望状态，并在随后两天内调低了大部分债券的评级。

这种不负责任的行为加重了市场恐慌，成了次贷危机的直接导火线。不久，次贷危机爆发。

在这场危机中，大中介们赚得锅满瓢满。被坑得最惨的是美国老百姓，多年积攒的退休金一夜之间打了水漂。2009年，美国俄亥俄州政府起诉了美国三大评级机构，称他们提供虚假的投资评估导致投资人损失惨重。

面对铺天盖地的口诛笔伐，这些有权有钱的中介大佬们依然没消停。

2011年8月美国大选前夕，标普将美国主权信用评级下调到AA+，评级展望调整为负面，理由是：新财政计划不能稳定政府中期债务。

这是在暗中指责政府与国会治国无能。无良中介忽然忧国忧民了？非也。

要知道，此前美国国会通过新的议案，意在改革金融市场监管，要求银行减少对评级机构的依赖。此举将大大削弱评级机构的重要性。

标普此时给美国降级，着实脱不了报复国会的嫌疑。

不过，胳膊终究拧不过大腿。美国证监会随即启动调查，不久，标普就屈服了，恢复了美国的 AAA 主权信用评级。

落井下石，催生“欧猪国家”

那边还没坑完美国，这边又开始祸害欧洲。

次贷危机之后，全球陷入金融大恐慌。2008 年，穆迪率先下调冰岛主权信用评级。不久，三大评级机构同时下调希腊主权信用评级。

此时下调评级，主要是为了挽回大中介在美国次贷危机时丢掉的面子。不过，此举却让欧盟付出了惨重代价——欧洲债务危机正式爆发。

在欧盟的经济法规中，信用评级非常重要。国家或企业一旦被降级，其债券会被要求强制抛售，政府对此也无能为力。被差评的国家，很难再借到钱，甚至还会被“驱逐”出国际融资市场。

所谓“墙倒众人推”，此后，欧元区成员国主权信用等级被连番下调，连境况较好的德国、荷兰和卢森堡也未能幸免。

这给正在采取措施治理财政问题的欧盟添了不少堵。

这时候，还出现了一个新词“欧猪国家”，特指遭遇重创的希腊、葡萄牙、意大利、爱尔兰、西班牙，这五国经济陷入停滞，青年人失业率高达 50% 以上，罢工游行频发。

对于危机，欧盟国家难辞其咎，但大中介们的一致行动，无疑是雪上加霜。

早就瞄准中国

这些无良大中介坑出美国、坑向世界，这样的“好事”怎么会忘了中国？

实际上，多年以来，他们对中国一直是恶意满满。

2003 年，标普对中国主权信用评级为 BBB 级，还将中国 11 家商业银行信用评为“垃圾级”。

彼时，中国经济一路腾飞，成就举世瞩目，银行业更是进入了黄金时代，成了无数年轻人的梦想求职地，“垃圾”从何而来?

其实，标普一直在对中国商业银行评级，但从未公开。为什么选在2003年公开？当时，中国商业银行正在积极谋求海外上市，或者寻找战略投资者。降低中国的信用级别，大大提高了这些商业银行的融资难度——银行拿不到钱，股价就会下跌。

配合投资大佬的戏码再次上演。他们通过这种伎俩，压低中国银行股价，再大量低价买进。随后，这些人就坐等股价自然回升，或者暗中操作、操纵评级以提高手中持有的股票价格，从而获取巨额收益。

在对“中概股”的围猎中，也不乏这些大中介的阴影。他们将“枪口”对准一些中国赴美上市企业。大佬们先从股东手中借到股票，高价卖出；之后，评级机构登场发布差评，致使该公司股价大跌；大佬们再用一小部分钱买回等量价值“缩水”的股票还给股东。这样，一来一回通过“做空”手法，他们就赚取了巨大的差价。

新东方、360等企业，都曾遭遇这样的“围猎”。

眼下，标普在21日下调了中国的主权信用评级，25日又要下调21家央企的信用评级，“司马昭之心”，大家都看出来了。

这次，标普错得很离谱

针对此次降级，中国财政部回应：标普调降中国主权信用评级是一个错误的决定。

标普此次降级的主要依据是中国信贷增速快，危及金融体系的稳定性。

在这里，标普犯了一个专业错误：将融资平台债务全部计入政府债务，二者在法律上的范围是不同的。

举个可能不那么恰当的例子，这就像王小二有2000万的净资产，可是中介发现，他表哥的大爷的亲外甥女的邻居有负债1个亿，因此就把王小二的家底算成了负债 8000 万。

而且，标普的结论也是自相矛盾的：一方面，看好中国经济的长期发展，将展望维持在稳定；另一方面又觉得债务危机近在眼前，要下调信用评级。

很多学者早就提出，评级机构当前所采用的分析模型已落后于各国经济发展的现实情况。加之，中国经济的发展道路和政策规范均与西方不同，这些评级机构的所谓“专家”，谈不上很了解中国国情，所以无法准确评估中国经济形势。

首先，信贷增长是经济增长的表现，并未对金融体系的稳定性造成威胁。

经济向好，民众才会去贷款消费，企业才会去贷款投资，这样，信贷才会增长。并且近年来，中国政府始终实行稳健的货币政策，不搞“大水漫灌”式的强刺激，发展十分平稳。随着供给侧改革的深入推进，中国经济的内生增长动力加强，我们完全有能力在保增长的同时，保持信贷合理增长。

其次，跟西方国家相比，中国是一个高储蓄率国家。人们都爱把钱存在银行，企业也大多通过银行贷款进行融资，而不是像西方国家企业那样依赖债券市场、股票市场，几乎不会出现西方那种金融衍生品泛滥的现象，只要我们审慎放贷、强化监管，完全可以保持中国金融体系的稳健发展。

说到底，标普不仅错了，还错得有点离谱。

“拿着自己的鞋量别人的脚”，还嫌弃别人的脚长得“不规范”，说的就是这些不太靠谱的“标普们”。

撰文：李雪

04

如何衡量我国真实的外债风险？

摘要：各国经济危机的深层次原因，均是国内经济发展乏力、经济结构不合理、对债务过度依赖、外债资金使用效率低等多项因素，因而防范外债风险势在必行。

纵观2001年以来我国外债余额变动、结构变化及潜在风险，以及深入分析全球主要发达经济体与发展中经济体的外债情况，可得知我国外债风险目前处于总体可控的状况。未来，需构建和完善宏观审慎管理框架下的外债和跨境资本流动管理体系，加强财政政策、货币政策等政策协调配合，共同促进经济健康持续发展。

近15年来外债规模快速上升

2001年以来，我国外债规模快速上升。

自2001年我国加入WTO之后，伴随着涉外经济的快速发展，我国外债规模（不包括香港特区、澳门特区和台湾地区对外负债，下同）从2001年的2033亿美元快速增至2015年末的14162亿美元，年均增长率超过14.8%，大大高于同期国内生产总值的年均增长率。直到 2015 年以来，受国际金融市场波动、国内经济下行等影响，外债规模略有下降，2016 年一季度末全口径外债余额为 13645 亿美元。

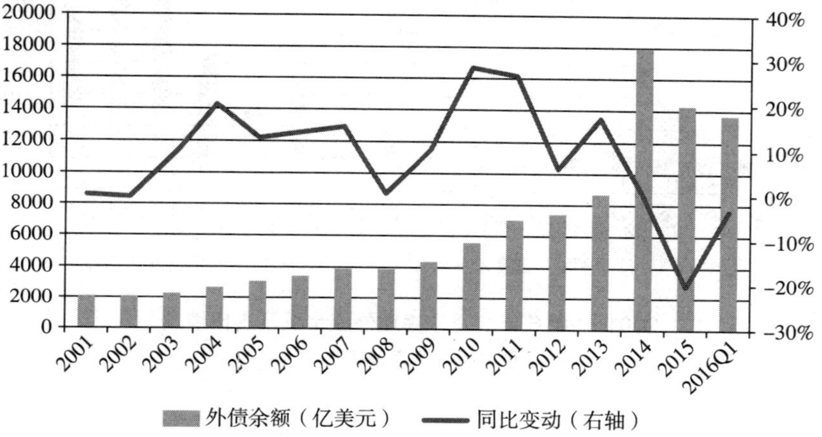

2001—2016 年一季度末我国外债余额变动及增长情况
（数据来源：国家外汇管理局）

进出口贸易快速发展带动短期外债迅速增长。近年来，短期外债增长较中长期外债增长更为迅猛，是推动外债总规模扩大的主要原因。

2015 年末，我国短期外债余额达 9206 亿美元，较 2001 年末增长了近 10 倍，年均增长率超过 18.6%，高出同期中长期外债年均增长率 8 个百分点。目前，我国短期外债主要由与贸易有关的信贷（包括贸易信贷与预付款、银行为进出口企业提供的贸易融资等）、非居民（机构和个人）存款、境外短期商业贷款等构成。从其构成看，与贸易有关的信贷占短期外债的比重较高（如 2012 年 3 月末该占比超过 75%），其变动占短期外债余额变动的平均比值超过 50%（2009 年更是高达 97%）。

与贸易有关的信贷之所以快速增长，主要是由于我国对外贸易增长迅猛：我国进出口贸易总额从 2001 年的 5097 亿美元持续增长至 2014 年的 4.3 万亿美元，年均增长率超过 17.8%。2015 年，随着我国进出口贸易总额回落至 3.96 万亿美元，短期外债余额才相应下降。

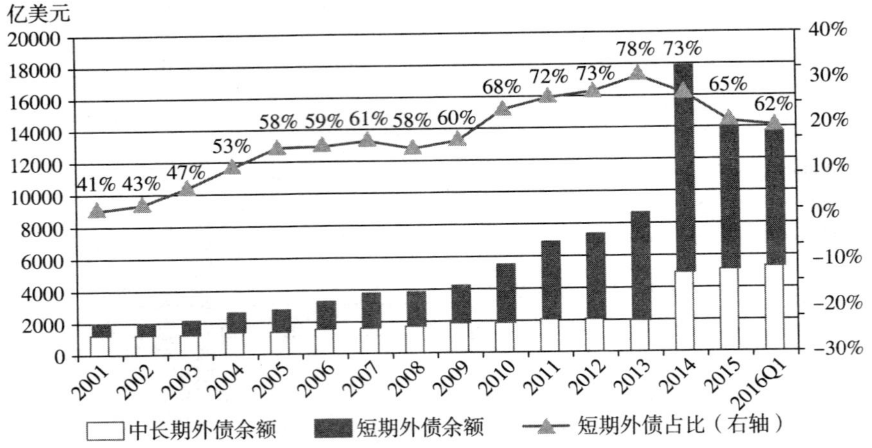

2001—2016 年 3 月末短期外债余额及占比情况

（数据来源：国家外汇管理局）

外债期限结构优化，去杠杆进程逐步放缓

近年来，我国外债总体情况逐步改善，其期限结构、数据透明度、去杠杆进程等均有所优化，促使外债规模逐渐趋稳。

首先，外债期限结构有所优化。2001—2013 年，随着短期外债的快速增长，短期外债占比（即短期外债余额占外债余额的比重）快速上升，由 2001 年的 41% 上升到 2013 年的 78%，上升 37 个百分点。此后，随着短期外债增速放缓甚至下降，其占比逐步回落至 2016 年 3 月末的 62%，较峰值下降了 16 个百分点。同时，中长期外债占比则由 2013 年末的 22% 上升至 2016 年 3 月末的 38%，外债的期限结构明显改善。

需要说明的是，虽然短期外债占比略高，但由于其中近五成是与贸易有关的信贷，一般均以真实的商品交易为基础，对外支付多以货物贸易为背景，大部分并没有实际的资金借入，且基本上没有利息支付，因而相应的外债偿付风险不大。

其次，将本币外债纳入统计，提高了我国外债数据透明度。

2009年以来，随着跨境人民币业务的迅猛发展，人民币外债规模不断扩大。为更加全面、准确地反映外债总体规模，国家外汇管理局自2015年起按照IMF数据公布特殊标准（SDDS）对我国外债进行分类和统计，并按季对外公布我国全口径外债数据，实现了与最新国际标准的接轨，提高了我国外债数据的透明度和国际可比性。

具体来看，将本币外债纳入外债统计，仅是外债统计范围和方法上的调整，不会增加实际的对外债务偿付金额，因而不会引起偿还责任的变化。截至2016年3月末，人民币外债余额为6053亿美元，占44%。这部分外债为本币外债，不存在货币错配风险和汇率风险，将来对外偿还时不需要支付外汇，不直接消耗外汇储备，因此风险不大。

其三，外债去杠杆进程逐步放缓。2015年以来，受美联储加息、国内经济下行等多因素影响，境内机构开始对外债去杠杆，外债规模逐步下降。

从流量看，2015年我国外债项下流入资金（即借用外债资金）12238亿美元、流出资金（即偿还外债本息）15850亿美元，净流出资金3612亿美元；相比之下，2014年我国外债项下流入资金23533亿美元、流出资金16960亿美元，净流入资金6570亿美元。

从存量看，2015年1至4季度，我国全口径外债余额分别为16732亿美元、16801亿美元、15298亿美元和14162亿美元，总体上呈现逐步下降态势。2016年3月末，我国全口径外债余额继续下探至13645亿美元，较2015年末减少517亿美元，降幅3.6%，较2015年第四季度降幅低3.8个百分点。随着我国经济结构调整的不断深入，目前部分企业已接近完成债务去杠杆化进程，“直接投资：公司间贷款”（以下简称公司间贷款）等外债余额开始止跌回升：2016年3月末，公司间贷款余额较2015年末增长149亿美元，增幅为7%，扭转了2015年以来的下降态势。

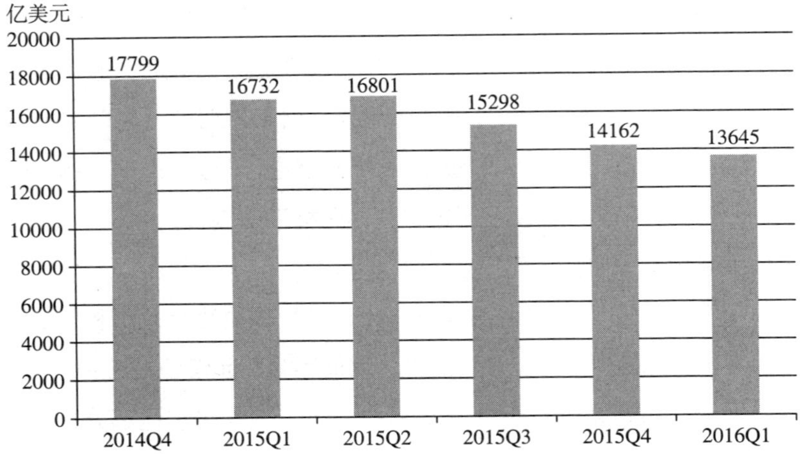

2014 年末以来全口径外债余额变化情况
（数据来源：国家外汇管理局）

其四，跨境融资便利化政策落地，将推动外债规模趋稳。根据《中国人民银行关于在全国范围内实施全口径跨境融资宏观审慎管理的通知》（银发〔2016〕132 号），自 2016 年 5 月 3 日起，将本外币一体化的全口径跨境融资宏观审慎管理试点扩大至全国范围内的金融机构和企业。对金融机构和企业，中国人民银行和国家外汇管理局不实行外债事前审批，而是由金融机构和企业在与其资本或净资产挂钩的跨境融资上限内，自主开展本外币跨境融资。未来，随着上述跨境融资便利化政策的正式落地实施，我国外债规模将进一步趋于平稳。

审视全球各国外债安全线

外债作为一种资源，适度利用有助于一国经济发展，但如果过度依赖和不合理使用则可能产生债务风险。

国际上通常采用一些流量指标和存量指标来衡量经济体与外债有关的潜在风险。其中，流量指标主要用于衡量经济体的偿付能力，包括负债率、债务率、偿债率等；存量指标主要用于衡量经济体是否有能力获得足够的流动资产以履行其短期偿付义务或是否面临流动性问题，主要包括短期外债余额与外债总余额之比、短期外债余额与外汇储备之比等指标。

其中，负债率反映经济体外债规模与其经济实力之间的关系，目前国际上比较公认且相对保守的安全线为20%；债务率则衡量外债可持续性，通常出口能力越强，外债清偿能力越大，国际公认安全线为100%；偿债率则是综合反映偿付能力和流动性的混合指标，国际安全线为20%。而短期外债与外汇储备之比这一指标，反映当经济体偿还外债的其他支付手段不足时，可动用外汇储备资产来偿还外债特别是短期外债的能力，国际安全线为100%

由此分析，可得出我国外债风险的国际水平。

从外债存量规模看，世界银行的季度外债统计数据显示，美国、英国、法国、德国和荷兰的外债规模，位列向世界银行报送外债数据的75个经济体的前5位，其2015年末外债余额最高的美国和英国分别为177104亿美元和82539亿美元。外债规模位列发展中国家前列的分别为中国、巴西、俄罗斯和墨西哥，其2015年末外债余额分别为14162亿美元、6650亿美元、5158亿美元和4181亿美元。总体上，发达国家外债远高于发展中国家，其中美国又远超世界其他国家，体现了各国利用外债资源及经济发展水平的差距。

从外债风险指标看，中国、巴西、俄罗斯和墨西哥等发展中国家的负债率等大部分指标在公认的安全线以内，而美国、英国和德国等发达国家各项安全指标高于公认安全线，但却未发生债务危机，表明发达国家的外债抗风险能力较高。

一方面，发达国家货币是主要的国际结算和储备资产货币，其本币外债占比较高（如美国本币外债占比高达94%），外债偿还受汇率波动影响小，还可通过发行货币的方式来偿还债务；另一方面，发达国家生产力和经济发展水平及前景相对较好，金融市场相对发达，通过发债等在国际市场上筹借资金的能力较强。

部分发达国家与发展中国家2015年末外债风险指标

金额单位：亿美元

	外债总额	短期外债余额	负债率	债务率	短期外债与外汇（国际）储备之比
美国	177104	52121	99%	783%	135.9%
英国	82539	53010	290%	1057%	4092%
法国	49798	18505	206%	685%	1458%
德国	49195	16529	147%	313%	952%
荷兰	40231	8527	535%	646%	2229%
中国	14162	9206	13%	58%	28%
巴西	6651	511	37%	288%	14%
俄罗斯	5158	420	39%	132%	11%
墨西哥	4181	698	37%	103%	39%

数据来源：世界银行季度外债数据统计库（QEDS）；国际货币基金组织《国际金融统计》（IFS）。

我国外债风险总体可控

纵观20世纪80年代拉美债务危机、90年代亚洲金融危机以及本世纪的欧洲主权债务危机，其外部表现为负债规模超出了其清偿能力，到期无力偿还债务，但深层次原因都是国内经济发展乏力、经济结构不合理、对债务过度依赖、外债资金使用效率低等多项因素的综合作用。

因此，为有效防范外债风险，客观上要求财政政策、货币政策等政策加强协调配合，共同促进经济健康持续发展。

从我国情况看，随着近年来改革开放的不断深化，我国国民经济总体上呈现持续快速增长，对外经济蓬勃发展，外汇储备增长较快。虽然2015年以来面临国内经济下行、经济结构调整等困难，但经济增长速度仍居世界前列。

在此背景下，尽管我国外债规模在持续扩大，从1985年的158亿美元上升至2016年3月末的13645亿美元，但主要外债风险指标一直处于低位。例如，

2015年末，我国负债率为13%，债务率为58%，偿债率为5%，短期外债和外汇储备之比为28%，均在公认的安全线以内，也优于发达国家和经济规模较大的发展中国家相关外债风险指标，因此，总体上看，我国外债风险可控。

下一步，外汇局将继续积极构建和完善宏观审慎管理框架下的外债和跨境资本流动管理体系，密切关注外债总体规模及结构变化等情况，加强事中事后监测分析，有效防范外债期限和币种错配等风险，并以此防范异常跨境资金流动风险，维护国家经济金融安全。

撰文：郭松　国家外汇管理局资本项目管理司司长

05

中国100万亿的大变局，炒房者真的很难有戏了！

导语： 经国务院同意，中国人民银行、中国银行保险监督管理委员会、中国证券监督管理委员会、国家外汇管理局于2018年4月底联合印发《关于规范金融机构资产管理业务的指导意见》。

资管资金规模大，涉及方方面面的利益。若运行不规范、流向不合理，可能给中国经济带来巨大的危害和风险。

而为了避免今后企业和居民为当下的高杠杆“买单”，就必须加强对资管业务的管理，要充分利用好一年半的过渡期，给资管业务这匹“野马”套上“缰绳”。

对大众而言，资管业务已进入到“自负盈亏”的轨道，普通投资者千万不要再去瞎买理财产品了。记住：5%以上的固定收益类产品，每增加一个点都是对于风险的补偿，收益越高风险也就越大。

资管新规是一部大戏，这部戏要演好，政府、银行、资管机构、普通百姓，每个环节都要予以高度重视。

资管新规“新”在哪儿?

从2017年11月17日公开征求意见开始，资管新规就引起了无数人的密切关注。在短短的几个月时间中，有关部门收到了来自市场的近2000条建议。

资产管理业务，是指获得监管机构批准的公募基金子公司、证券公司、保险公司、银行等，向特定客户募集资金或者接受特定客户财产委托担任资产管理人，为资产委托人的利益，运用委托财产进行投资的一种行为。在这个过程中，资管业务承办单位可以依据需要，形成标准化的金融产品，也称“资管产品”。

目前，市场上常见的资管业务主要包括：基金子公司资管、券商资管、保险资管、银行资管以及信托资管等。

在业务形式上，资管业务主要分为三类：

为单一客户办理定向资产管理业务，譬如证券公司的融资融券业务；

为多个客户办理集合资产管理业务，主要是证券公司通过集合散户资金投向指定的金融产品，如股票型基金等；

为客户办理特定目的的专项资产管理业务，就是为大资金客户提供的一种提升服务。

不管是哪类服务，资管人都要想方设法开发好产品，给客户带来更大的利益。

目前，我国资管业务规模十分庞大，号称“百万亿”级。它的构成大致如下：

22万多亿银的行表外理财产品；

约22万亿的信托余额；

近12万亿的公募基金；

11万多亿的私募基金；

近17万亿的券商资管计划；

约 14 万亿的基金及其子公司资管计划；

2 万多亿的保险资管计划。

值得一提的是，闹得沸沸扬扬的宝能收购万科的资管计划就是这种保险资管业务。很多保险机构到国外收购资产所用的资管计划，也都属于最后这类。

那么，资管新规如此引人关注，到底“新”在哪呢？

● **打破了刚性兑付**

什么是刚性兑付？对投资者来讲，就是至少要把本金拿回来；对出售产品方来说，承诺保本保收益。

新规提出打破刚性兑付就是要突出不保本保收益。再出现承诺保本保收益者，就是违规；具体到某个项目，就是“借新还旧”。对此，投资者要擦亮眼睛。

● **过渡期延长至 2020 年底**

这一新老划断的做法，等于给了那些滚动续期、类似借新还旧的产品划上一条“死亡线”。

给这么长时间的过渡期，也是为了给予金融机构充足的调整和转型时间，让这些产品自我“排雷”。

● **严禁资金池**

新规要求金融机构对于资管项目单独管理、单独建账、单独核算，即使是银行也不能跟其他项目混为一谈，且封闭式项目最短不得低于 90 天，这样的理财产品将消失。

再发现这样的产品，投资者就得注意了，要看是否有诈。

● **抬高了私募基金合格投资者门槛**

投资者需要具有 2 年以上投资经历，并且，需要满足以下条件之一：

家庭金融净资产不低于 300 万元；

家庭金融资产不低于 500 万元；

近 3 年本人年均收入不低于 40 万元。

● **投资资金流向更加清晰**

无论从募资方式还是资金投向上划分产品，投资资金流向都会非常清晰。

购买理财产品时，银行要明示产品类型、杠杆水平、收益分配等。如此一来，投资者购买理财产品等就能知道资金的去向了。

为什么把资管看得这么重？

一方面，资管对金融市场规范发展意义重大。

一直以来，刚性兑付抬高无风险收益率水平，扭曲市场资金价格，不仅影响了实体经济融资成本，还导致一些投资者冒险投机。

在刚性兑付之下，资管业务偏离本质，市场难以真正发展和成熟。因此，打破刚性兑付已经成为社会共识。

资管新规从 4 个方面对打破刚性兑付要求作出了安排：

资管产品要以净值化管理模式替代之前的预期收益率模式，及时反映基础资产的收益和风险；

提出刚性兑付认定标准（出现 4 种情形可认定为刚性兑付）；

明确刚性兑付行为的惩处标准，对存款类金融机构和非存款类金融机构采取针对性的惩处措施；

强化外部审计机构的审计责任和报告要求，并鼓励对刚性兑付行为投诉举报。

这些有助于从根本上解决投资者不清楚自身承担风险大小等问题，推动资管产品和服务加快转型，引导资管业务回归“受人之托、代人理财”本质。

另一方面，资管与资金流向关系十分密切。

如果资金流向正常，我们就不需要如此大刀阔斧地进行改革了。

问题的关键就在于，这些年的资管业务有点“变味”了——资金的流向既不正常，也不规范。

楼市是最主要的病症之一，也是看得见、摸得着的病症，懂不懂医学，都知道这是病症。

在国家加大力度进行楼市调控、监管机构明确规定不能再将资金投向楼市的情况下，投入楼市的资金规模不降反升。

开发商虽然年年喊资金紧张，但是事实是年年“不差钱”，以至于“地王”不断涌现，纪录不断被刷新。

据媒体报道，数据显示，截至2017年第三季度，A股136家上市房企负债合计超过6.04万亿元，同比增加14038亿元，同比增长幅度达23.21%。

这些钱是哪儿来的?

银行说自己执行了国家政策、没给开发商贷款。

银行的确是没有在正常的贷款渠道给开发商贷款，但是，表外资产却没有得到有效管理——通过资管业务流向开发企业的资金一点没有减少，反而大大增加了。信托资金就是比较典型的案例。

比楼市更严重，潜伏期也很长，发现以后就症状十分严重的是地方政府负债。

《国务院关于加强地方政府性债务管理的意见》(国发〔2014〕43号)，对地方负债规模做出了强制性要求，也基本切断了政府融资平台从银行继续扩大负债规模之路。

银行融资的路堵住了，确实堵住了。可是，被人为划断了与政府关系的融资平台，负债规模却越来越大，政府的隐性债务越来越多。

一个重要通道，就是从楼市撤出的投资理财资金，开始通过信托和ABS等转道到了政府融资平台。

政府融资平台，成为了楼市之外的又一个资管业务“风口”。这个“风口”留下的病症，可能比楼市更严重。

还有一种病症可能也被严重忽视了，其患者为国有企业，尤其是央企。

近两年来，以央企为首的国企对PPP项目很有热情，动辄数十亿、上百亿，甚至几百亿的PPP项目合作，让地方很受用，国企也很开心。

PPP合作的“捷径”在哪里?钱路不受限制，银行可以直接提供，也可以通过资管业务提供，保险等其他机构也能提供。

只是，所谓的PPP，很多是负债的翻版，是地方变相负债。若干年后，到了约定的偿还期，就会转化成风险。

体外循环的资金多了，实体经济、尤其是中小企业的日子就越来越难过了。

由上可知，资管资金规模大，涉及方方面面的利益。若运行不规范、流向不合理，可能给中国经济带来巨大的危害和风险。

此外，今天的中国经济，已经到了告别只讲 GDP 体量的阶段，到了需要向高质量发展的时刻。加强资管业务管理，将资金引导到实体经济领域，让芯片等高科技产品和技术得到更多人认同，或也是资管新规希望达到的目的。

风险要如何来防范?

野马驯服了，是良驹；驯不服，是祸害。

站在国家层面来看，防风险，无疑是未来三年最重要的任务之一。

为了避免今后企业和居民为当下的高杠杆“买单”，就必须加强对资管业务的管理，给资管业务这匹“野马”套上“缰绳”。

资管新规出台后，至少，继续加杠杆的通道没有了。剩下的，就是如何去杠杆。

当然，由于新规对包括开发企业在内的高杠杆群体影响很大，若过度强硬地去杠杆，势必也会带来风险，甚至是系统性金融风险。

所以，新规在正式出台后，将过渡期延长了一年半，给相关资管人、企业等留下主动纠正和转变的时机，从而在最大限度上减少风险。

在资管新规下，开发商的资金链将越绷越紧。

由于国内的融资大门被堵上，国外的融资大门也变得越来越窄，很多开发商已经打出了“加速售房、加快资金回笼”的口号。但是，在限购限售政策下，售房又何谈容易呢？炒房者再想兴风作浪，难度很大。这在很大程度上保持了房价稳定。

别看开发商一个个财大气粗，要知道，他们的“财”大多都是债务。迄今为止，一些开发商的债务率仍在 80% 左右。也就是说，十元的资产，有八元是靠债务支撑起来的。

于是这 80% 的风险就被推到了银行、资管机构、政府和普通百姓肩上。

一旦资金链断裂，所有的关联者都将深受其害。

在过渡期内把开发商的杠杆率降到合理水平，是一条底线。其他企业与政府融资平台也面临着同样的问题。

一旦杠杆率进入合理水平，资金的流向就会越来越规范，像过去那样变着法子把资金投向楼市等的现象会越来越少，愿意承担科研开发、技术研究等的企业和投资者就会越来越多。

对大众而言，资管业务已进入到“自负盈亏”的轨道，前文也提到，资管产品不保本保息了，风险需要自己承担了，90天内的短期理财产品也将消失了。投资者要更加慎重，具体来说，要重点把握好两个方面：

要真正看到，央行这次是动了真格的，产生的后果也十分严重，普通投资者千万不要再去瞎买理财产品了。记住：5%以上的固定收益类产品，每增加一个点都是对于风险的补偿，收益越高风险也就越大。

要充分利用好一年半的过渡期，并不十分了解资管业务的普通投资者要尽可能地从各种信托、P2P、消费金融、投资公司等的投资理财项目中撤出来，这些领域更适合具备一定风险意识和投资水平的人去操作。

在投资理财方面，还是要充分相信自己，而不要听信别人。天上不会再掉馅儿饼了，所有的馅儿饼，都与风险紧紧捆绑在一起。稳妥投资，还是最佳选择。

老百姓还能投资啥?

有观点认为，为了规避可能出现的各种风险，人们会重新把钱存在银行，同时，资金向楼市、股市转移的概率将越来越大。

事实上，未来的楼市和股市也未必能够“保险”。人们在理论上推算出来的良好结果，很有可能在现实中遭到当头棒喝。

眼下的楼市，正处于十分微妙而纠结的格局——就像“围城”，外面的想进去，里面的想出来。

但是，这“进”和“出”都不容易。

想进来的人面临着限购。扳着手指数一数，从一、二线城市到三、四线城市，凡是出现房价上涨的地区，政府都出台了限购限售限贷政策。

想出去的人面临着限售，或者，找不到下一个“接盘侠”，两条腿僵在“围城”里，迈出不去。眼前就有个例子，海南的全城限购，造成数千亿炒房资金受困。

毫无疑问，在目前的财富分配格局下，单纯强调刚性需求和改善需求，不可能让投资者拂袖而去、黯然离场。

但是，炒房者再想兴风作浪，难度很大。过去那种投资和炒房者高位“大换手”的格局恐难再度出现。

只有在这样的格局里，楼市最稳、风险最小，资管新规才能发挥作用，把高杠杆逐步消化掉。

股市的投资空间也不大。

过去很火的一级市场，眼下也在逐渐变冷，更别说二级市场了。一只新股发行，动辄十几个、几十个涨停的现象，在一级市场上，已经很难再现。每天就这么点成交量，怎么看也不是市场走“牛”的表现。因此，过去那种跟风炒作一下就赚点小钱后更换门庭，现在“没门”了。

要想在股市投资，只有一种可能——进行长线投资。选择央企改革股、真正的低估值股、白马股等，一定要有足够的耐心。

在这种大环境下，日前，财政部、国家税务总局等联合发布了《关于开展个人税收递延型商业养老保险试点的通知》，通过个税递延的方式，鼓励广大居民购买商业养老保险，这可以作为百姓投资理财的选择之一。

与其冒险购买房子、股票，何不购买一份商业养老保险，为自己的未来加一份保障呢？

撰文：谭浩俊

06

这六大投资误区坑惨中国人：黄金回报率低得惊人，一毛钱的股票并不便宜！

导语：投资大师巴菲特一直强调长期成功的投资，关键不在于是否把握了多少次机会，而在于是否能少犯错误。

投资总是和逐利共存，逐利之所就难免有很多陷阱和误区，了解了它们就可以有效地规避风险，避免损失。

本文列举了一些投资上常见的误区，供广大库友参考。你也许会大吃一惊，但事实就是如此。

误区一：贵重金属是好的投资

在很多人看来，买黄金（或者其他贵重金属）是一种好的投资。在过去的几百年里，这个结论只有在非常少的时间成立。从长期来看，购买贵重金属不仅不是好的投资，而且扣除通货膨胀后还是亏钱的。1792 年，在华盛顿第一个总统任期结束时，黄金的价格是每盎司（约 28.3495 克）19.39 美元；2017 年 8 月份时是每盎司 1302 美元，225 年涨了 65 倍，年均回报率连 2% 都不到，远远低于 3% 的通货膨胀速度。如果我们的祖上在 200 多年前买下黄金，今天的实际购买力只有当年的 1/10 左右。同样，白银等其他贵重金属也不是什么好的投资。20 世纪初，贝聿铭家的叔祖颜料大王贝润生花了 9000 两银子买下了苏州狮子林，今天 9000 两银子在苏州买不下一套普通的住房。也就是说，如果持有白银，到今天相对贬值得厉害。

为什么贵重金属不是好的投资呢？不是常说物以稀为贵吗？简单地讲，它们和人类创造财富没有什么关系。

股票会不断升值，因为它反映了一个社会创造财富的能力。同样，买债券可以获得利息，因为使用资本创造财富的人为了扩大自己的生意，愿意付钱给提供资金的人，也符合帮助创造财富的特点，但是贵重金属没有这个特点。

贵重金属可以细分为两种。一种是除了做首饰之外几乎没有任何工业用途的黄金，它在过去起到货币的功能，但是今天这个功能已经消失，只是作为储备货币。黄金虽然产量不高，但是产值的增幅并不慢，甚至在很多年份高于全球 GDP 的增速。今天，黄金在金融上最主要的用途是避险，在经济危机和战乱时，它会升值很快，平时没有多少人关注它。投资黄金的另一个问题是它的保存，家里放一堆黄金当然不现实，如果在银行租一个保险箱来存放，每年没有多少升值不说，还要支付不算太少的保管费。一些基金公司为了方便大众投资黄金，搞出了和黄金挂钩的 ETF 基金，也成为纸面上的符号黄金。不过，真要是遇到了战乱或者大灾荒，纸面上的黄金没有用，因为那时可能基金公司都不存在了，它们根本兑换不出现钱。

另一种贵重金属有工业用途，它们包括白银、铂（也称为铂金）和钯。它们的价格会随着通货膨胀而上涨，但是总的来讲增长很慢，因为随着技术的不断进步，原材料产品中的价格占比越来越低，技术的占比越来越高。和贵重金属呈现类似价格模式上涨的，还有很多大宗商品，它们一方面有抗通货膨胀的作用，但是另一方面相对 GDP 的增长则是缓慢的。当然，在短期内，无论是贵重金属还是大宗商品，价格的波动很大，这就让很多人觉得有机会“赌一把”，最终投资就变成了赌博。对个人来讲，输的可能性远远大于赢的可能性。当然，有人可能认为那些操纵市场的庄家能赢，事实上只要赌多了没有赢家。20 世纪 70 年代美国排名前十的富豪之一亨特兄弟试图控制全世界全部流通的白银，并且成功地将白银的价格由每盎司 6 美元炒到了近 50 美元，但是依然输掉了那场人类历史上最大的贵重金属豪赌，最终宣布破产，成为少数仅经历一代人就由富豪变成破产者的人。

既然我们要做的是投资，是要通过经济增长获得确定的回报，那么就要远离赌场。

误区二：专业人士理财一定比我自己做得好

2004 年，诺贝尔经济学奖获得者威廉·夏普在谷歌给我们上第一堂投资课程时，讲的第一件事情就是让大家解雇自己的理财顾问。

他给出了这样三个理由：

第一，那些理财顾问实际上远不如大家想象的那么聪明、那么有判断力。

事实上，任何在媒体上讲市场趋势的人，有一半时间是错的。要知道世界上最糟糕的预测不是 100% 错了，而是错了一半，因为前者反过来用还是有价值的，而后者从信息论的角度讲毫无意义。很多人认为，专业人士可以获得更多的信息，有更强大的信息分析工具，因此一定比我们个人做得好。但是市场是一个非常复杂的带反馈的系统，大机构的任何行为（无论是购买还是出售一种有价证券）都让市场朝着与它的期望值相反的方向走（比如某大基金要买一只股票，它刚一开始买，这只股票就会上涨，使得它付出的成本要高于原来的期望值）。在美国，65% 的基金当年的回报率要低于标准普尔 500 指数；5 年回报率和 10 年回报率低于标准普尔 500 指数的基金，比例更是高达 79% 和 81%。如果大家做不过那些机构，不是它们做得好，而是你自己做得太差。

第二，管理基金的人和投资的人有利益冲突。

大家只要看看他们买的别墅和保时捷汽车，就知道那些钱都是从大家的口袋里掏出来的。专业机构的收费其实是非常高的，在美国，资产在 100 万美元以下的客户，每年股票的共同基金管理费一般在 2% 以上，对冲基金则更高。在中国，这一类的费用其实比美国更高。不要小看每年 2% 的收费，如果股市平均每年的回报是 8%，40 年总回报是 20.7 倍。但是如果每年被基金经理们拿走了 2%，年均回报变成了 6%，40 年的总回报只有 9.3 倍。也就是说，基金经理们拿走的钱比投资人本身还多。

第三，市场是非常有效的，即使存在个别的基金表现良好，也很快会有更多的钱涌入那个基金，使得它的价格上涨，其结果是在背负了一个巨大的分母后表现变差。

在美国，任何一个有金融或者投资专栏的报纸或者杂志，常常每年评出上一年回报最高的股票和共同基金，而在那些榜单上，每年的变动是相当大的，很少有基金能连续几年出现在榜单上。当然有人可能会说，巴菲特的伯克希尔—哈撒韦公司近半个世纪来表现一直很好啊。确实如此，但是该公司正是因为长期表现良好，特别是在 2008 年金融危机之后非常被大家认可，所以它的股价陡升，这也意味着它今后很多年的成长空间被挤压殆尽。

夏普既是从理论上分析，也是他自己看到的几十年来金融市场的实际表现。在谷歌内，也有一批工程师为了验证这件事，用真金白银做了很多实验，并且和高盛、摩根士丹利等专业团队的投资结果进行了比较。事实证明，工程师们使用很简单的投资策略，完全可以比那些专业团队做得好。而这些工程师成功的关键不在于战术，而在于能够恪守一些简单的投资准则。

误区三：在股市上花时间研究得越多，回报就越高

很多人投资回报不够高，他们认为是自己努力不够。

其实，很多人的方法根本就有问题，越是努力，越是经常交易，回报越差。要知道在过去 200 年左右的时间里，散户在股市上获得的平均回报只有 2% 左右，远远低于股市增长的平均值。这些散户花的时间不可谓不多，很多人学习金融知识不可谓不努力，但是他们带着一个投机的想法，总是自认为比其他人高明，最后结果却是竹篮打水一场空。倒是有些人像傻子一样投资，反而比那些股市上的“劳模”效果好。

误区四：只要有人买股票就会不断涨

很多人喜欢买受人追捧的股票，即使那些股票的价格已经高得不合理了。他们相信会有人在他们之后接手。实际上，购买和持有这种股票如同玩击鼓传花的游戏，鼓声常常会在花传到你手上时停止。

《漫步华尔街》的作者马尔基尔把这种投资称为“建立在空中楼阁上的投资”。通常在股灾之前，接手那些价格早就超过价值许多倍的股票的人，常常是无知者无畏的新手。因此，约翰·肯尼迪总统的父亲、美国第一任证券交易委员会主席老约瑟夫·肯尼迪才会讲，当他听到擦皮鞋的鞋童都开始兜售股票经时，就知道离股灾不远了，但是今天依然有很多人在重复过去的错误。

误区五：哪怕我买的股票亏了钱，只要我不卖，就没有损失

这种人是在“当鸵鸟”。拥有股票的人，相应的财富取决于它当下的交易价格，而不是当初购买的价格。股票真实的价值并不因为当初购买价格高就会比今天高，更不因为你购买的价格高，就要涨回到当初购买的价格。

在股市上，股市的指数，比如美国标准普尔 500 指数，或者中国的上证指数，下跌之后总有涨回来的一天，但是对于单只股票这个规律就不一定了。一只不断下跌的股票必定有它下跌的原因，当一只股票下跌 50% 后，它需要涨 100% 才能回到原来的价钱。从长远来讲，一个公司最后难免要死的，单只股票早晚要清零。100 年前道琼斯工业指数的成分股公司，今天只剩下通用电气一家还存在。即使像英特尔或者思科这样技术领先、经营表现良好的公司，2017 年的股价也没有回到 2000 年的水平，而它们所在的纳斯达克指数却不断创造了新高。这个原因也很容易解释，今天产业的变迁使得它们的黄金时代过去了，可能永远回不到当初辉煌的年代了。

误区六：一毛钱的股票很便宜

很多人喜欢买特别便宜的股票，因为花不了多少钱就能买一大堆。其实，一毛钱的股票未必比 100 元的更便宜，伯克希尔—哈撒韦的股票 24 万美元一股（2017 年大部分时间的价格），也并不更贵。这不仅要看它的公司发行了多少股，还要看它的盈利能力和成长率等很多因素。购买一毛钱股票的人，就如同拿两张人民币换了一堆过去的津巴布韦元或者今天的委内瑞拉货币一样，虽然在你面前堆了一大堆纸，但是它们不值钱。至少在美国，0.1 美元的股票跌到 0.01 美元的情况，比它涨回到 1 美元的情况要多得多。巴菲特对这样的股票还有一个生动的比喻——烟蒂，即被人吸尽扔到地上的烟头，看上去不要钱，将它们捡起来，根本吸不了两口。

相信大家了解了这些误区后，投资会更理性。

撰文：吴军

07

中国药业大震荡！便宜药要来了？

导语：2018年4月，国务院办公厅印发了《关于改革完善仿制药供应保障及使用政策的意见》（以下简称《意见》），从“促进仿制药研发、提升仿制药质量疗效、完善支持政策”三方面出台15条指导意见。

《意见》提出，要完善支持政策，推动高质量仿制药尽快进入临床使用。

此外，库叔还注意到，《意见》中首次提出了“明确药品专利实施强制许可路径”。

也就是说，当公众健康受到整体威胁时，比如有一种传染病在中国蔓延肆虐，而药品的专利在美国手里，我们能不能等它专利过期再通过仿制大量生产呢？显然不行。这个时候公众健康是第一位的，具备条件的单位或者个人可以向国家知识产权局提出强制许可请求，由国家卫生健康委员会会同相关部门进行评估论证，提出建议，由国家知识产权局做出决定。

很多人可能认为仿制药似乎与鼓励创新不符，为什么国家还要出台政策引导企业将精力用在仿制药研发上呢？

打击药价虚高的“加拿大模式”

药品价格一直是公众关注的热点话题。某些亟需药品的价格居高不下，也是不争的事实。

2015 年底因病致贫、因病返贫的贫困人口，占我国贫困人口总数的 44.1%，涉及近 2000 万人，其中患有大病和慢病的约 734 万人。近年来还出现了这样的现象：许多癌症病人因为无力支付专利药品的昂贵费用，不得不从药价低廉的印度代购这类救命药。

前些年，医药流通领域的暴利对药价虚高起到了推波助澜的作用。但近年来，国家通过推行医保招标和医药流通的“两票制”，有效地挤出了医药流通领域的暴利，昔日风光无限的医药代表也纷纷转行。

在医药流通领域的暴利得到控制之后，剩下的可就是硬骨头了：我国市场上的高端药物，特别是治疗癌症等重大疾病的特效药，大多数是外企生产的受专利保护的药物。目前，这些专利药的定价权仍然主要掌握在外企手中——这是合法的高药价，但是合法并不代表完全合理。

因此，未来降低药价的重要手段，是有效地控制专利药的价格。

其实，在控制专利药价格方面，有现成的、行之有效的方法可以借鉴。

一种是“加拿大模式”——通过政府与药企的谈判为专利药定价。

加拿大的医疗体系是由政府高度掌控的，公立医院基本依靠财政拨款运转，而药费主要由国家医保基金支付。如果某种药物未被列入医保范围，在加拿大就很难卖得动，医生也不见得开这个药。

按照国际货币基金组织（IMF）的统计，2017 年加拿大的人均收入为 48 141 美元，显著低于美国人均收入 59 495 美元。从国民的福祉来说，加拿大人支付低廉一些的药费也合情合理。

对医疗资源的国家垄断，赋予了加拿大政府极为重要的谈判筹码。每当著名药企试图让新药进入加拿大市场，加拿大政府就会善意地劝诫“薄利多销”。而药企一般都会给加拿大政府不少面子，毕竟“薄利”比“无利可图”要好得多。加拿大通过政府谈判，将多数专利药的价格控制在美国市场价格的 45% ～ 65% 这个范围内。由此可见，这种方法卓有成效。

仿制生产专利药的“印度模式”

除了直接跟药企“砍价”，另一种方法也取得了不错的效果，那就是“印度模式”——通过专利强制许可，对专利药实现仿制生产。

这其实这也是一种政府行为。

印度独立后，于 1970 年推出第一部专利法，而这部专利法并不承认药品专利。因此，在相当长的一段时期内，印度本土药厂得以随意仿制发达国家制药企业开发的化学药。

直到印度加入世界贸易组织（WTO），才不得不适应国际规则，在专利法中加入对药品专利的保护。2005 年以后，印度开始正式受理药物专利，随意“山寨”显然行不通了。

但是此后，印度通过强制许可解决了某些亟需药物的有效供给。

强制许可是指在特定情况下，国家不经过专利权人的同意，便依法授权第三方使用受专利保护的技术，但是获得强制许可的第三方需要向专利权人支付一定的使用费。

对于药品专利的强制许可，是公众利益和权利人私权的博弈。当私权与公众利益产生严重冲突时，国家机器就要发挥应有的作用，对公众利益进行必要的保护。2001 年《多哈宣言》授予 WTO 成员国在公共健康危机下对药品专利实施强制许可的权力，这便是强制许可的法理依据。

举个具体例子。

拜耳医药公司（Bayer）的专利药品甲苯磺酸索拉非尼，商品名为“多吉美（Nexavar）”，用于治疗晚期肾细胞癌和肝细胞癌。该药能将中晚期肝癌患者的一年存活率提高至 44%，并且没有显著的肝脏不良反应。

2007 年 8 月拜耳获得了向印度销售“多吉美”的许可，并于次年获得了印度专利。但是，其后 3 年内该药在印度境内的销量极小。原因显而易见——每盒（120 粒胶囊）约 28 万卢比（约合 5500 美元）的售价，远远超过了仅 5.4 万卢比（约合 999 美元）的印度人均年收入。

印度药企 Natco 公司曾向拜耳公司请求该药的生产许可权，但遭到拒绝。此后，Natco 以“拜耳公司未能充分实施该药品专利”为由，向印度知识产权局申请该药的强制许可。

2012 年 3 月 12 日，印度知识产权局颁布了强制许可，允许 Natco 在“多吉美”专利期未满之前生产其仿制药，但限于印度境内销售。作为补偿，Natco 要将该仿制药销售额的 6% 作为特许权使用费支付给拜耳。

虽然拜耳于当年 9 月 4 日向印度知识产权委员会提起上诉，但遭到驳回。

该强制许可实施后，效果也是很显著的：“多吉美”的价格降幅达到 97%！

这个案例是印度加入 WTO 以来的首个药品专利强制许可，以美国为首的发达国家对此强烈反对，而无国界医生组织（MSF）和一些发展中国家则对印度专利局这一做法持赞赏态度。

事实上，除了价格优势，仿制药还有很多重要作用。

比如，某个地区出现了大范围的传染病，急需特效药，而这个特效药的专利又掌握在外企手里，这时候如果一个国家自己没有仿制药，就无法及时地调配大量药物来控制传染病。而对于中国、印度等人口基数大的发展中国家来说，很多疗效好的药物事实上是供不应求，仿制药市场需求巨大，如果能够有此类仿制药，那情况会有很大改观。

一些人对“医药改革”的理解想当然

介绍完加拿大和印度控制药价的方法，我们还得回到中国的问题上来，为什么长期以来专利药在中国的价格居高不下？

这里有政策因素。比如，仿制药面临进医保难的问题，有的甚至遇到三四年都无法进入医院的情况，这些使得仿制药企业研发积极性受到一定影响。

也有行业因素。比如我国仿制药行业大而不强，“多小散乱差”的局面仍然存在，生产的仿制药竞争力不强。

除此之外，就是一些所谓的网络大V、意见领袖等的干扰。他们很多过度迷信西方经济学，认为市场机制能自动解决一切问题，更将政府对于市场的一切干预视为“不合理”。

“加拿大模式”以政府建立的谈判平台为基础。于是有人就认为，这是政府越俎代庖，干预市场运行，最后会导致“价格扭曲”，不如政府完全放开药价管制，市场激烈竞争后，药价就会回到正常水平。结果事与愿违，很多跨国药企赚得盆满钵满，而专利药的价格却始终没有大幅降低。

“印度模式”依托政府主导的强制许可，很多人更是竭力反对，他们认为，强制许可不仅会得罪跨国药企，还会给西方国家提供“中国不尊重知识产权”的口实。

可是，中国早已于2001年11月加入世界贸易组织，理应享有《多哈宣言》授予其成员国对药品专利实施强制许可的权力，何来“不尊重知识产权”一说呢？

一些人对医药改革想当然的理解，使得政府决策在一定程度上也会受到干扰。

双管齐下，国家出击了！

最近几年，中央为医改定下基调：“以人民健康为中心”“要毫不动摇把公益性写在医疗卫生事业的旗帜上，不能走全盘市场化、商业化的路子。”

人民至上，是建设健康中国、医药卫生体制改革清晰的指向。深化改革，扩大开放，必须坚持社会主义的根本方向，必须从最广大人民群众的根本利益出发。

我国也充分借鉴了“加拿大模式”“印度模式”等其他国家的经验，结合自身的实际情况，在控制专利药价格方面取得了显著效果。

一方面，初步建立了国家药品价格谈判机制。

首次国家药品价格谈判的结果于 2016 年 5 月 20 日公布，替诺福韦酯、埃克替尼、吉非替尼 3 种谈判药品降价幅度分别达到 67%、54%、55%。

此外，在 2018 年 3 月启动的国务院机构改革中，医改主导部门出现重大调整。新组建的国家医疗保障局不是挂靠在某个部门下，而是一个统筹医保、医疗、医药“三医联动”改革的主导机构。它合并了人保部的城镇职工和城镇居民基本医疗保险、生育保险职责；原属于卫计委的新农合职责；民政部的医疗救助职责；发改委的药品和医疗服务价格管理、药品和耗材的招标采购职责；还有权监管医保类医疗服务行为和收费；同时将其征收医保、生育保险费用的职责交给税务部门负责。

此次机构改革之后，国家医疗保障局实现“三保合一”，一跃成为最大采购方。此外，发改委药品和医疗价格管理职责被纳入医保局。也就是说，最大的医疗服务和药品购买支付方，有权决定药品和医疗价格。

上述改革措施，正是在中国推行“加拿大模式”的必要基础。必要的权力集中，解决了从前医改“政出多门”的问题，效果非常值得期待。

另一方面，为药品专利强制许可铺平道路。

2018 年 3 月，国务院办公厅印发了《关于改革完善仿制药供应保障及使用政策的意见》，首次提出了“明确药品专利实施强制许可路径”。具体内容包括：“依法分类实施药品专利强制许可，提高药品可及性。鼓励专利权人实施自愿许可。具备实施强制许可条件的单位或者个人可以依法向国家知识产权局提出强制许可请求。在国家出现重特大传染病疫情及其他突发公共卫生事件或防治重特大疾病药品出现短缺，对公共卫生安全或公共健康造成严重威胁等非常情况时，为了维护公共健康，由国家卫生健康委员会会同工业和信息化部、国家药品监督管理局等部门进行评估论证，向国家知识产权局提出实施强制许可的建议，国家知识产权局依法作出给予实施强制许可或驳回的决定。”“国家实施专利强制许可的药品，无条件纳入各地药品采购目录。”

这次意见的出台也找准了时机——药物研发是有周期性的，20 年前正好是欧美新药研发的高峰。现在正好是一个新药专利过期的高峰期，这是意见出台的大背景。

中国毕竟还是发展中国家，人均收入在世界范围内只能算是中等。当人民群众不能以合理的可支付价格获得救命药的时候，国家理应有所作为。

近年来，在仿制药领域，国家通过控制医药流通渠道消灭不合理的暴利；在专利药领域，参考“加拿大模式”和“印度模式”，国家也将双管齐下，以国家力量为人民群众谋福利。

在未来的几年中，我们将目睹医药卫生领域的更多积极变革，希望“因病致贫”的伤痛远离所有中国家庭。

撰文：徐实

重新审视城市与乡村

01

武汉和郑州算不算国家中心城市?

导语: 2017年春节前夕，国家发改委先后出台了政策支持武汉和郑州建设国家中心城市。消息一出，有舆论认为武汉、郑州加入国家中心城市俱乐部，多年的目标得以实现；也有舆论认为，两市“出场方式”名不正言不顺，政策只是为了调动地方的积极性，“建设国家中心城市”不代表就真正成为了国家中心城市。

国家中心城市，是2010年2月住房和城乡建设部在编制《全国城镇体系规划》时提出的，是指处于城镇体系最高位置的城镇层级。但这只是一个比较笼统的界定，至于怎样才算是“处于城镇体系最高位置”，迄今并没有国家层面权威的定性和量化的评价指标体系。同时，由于这个概念本身的含金量太高，所以有一些争论、一些不同的理解和引起大家竞争是很正常的。

但是，武汉和郑州加入国家中心城市俱乐部是事实无疑。

“夹带”出场合理合法

原有的国家中心城市俱乐部的成员多是通过“城镇体系规划”的方式正式明确的，而武汉和郑州却出自“城市群发展规划”，这种“夹带”的方式让武汉和郑州的身份招来了质疑。但事实上，早在武汉和郑州之前，国家中心城市原有的六个成员就有两种不同的“出场形式”。

一是 2010 年 2 月，住房和城乡建设部发布的《全国城镇体系规划纲要（2010—2020 年）》明确提出建设五大（北京、天津、上海、广州、重庆）国家中心城市的规划。但文件同时对五大城市的功能又有所区分。具体内容是：

北京——着眼建设世界型大都市，强化首都功能，发展首都经济，建成国家创新型城市，提升国际化程度和国际影响力，联袂天津引领环渤海地区发展。

上海——优化提升经济功能，形成服务经济为主的产业结构，建成国际经济、金融、贸易、航运中心和国际大都市，联袂南京、杭州辐射带动长三角地区发展。

广州——增强高端要素集聚、科技创新、高端服务和综合服务等功能，强化综合性门户城市和区域文化教育中心的地位，联袂深圳、香港、澳门建成创新型国际大都市，推进珠三角地区现代化。

天津——提升国际港口城市、生态城市和北方经济中心功能，重点开发天津滨海新区，建设成为对外开放的重要门户、先进制造业和技术研发转化基地、北方国际航运中心和国际物流中心，协同北京辐射带动环渤海地区发展。

重庆——推进统筹城乡科学发展，强化主城核心区的综合服务功能，加快国际贸易大通道建设，发挥“两江新区”、西永综合保税区等物流集散功能，加速提升先进制造和综合服务水平。

要注意的是，文件在这五大国家中心城市前面都用了“建设”二字，也没有说“谁是建成的，谁是没有建成的”。这可能是因为究竟建到什么程度才能算是“国家中心城市”，大家并没有统一的标准或共识。如果按照这个现状来说，就不能因为在武汉、郑州前面用了“建设”二字，就怀疑它们不是国家中心城市。

二是 2016 年 5 月 4 日，国家发改委网站公布了《成渝城市群发展规划》，首次明确提出成都要以建设国家中心城市为目标，增强成都西部地区重要的经济中心、科技中心、文创中心、对外交往中心和综合交通枢纽功能。到 2030 年，重庆、成都等国家中心城市的辐射带动作用将明显增强。成都连同第一批的 5

个，是目前公认的6个国家中心城市。

按照目前国家中心城市的产生方式，如果说从“城镇体系规划”的“口子”出来的，是“明媒正娶”或“名正言顺”的，成都从“城市群规划”中“夹带”出来的“出场方式”，确实有些不正规和不正式。但这也是可以理解的，这是我国一种特有的“任命”方式或“公告文化”。如同常见的一些干部任免，有些是经某某部门正式任命、宣布后上任，而有些则是“夹带”在相关的活动新闻中，但同样是合理合法的。成都成为国家中心城市的宣布，和后一种“任命”方式比较一致。

从这个角度看，武汉和郑州的国家中心城市命名，和成都进入国家中心城市的方式是很接近的。所不同的只是在一些措辞上。但这应该属于细节问题，无伤大雅和基本面。

建设目标无可置疑

2016年12月14日和2017年1月22日，国家发改委先后出台了《国家发展改革委关于支持武汉建设国家中心城市的复函》（发改规划[2016]2650号）和《国家发展改革委关于支持郑州建设国家中心城市的复函》（发改规划[2017]154号）。尽管落款的时间略有先后之别，但它们却同时见诸媒体和公众。这似乎可以理解为，这两者的地位不分伯仲，所以才一起和大家见面。

从形式和内容两方面看，这两个文件在行文上高度一致，同时主要内容也只有两段。

第一段是讲两个城市的基本情况和建设国家中心城市的效益或意义。

其对武汉的描述是：“武汉市作为我国中部和长江中游地区唯一人口超千万人、地区生产总值超万亿元的城市，区位优势突出，科教人才资源丰富，文化底蕴深厚，具备建设国家中心城市的基础条件。武汉建设国家中心城市，有利于增强辐射带动功能、支撑长江经济带发展，有利于激发改革创新动力、推动中西部地区供给侧结构性改革，有利于构筑内陆开放平台，纵深拓展国家开放总体格局。”

其对郑州的描述是：“郑州作为中原城市群核心城市，区位优势明显，腹地市场广阔，人力资源丰富，文化底蕴厚重。根据《促进中部地区崛起“十三五”规划》和《中原城市群发展规划》有关要求，推进郑州建设国家中心城市，有利于增强综合服务功能、引领中原城市群发展和支撑中部地区崛起，有利于加快新旧动能转换、带动中部地区供给侧结构性改革，有利于打造内陆开放高地、积极服务和参与“一带一路”建设。”

在其中，有两句很关键的话，一是武汉“具备建设国家中心城市的基础条件”，二是“推进郑州建设国家中心城市”。细品一下，这两者的基本内涵也差不多，所以没有必要在建设国家中心城市这个话题上“厚此薄彼”。

第二段是讲怎么建设国家中心城市的指导意见和具体要求。

其关于武汉的表述是：“原则同意武汉建设国家中心城市。请你省按照《国家发展改革委关于支持武汉建设国家中心城市的指导意见》（附后），指导武汉市编制具体实施方案。武汉市要紧紧围绕建设国家中心城市的战略目标，加快推进相关工作，全面提升辐射带动能力和国际竞争力。我委将对武汉国家中心城市建设给予指导支持。”

其关于郑州的表述是：“为加快推进郑州国家中心城市建设，更好发挥辐射带动作用，我们制定了《国家发展改革委关于支持郑州建设国家中心城市的指导意见》，现印送你们。请你省按照《意见》要求，指导郑州市编制具体实施方案。郑州市要紧紧围绕建设国家中心城市的战略目标，加快推进相关工作，全面提升经济发展水平和辐射带动功能。我委将对郑州国家中心城市建设给予指导支持。”

其中最值得关注的内容有二：一是两个城市都有“国家发展改革委关于支持某某建设国家中心城市的指导意见”和“我委将对某某国家中心城市建设给予指导支持。”这等于把武汉、郑州正式列入了建设计划；二是对两市都提出“要紧紧围绕建设国家中心城市的战略目标，加快推进相关工作，全面提升辐射带动能力和国际竞争力。”这可以看作是对武汉、郑州下达的目标任务书。

总之，无论是参照我国国家中心城市已有的出场方式，还是比较武汉、郑州和已有国家中心城市的建设内容和目标，都应该可以得出一个基本结论，即我国目前已有 8 个国家中心城市，分别是北京、上海、广州、天津、重庆、成都、武汉、郑州。

撰文：刘士林　上海交通大学城市科学研究院院长、首席专家

02

崇洋媚外，贪大、求怪，中国城市设计该回家了

导语：“以洋为美、以洋为尊”，盲目“贪大、媚洋、求怪”，丢失传统文化的中国城市设计该回家了。

2017年1月25日，中共中央办公厅、国务院办公厅发布《关于实施中华优秀传统文化传承发展工程的意见》（简称“两办文化18条”），提出“挖掘整理传统建筑文化，鼓励建筑设计继承创新，推进城市修补、生态修复工作，延续城市文脉”。

2017年2月6日，中宣部负责同志在答记者问时进一步阐述要“将传统文化标志性元素纳入城镇化建设、城市规划设计、城市公共空间”。这既是对2015年中央城市工作会议提出“端正城市发展指导思想”“加强城市设计”及在规划编制中注重“文化特色”和“文脉延续性”的展开和落实，也可以看做是我国城市设计正从过去对西方崇拜的迷梦中醒来，发现并走上了自己的还乡之路。

误入歧途：“以洋为美、以洋为尊”

10多年前，一位曾任纽约市规划局长的美籍华人就感慨说中国没有找到

"城市的灵魂"。其实不是没有找到，而是当时普遍沉湎于对西方城市设计的盲目崇拜和驰骛追逐，"反认他乡是故乡"，根本就没有想到要去找。所谓冰冻三尺非一日之寒。

近代以来，以鸦片战争时期西方"坚船利炮"为代表的物质文明和军事系统为先导，以20世纪初期西方"德先生""赛先生"为代表的政治与社会制度为中坚，再到20世纪八九十年代以西方"现代主义理论""后现代文化"为代表的理论与文化思潮为殿军，一种"以西方之标准为标准，以西方之是非为是非"的全盘西化思潮在华夏大地上此起彼伏，一浪高过一浪，不仅深度解构和扭曲了中华传统优秀文化的内容与形式，同时也严重破坏和污染了中国当代新文化建设的土壤和生态。

展眼时下，这一被"两办文化18条"称为"贬低、漠视优秀传统文化"的逆流，不仅广泛存在于我们的课本、出版、理论研究、艺术创作、影视节目、音频产品等文化教育和文化市场领域，也集中体现在"以洋为美、以洋为尊"的城市规划、设计、建筑及发展战略中。

这类设计和建筑尽管已遍布中国的大小城市，但作为西方城市管理、生产生活方式与审美趣味的载体和表达，在很大程度上并不适合中国城市发展和普通市民生活的需要，这是很多"大手笔"的城市设计一再以闹剧收场以及一些城市地标建成不久即被夷为平地的主要原因。

而一个时期以来令人担忧的是，这些"中看不中用"的东西在体量上越来越大并渐呈积重难返之势，已成为我国城市空间治理必须直面和尽快解决的突出矛盾和重大挑战。只有充分认识到这一问题和态势的严重性和复杂性，才能真正领会传统文化回归城市设计的重要性和紧迫性。

自我异化："贪大、媚洋、求怪"

2014年10月15日在北京主持召开文艺工作座谈会时，习近平总书记曾提出"不要搞奇奇怪怪的建筑"。所谓"奇奇怪怪的建筑"，就是背弃中国文化传统价值和当代中国城市发展的实际情况，完全按照西方审美和价值标准对中国城市进行设计和生产的结果。它的主要特点是“贪大、媚洋、求怪”。

“贪大”是不顾我国城市发展的阶段水平和人民群众的现实需要，凡事都向纽约、巴黎、伦敦等国际大都市看齐、对标甚至是相互攀比。“媚洋”是把西方建筑样式和风格等作为中国城市设计的最高美学理想，而对我国城市已有的空间文脉和人文积淀等毫无会心并一味排斥。“求怪”是以西方现代和后现代的设计理念和建筑风格为圭臬，并为了吸引眼球和商业炒作而掀起的一股娱乐化甚至是恶俗化时尚。

这是一种典型的空间生产“异化”现象，即我们越是积极努力地设计和建设，结果并不是越来越具有中国城市应有的形态、功能、精神和气质，相反却是中国城市越来越像西方城市这个尴尬局面。在这种严重异化的城市设计思潮引导下，很多城市都把本应传承着城市历史文脉、再现着城市时代精神的地标性建筑，直接等同于雇一个“洋设计师”和建一个“洋建筑物”，以为由此就完成了城市的现代化或融入了全球化潮流。但在本质上，这跟一个一心追逐LV包的小女孩在智力与审美水平上并无本质的差别。

对西方城市设计理念、方法、标准和模式的盲目崇拜，既是各种吸引眼球的“雷人设计”近年来频繁出现，也是各种罗马城、意大利城、曼哈顿城等城市空间、社区和建筑四处泛滥的主要原因。由此直接造成的严重后果有二：

一是在“文化”上，“贪大、媚洋、求怪”本质上是一种城市景观、生产生活方式、社会和文化生态上的“去中国化”现象，不仅直接破坏了中国城市历史形成和积淀的空间布局、建筑样式、文化特色和审美风格，同时也暗中抽去了隐含其内的中华文化的理念、精神、生活方式和价值体系。而当下一些中国现代化大都市的居民之所以没什么“幸福感”和“获得感”，一个很重要的原因是很难和这些“洋城市”建立起正向的意识 – 心理 – 价值认同。

二是在“功能”上，“贪大、媚洋、求怪”的建筑设计大都是西方设计师的“跑马场”或西方先锋设计观念的“实验室”，它们很少考虑中国城市发展和普通老百姓的实际需求，是我国城建领域中“供给侧”和“需求侧”出现严重倾斜和不均衡的始作俑者之一。以一些城市充满异域风格的大型公共建筑为例，它们耗资巨大，“看上去也很美”，但承载的服务功能极其有限，“提供的不需要和需要的不提供”在很多城市早已司空见惯。

就此而言，“两办文化 18 条”明确了我国城市设计的战略方向和应该走什么样的道路，对于一直乱象横生的中国城市设计可以说具有正本清源的重大作用。

迷途知返：以优秀传统文化为指引

在某种意义上说，包括城市设计在内的“去中国化”问题，一直是国家和社会有识之士在高度关注和努力解决的。从总体上看，2011 年 10 月十七届六中全会提出“建设社会主义文化强国”，在此背景下，我国传统的文化、学术、思想、价值的地位不断提升，相关活动日益增多，社会影响不断拓展。如近期大到全国性的央视传统诗词大赛，小到闵行区直接深入到社区的“修齐讲堂”等。

就城市设计而言，2016 年 2 月 22 日中央出台《关于进一步加强城市规划建设管理工作的若干意见》，明确提出“适用、经济、绿色、美观”的“建筑八字方针”并把“贪大、媚洋、求怪”列为城市空间治理的重点对象。由此可知，无论是优秀传统文化复兴的大背景，还是针对城市发展的各项铺垫政策，实际上都为传统文化接引“迷路的城市设计”回家创造了良好氛围和条件。

把优秀传统文化纳入当代城市设计，并不是一件简单和一蹴而就的事情。其中既有旧的“恩怨”和“老账”，也会面临新的情况和问题。在城市设计领域切实落实“两办文化 18 条”，目前需要在以下三方面先形成共识：

一是要牢牢把握住一个基本原则。把传统文化纳入城市设计，既不是对西方设计文化不加任何区分地全盘否定，也不是对本民族传统不加鉴别地全盘肯定，必须杜绝在历史上一再上演的“以一种倾向压倒另一种倾向”。

二是要深入开展理论研究和探索。其中最重要的是要明确“学习西方”和“媚洋”的界限、“求怪”和“创新求变”的区别以及如何促进中西优秀设计建筑文化之间的学习、借鉴和交流等，不能“闭起门来”“自说自话”地弘扬传统文化。

三是要做好具体政策和实施方案的跟进。目前的“18 条”只是一个宏观性的指导意见，主要作用是明确城市设计的战略方向和文化目标。而要把它真正贯穿、落实于中国的大街小巷，还需要各地和各方结合本地本部门的实际出台“操作细则”，探索行之有效的“发展模式”，使国家这一重大城市文化战略落地生根并结出硕果。

撰文：刘士林　上海交通大学城市科学研究院院长、首席专家

03

这条铁路开通了，中国腹地将崛起一个6万亿级的“超级城市群”！

导语：2017年12月6日，西安至成都高速铁路全线开通了！

这是我国首条穿越秦岭并实现4G信号全覆盖的山区高铁！

这条铁路的开通，也许将会形成以西安、重庆、成都为中心西部城市群，并最终成长为中国经济增长的强力新引擎！

蜀道难？一点都不难！

古人说：蜀道难，难于上青天！

西成高铁的建成，让人们可以在这条曾经“难于上青天”的道路上飞一般疾驰！

西成高铁全长658公里，出西安，向南经安康、汉中，至四川省过广元、绵阳，终达成都。

西成高铁运营时速250公里，初期运行时间约为4小时，年底调整后为3个多小时。

西成高铁不但快，而且还解决了乘客旅途上的4G信号问题。

受中国铁塔公司的邀请，库叔的朋友乘坐了55251次测试高铁，参加了西城高铁陕西段4G网络的现场体验。

高铁列车自西安北站开出后不久，就进入了连续近一个小时的隧道里程。

长长的隧道一个接一个，刚从上一个隧道钻出来，就进入了下一个隧道，简直就像在秦岭山脉的“肚子”里穿行。

照理说，在这种环境下，手机没信号是很正常的。

然而，大家掏出手机进行上网验证，发现网速是真棒——看高清直播非常流畅，毫无卡顿。

这种体验完全颠覆了我们过去的认知。

库叔认为，这条铁路的开通，不单单连接了火锅与肉夹馍、兵马俑与大熊猫、把好吃的好耍的连成线。

更重要的是，它连接了西安、成都、重庆，这三座西部地区最具发展活力的城市，并以此为中心形成一个“西部城市群”，为西部的强势崛起装上了一个助推器！

西成高铁开通后，西安和成都这两座城市将实现郊区化，直接推动两地发展。

此外，2017年9月29日通车的兰渝铁路与西成高铁在广元交汇，从重庆到西安，可以直接借道广元北上，通行时间也大幅缩短至5小时。

川陕渝的交通瓶颈被打通。

于是，很多人认为，这条铁路的开通，也许将会形成以西安、重庆、成都为中心的“西部城市群”，并成长为中国经济增长的强力新引擎！

其实，在2007年左右，就有人提出过与“西部城市群”类似的“西三角经济圈”：以重庆、成都和西安为核心，建设连接西南西北版块的经济合作区域，成长为中国西部经济重心和经济高地。

当时，“西三角经济圈”总面积22万平方公里，人口1.18亿，包含47座城市，GDP总额1.5万亿元，占整个西部的33%。

设想很精彩，当时的三地政府也曾积极推动，但由于种种原因，进展并不顺利。

最具发展活力的“西部城市群”

10年后的当下，西安、重庆、成都三地的合作基础和背景都已经发生了巨大变化，在产业发展上各有优势，可以“各显神通”。

以西安为核心的关中经济圈

- 能源和矿产资源也很丰富，全国14个亿吨级煤炭基地中，陕西就有3个；
- 核心西安是整个西部地区省会中，在校研究生数量最多的城市，比成都和重庆都要高，科研实力位居全国前10；
- 在高新技术、装备制造业和航空航天业等方面优势明显；
- 在发展农副产品和旅游方面也有一定潜力。

与川渝经济圈牵手后，西安可以打通南下的交通，这样一来，陕北的能源、关中的制造业可通过重庆万州打通水路进入出海道。

除此之外，重庆、四川人口大约1.1亿（2009年数据显示），为陕西提供了庞大的市场。

成都经济圈

- 电子、航天、商业、轻纺发达；
- 创意产业、服务性行业、娱乐等行业比较发达；
- 人口接近1亿，市场庞大，而且倾向于消费型经济。

汽车和电子信息产业，都被西安和成都作为重点发展的产业。

西安电子信息多年来持续上升，目前稳定在一个较高水平，成都电子信息则呈现出总量大，质量高，具有较强的竞争力的特点，两地可以优势互补。

西安和成都过去还都是兵器工业基地，两者有望在航天军工领域实现产业互补。

与陕西联合后，如果再解决“蜀道难，难于上青天”的交通瓶颈，就可以获得北上的出口，进一步打开市场。

重庆经济圈

- 在体制创新、改革与试验方面走在全国前列；
- 工业基础雄厚，制造业相对较发达，主要发展大机械、大化工；
- 科技转化能力强，在IT、信息产业方面也有长足发展。

由于天然的地理优势，重庆与成都两地在交通上早已实现便捷连通，已经发展成为西部人口稠密、产业集中、城镇密度高的区域。

西安加入后，重庆可以拓展经济纵深，进一步实现产业升级，并通过万州连接西安，使得重庆与欧亚大陆桥连接起来。

此外，川渝地区缺油少煤，可以获得陕西强大的能源支持。

并且，与10年前相比，西安、成都、重庆的发展迎来了诸多利好，发展节节攀高。

2009年，西安、成都、重庆的GDP分别为2190亿元、3901亿元、5096亿元，在全国城市GDP排名中分别位居第36位、第14位和第7位。

到了2016年，三城市的GDP分别达到了6480亿元、11721亿元和17010亿元，在全国的排名分别跃升到了第26位、第9位和第6位。

现在，从南到北、从东到西，区域经济一体化也已渐成主流。

12月6日，西成高铁的开通又进一步突破了地理上的限制，建立起了一个快速联系的通道，相互之间来往只需要3~5小时，改变了两个城市的城际关系。

除了经济数据很亮眼之外，三城都狠狠地抓住了符合自己特点的发展机遇，给未来增添了更多精彩想象。

西安誓当“中国孟菲斯”

一个城市就像一个公司，要想发展，就得打造自己的专属品牌，这样才能有足够的吸引力。

多年来，西安也在打造自己的品牌——“中国孟菲斯”。

孟菲斯是美国中部的一座小城，一度非常衰败。

后来，由于国际物流巨头联邦快递的入驻，这座城市不但起死回生，而且“野蛮生长”——连续十几年居于全球货运吞吐量机场的首位，依托航空物流业的发展，带动地方经济重新起飞。

同样作为中西部城市的西安，是“一带一路”的重要节点城市。

对于这样的城市，机场和港口是发展基础设施最顶级的两大王牌，谁掌握了这两大王牌，谁就能在全球经济体系中占据“沿街商铺”的黄金地段。

西安没有海港，所以航空承载了这座城市“弯道超车”的梦想。

目前，西安的咸阳机场已经是全国八大机场之一，从西安起飞，2 小时内可覆盖全国 70% 的领土和 85% 的经济资源。

但是，这还远远不够。

西安咸阳国际机场三期扩建工程规划已获得国家民航局同意，扩建后的西咸机场航站楼总建筑面积将达到惊人的 115 万平方米！

届时，将与扩建后的广州白云机场航站楼规模（115 万平方米）相同，妥妥地位居中西部第一。

搭了戏台怎么能没人唱戏！

光有机场可不行，西安又引来一批行业大佬建设物流总部：

- 京东把整个无人机总部和研发中心都搬了过来；
- 圆通投资了航空公司和科技公司；
- 中通建起了西北电商物流产业园；
- 海航物流更是直接把物流总部搬来西安，成立海航现代物流集团，首批划转近 40 家公司，总资产超过 1800 亿元；
- 传化集团董事长徐冠巨称要在西安打造“一城二港三中心”；
- 2017 年 8 月在西安召开的首届世界西商大会上，阿里巴巴集团宣布将在西安市建立阿里巴巴西部总部……

当然，对于这些企业来说，在西安大手笔布局是十分明智的。

西安是中国地理的几何中心（一说是兰州），在此建物流总部，可以较好地兼顾国内与国际两个市场：

既可相对均衡地到达周边省份与地区，也能最大限度地占据靠近“一带一路”国际市场的有利区位。

这个区位条件，是成渝等西部城市无法比拟的。

除了打造自己的专属品牌，西安在其他方面也是全力出击。

第一，“小题大做”。

2016年12月24日，上任不久的西安市委书记王永康来到西安市城墙景区暗访环境卫生清洁工作。

没想到，在城墙上王永康俯身捡起了27个烟头！

这说明西安这座古城的环境卫生确实不咋地，需要被重点关注了。

随后，“烟头革命”和“厕所革命”轰轰烈烈展开，然后拓展到治污、治霾。

从市一级到村一级，全面监控和制止破坏生态环境的行为，一大批治霾不力的干部被问责。

第二，“留住孔雀”。

西安高校云集，科教资源在全国排位靠前。但尴尬的是，西安留不住人才，“孔雀东南飞”是常有的事——大量人才毕业后纷纷前往东南沿海就业。

为用好百万科技人员，留住百万大学生，西安出台了“史上最宽松”户籍新政、“人才新政23条”和“招才引智20项”等新举措，拿出38亿元引进海内外人才，5个月共迁入落户11.6万人，增长了369%，西安的人才净流入率已跻身全国前四。

通过这种方式，西安与众多东南沿海的一线城市打响了“人才争夺战”。

第三，“虎口夺食”。

来自东部沿海地区的王永康一就任西安市委书记，就要求全市上下将招商引资作为“一号工程”，以“虎口夺食”的精神“大招商、招大商”，盯紧央资、外资、民资、内资、融资等“五资”，用实体经济的发展加速西安的大发展。

“虎口夺食”，抢夺的就是上面提到的京东、海航等企业，“虎口”当然就是指东南沿海城市、中部的郑州、武汉等，当然，也包括成都和重庆。

西安的城市发展跟成都、重庆相比还有很大差距，但是，明确的定位和一系列大动作，足以显示西安不可小觑的雄心和强大的后发优势。

成都、重庆“敢让西部变枢纽”

一直以来，无论是产业、商业还是科技、文化等方面，成都和重庆都发展的很不错。

尤其是重庆，多次领跑全国各省市 GDP 增长率，2017 年前三季度，重庆经济总量领先天津 860 亿元，跃升为中国经济第五城。

成都、重庆的大踏步发展，也意味着两城对周边区域的影响力、辐射带动力更加明显。

在传统观念中，中国的物流模式，是内陆地区把各种各样的原材料和成品运到中国沿海，再从中国沿海运到全世界。

在这样的格局里，西部永远是中国的腹地，无法变成枢纽，即便拥有“长江黄金水道”，也只是有了一根通往东部沿海的单向导管。

实际上，库叔认为，成都和重庆这几年最大的贡献在于，刷新了西部的定位——西部不再单单是腹地，更是枢纽！

转折点发生在 2011 年 3 月 19 日，在这一天中国首列中欧班列——渝新欧，从重庆出发，经过西安、兰州、新疆阿拉山口后，横跨欧亚大陆，抵达德国杜伊斯堡。

随后，成都、武汉、西安、郑州等多个城市开始效仿，中欧班列在中国各大重要城市遍地开花。

与“一带一路”相契合的中欧班列，在改变中国传统的物流及外贸格局的同时，也使得中国西部从腹地一跃成为改革开放的前沿重地！

其中，重庆和成都开行的中欧班列次数，位居前两位。

此外，2017 年 8 月 29 日，重庆还联合贵州、广西、甘肃共同推动中新互联互通南向通道的建设。

2017 年 9 月 25 日，渝黔桂新南向铁海联运通道实现常态化运营。

货物从重庆至东盟主要港口的运输时间为 7~10 天，比传统江海联运模式到东盟缩短了 10 到 15 天。

由此，中新南向通道与渝新欧，将西北与西南、中西亚、欧洲与东南亚、“新丝绸之路经济带”与“海上丝绸之路”连接起来，形成“一带一路”经西部的国际陆海贸易新通道。

中新南向通道常态化运营仅仅一个月，2017 年 11 月 3 日，成都开通了“蓉欧（成都到波兰的罗兹）＋”东盟国际铁海联运班列，即泛东南亚的南下物流通道。

这对于提高中国西部地区的战略地位、使之成为“一带一路”的桥头堡发挥着举足轻重的作用。

还有许多问题需要解决

西安、成都、重庆三城具有很强的互补性。

近几年，三城定位逐渐清晰，通过合作进一步整合西部地区资源的需求也愈发强烈。

西成高铁的开通，进一步将三城串联起来，打破了制约区域一体化的交通瓶颈，为未来“西部城市群”的成功埋下了伏笔。

然而，仍然有很多需要克服的困难。

一是文化。

价值认同对提高区域凝聚力至关重要，能否实现区域内文化相通、人缘相亲，是决定一个经济区或城市群能否成功的基本条件。

西安所属的关中文化，与成渝文化差异较大。

高铁能促进沿线资金流、信息流、人流、物流的快速流动，但是，它无法让不同的地域文化趋于统一。

二是竞争。

有合作就会有竞争，上文提到的西安在招商引资中“虎口夺食”就是一个例子。

地域文化类似的成渝两地在合作的同时也曾存在激烈的竞争：

● 重庆坐实了中国汽车第四城后，成都也开始发力汽车产业，短短几年时间里，龙泉驿区就聚集了大众、丰田、吉利等多家整车生产企业；

● 重庆获批内陆第一个保税港（两路寸滩保税港）不久，成都就启动泸州港的建设与之争夺水运；

● 成都在引进英特尔等 IT 巨头之后，重庆就搞了西永微电子园与之竞争。

合作了 19 年，尽管已经磨合了那么久，成渝之间有时候依然会打自己的小算盘，从各自搞面向东盟的南向通道这件事就可见一斑。

虽然竞争会带来资源的分散，但不可否认的是，成渝的激烈竞争也产生了一些正面效果。

比如，原来成都和重庆分别在电子信息和汽车产业占据优势。如今，成都汽车产业发展起来了，重庆的电子信息产业也发展起来了。

从更大的视野来看，这两个城市共同改写了这两大产业的全球格局。

三是“虹吸效应”。

在过去十年，西安的经济发展取得了长足进步，然而，其经济总量与重庆、成都两大西部龙头城市相比还是相差甚远。

2016 年，西安 GDP 仅仅是重庆的 35.6%、成都的 51.4%。

一旦形成“西部城市群”，西安肯定也要掂量一下自己在其中的分量。

在汽车、电子信息等产业，西安还勉强能追赶成渝，金融业是其明显的短板——数量偏少，类型不够丰富。

● 目前，西安银行机构有 43 家，成都则达到 80 家。

● 保险业机构中，西安有 55 家，成都为 85 家。

● 2016 年，西安金融业增加值为 723 亿元，成都则为 1386 亿元。

● 成都拥有“成都国际金融中心”这样一张世界级名片，而西安暂时没有。

这样看来，成渝有优越的产业链条、相对广阔的就业环境、整体比西安收入高的薪资，等等，可能会对西安形成“虹吸效应”——西安的人口、资金等容易流入成渝。

考虑到这个因素，西安民间对“西部城市群”也就不那么“感冒”了。

他们认为，等西银高铁建好后，可以考虑拉庆阳、平凉、银川等城市入伙。到时候，自己即便不能做西部老大，也能坐稳西北地区头把交椅。

也有学者认为，成渝资源的“过境”对于西安经济绝对是利大于弊的——不是“吸血”，而是“送血”。

这样看来，沿海开放是以深圳为亮点的珠三角，沿江开放是以上海为代表的长三角，在未来“一带一路”开放发展中，以西安为首的大关中城市群将是亮点。

从这个角度来看，西安不仅不怕“虹吸”，还要抓住“一带一路”核心区的黄金机遇，加快西咸一体化和大西安建设，创新城市发展方式、全力推进品质西安建设。

西成高铁的开通，为“西部城市群”的建立提供了更多想象，但到最终落地生根肯定是“道阻且长”。

目前“西部城市群”更像是一个经济协作区域，还谈不上高度一体化的经济区。

现阶段，三方可以就大家共同关注的问题（如争取国家政策、交通基础设施建设、生态保护等方面）加强协作和交往。

通过不断磨合，大家一定会形成最广泛的共识，进而带动西部地区强势崛起！

（资料来源：微信公众号“重庆马路社”“悦西安”“西部城市”“华商报”微博“奥卡姆剃刀”等）

撰文：李浩然

04

梁思成关门弟子郭黛姮：什么是未来的北京？答案震撼了！

导语：未来的北京什么样？

在党的十九大召开前夕，国务院批复了《北京城市总体规划（2016年–2035年）》。

新规划对首都功能和古都保护方面的新提法得到广泛的关注，梁思成先生当年关于北京古城保护的构想被频频提起。

库叔邀请清华大学建筑学院的郭黛姮教授（梁思成先生的关门弟子、建筑史学家）详细解析新版北京城市规划。

谈到新规划，年过八旬的郭教授格外兴奋："如果梁先生能够活到今天，看到这个规划，他肯定特别高兴。"

这次北京的规划，不仅代表北京。保护好北京文化遗产，就是保护了中国文化遗产的代表，所有中国人都会为自己的民族文化感到自豪！

要建设什么样的首都？

瞭望智库：您对北京城市新规划最直观的感受是什么？

郭黛姮：我觉得新版的规划比过去真是大大提升，提出的东西都站得比较高、看得比较远，同时还很深入，对具体的问题又有相当的了解，能够去解决很多需要实施的问题。

首先，指出了每个人努力的方向。

原来规划一出来，市民感觉离自己很远：领导知道就行了，跟自己没什么关系。从我个人来说，原来觉得城市规划，单纯就是规划部门的事。那时也就是遇到情况查查规划，但在思想上觉得：到底有哪几件事，规划的内容不太清楚，自己还得再琢磨。

而此次新规划提的目标都非常明确而且科学。比如，要控制三个方面——人口、生态和城市边界，都是从人的角度和需要出发，给人们指出努力的方向。

有了正确的参照，人们就会从自身做起，自觉抑制不良的行为。以生态领域为例，老百姓看到新规划内容，他就想到不能污染环境、要选择绿色出行，等等。

另外，让我比较惊讶的是，这次能明确提出老城区保护——能保的尽量保，可以挽救的尽量挽救，关注到历史街区。能够关注到这么细的问题，这也是头一次。

第二，这次规划很好地回答了“我们要建设一个什么样的首都”的问题。

“四个中心”的定位：政治中心、文化中心、国际交往中心、科技创新中心。

政治中心和国际交往中心，这不是我们日常生活中的重点问题。

文化中心，就跟我们关系很密切了。我们搞教育，每天跟很多学生接触。作为研究古建筑这一行，把传统文化的精粹传承给下一代，就是我们的责任。我们的工作就是保护传统文化，从研究到实施，需要一个总体指导。我能够修房子，但我的能力不局限于修房子，我可以做复原、做数字化。所以，看到新版规划之后，确实感觉任务比较明确了，知道了要怎么干。

科技创新中心这方面，我的感受主要是对“时代性”的理解。中国梦怎么实现？也是需要分阶段。新规划与十九大精神对下一个 15 年实现社会主义现代化的目标高度同步，现在这个阶段需要的就是这样的规划，跟时代性密切相关。

以前没使用数字化手段，我不知道圆明园还可以这样表现出来，画 6 万张图，老百姓看起来可能效果并不好。现在，我可以运用新的手段呈现。数字化这类，肯定是一种方向，（我们应该）把这个做好，而且欢迎更多的人一块做。

郭黛姮先生团队制作的圆明园正大光明殿 3D 数字复原图。数字化手段在准确的基础上谋求更直观的表现力（北京数字圆明科技文化有限公司供图）

总的来说，新规划让老百姓能看得见、摸得着，知道自己能做什么、该做什么。

让我比较兴奋的就在于，以前想促成的事情都落到纸上，得到了确认。

避免大拆大建、见缝插楼

瞭望智库：您关注过之前发布的北京城市规划吗？之前，北京市老城区的建设状况怎么样？

郭黛姮：规划做过很多次，经常改动，但从未这么明确地提出历史街区保护。

我从自己参与和了解的情况来说说。

第一，大拆大建。

2015 年，我们到青龙桥街道，这里本来还留着一些历史建筑，尽管这些房子的状况已经不太好，但当时还没有全部拆光。

后来，拆到只剩两个小的佛教建筑，这边一个慈恩寺、那边一个隐修庵，其他都拆光了。

我不知道现在那条街怎么样了。我们当时建议：一方面，虽然老建筑拆光了，但希望能留下街道原本的机理——一个老街，然后分出一些小街之类，不要都给拆光；另一方面，因为挨着颐和园，这些街道里的房子尽量不要盖很高，避免妨碍景观的和谐。

但是，因为是开发商投资，拆的时候花的钱很多，就总想从新建过程中把这个钱捞回来。如果实行科学合理的规划，他们就达不到目的。听说直到最近，他们还在找人尝试制定新的方案。

新的规划特别明确，强调能保就保，避免过去那种大拆大建。否则就会像青龙桥街道那样，让他去搞这一片的规划，马上就拆光来一套新的。

第二，见缝插楼。

还有北京的四合院。有的四合院里就公然“见缝插楼”，很多都无法保持其原貌。教育部所在地是一个王府——清朝的“铁帽子王”济尔哈朗的王府。现在院内的很多房子保存尚好，但是中间就插了楼，还不止一处。

这种现象在北京一度很严重。现在我们讲腾退，不能腾退之后就见缝插楼吧?

梁（思成）先生曾经说过这样一句话：“不能让历史节奏委屈在不调和的周围当中，受到不应有的宰割。”

我一直有这种感觉，很多地方不该有的东西冒出来。

举个恭王府的例子，本来它就是一个王府，周围是住宅区。结果好多小店就开起来了，卖很多比较俗气也没什么文化内涵的东西。其他国家的古建筑景区，比如日本的法隆寺，大多数卖东西的店铺离古建筑很远。

现在这种小商铺都是自发的，没人管，甚至还有拆墙打洞的现象。所以，好多历史街区搞得很糟糕。这些文物建筑就属于“委屈在不调和的周围当中，受到不应有的宰割”。

重拾“整体保护”意识

郭黛姮：批复很关键！中央把这个方向确认下来。我感觉国务院批复里说的那几句话特别好：加强老城和“三山五园”整体保护，老城不能再拆，通过腾退、恢复性修建，应保尽保。

这几句话都是新提法，太重要了，非常令人兴奋！如果以前就能进行恢复性修建，很多地方都不会拆得乱七八糟。

新规划的一个重大提升，就是保护观念的提升：每个文化遗产都不是孤立的，而是总体环境的一部分，周围都有跟它相关的东西。提倡整体保护，就是要真正保护古都风貌，保护北京老城的风貌。

梁先生曾经说：“我们爱护文物建筑，不仅应该爱护个别的一殿、一堂、一塔，而且必须爱护它的周围整体和邻近的环境。”

也就是说，历史街区实际是文物建筑的一个环境。新的规划就特别全面，强调了历史环境的整体性。

另外，这次还有新提法——三个文化带：大运河文化带、长城文化带、西山永定河文化带。

大家说保护文化，怎么下手？这三个文化带就给出一种方向指导——突破了以前逐个建筑的思路，用文化带的概念带动更全面的保护工作，用带型空间进行整体规划。

比如过去我们讲保护长城，现在变成保护长城文化带。长城周围很多烽堠卫所，要护卫长城，必然有人要在那生活，就形成一些小的镇，这里还有更多无形的历史和文化，都跟长城有关。所以，这些保护是一体的，不能说单独保护城墙，跟长城文化有关的这些都要保护。

瞭望智库：这与当年梁先生的思路很相似。

郭黛姮：梁先生的概念是整体保护，现在新版规划在整体保护中，再划分区块告诉大家具体怎么办。

当年梁先生提倡保护北京城，如果是按他的保护观念（来做），现在咱们的历史街区肯定也不至于这么惨。那么实际上新版规划等于把这种保护意识重新捡起来了。

如果梁先生能够活到今天，看到这个规划，他肯定特别高兴。他的理想就是要把北京保护好，他认为北京是世界上规划最好的城市。

他讲北京城“那具有计划性的城市的整体，那庄严的布局，在处理空间和分配重点上创造出卓越的风格，同时也安排了合理而有秩序的街道系统”，他觉得北京的建筑作为一个整体，这个体系是全世界保存最好的。

他当时对北京的老城、古城有这样的评价，但是在发展过程中，就忽视了这方面。

这种思路，其实也不仅是梁先生一人提倡。中国开过一次会，在西安发表过一个《西安宣言》(2005 年 10 月 21 日，国际古迹遗址理事会第 15 届大会在西安通过该宣言)。

当时提的概念还叫“文物建筑”(相对于现在的“文化遗产”概念而言)，说不仅要保护文物建筑，周围的环境也要保护。

可是，到现在为止，我们没能真正落实《西安宣言》。像历史街区，拆墙破洞之类的现象还很多。比如雍和宫，雍和宫是文化遗产，但你看雍和宫周围的房子都是什么样，没有把历史整体环境保护好。

现在的新规划，正是重新贯彻这种保护理念，而且比一般而论的《西安宣言》更加具体了。

可以将古建保护得更好

郭黛姮：以前，有人给北京规划起外号，叫“摊大饼”——简单地一圈一圈往外扩。

这次为什么要“定边界”？就是因为以前总是“摊大饼”，没有及时解决问题。

比如古村落或古城镇保护，现在咱们有些商业性的旅游点是用仿古的思路完全新建起来的。实际上，那不是一种历史文化，不是一种文化建设。现在很多年轻人并不了解传统文化，就稀里糊涂觉得那就是古建。

这种就值得研究。如果做古镇，不如就去找历史上真实的古镇。延庆的历史古镇，有历史可查，乾隆皇帝到永宁去焚香，哪怕说那里也重建一些房子，总体上还是符合历史的。

延庆属于长城文化带，也能够跟西山文化带产生联系。这样的文化带之间互相交叉的情况也很多。

所以，不能说这个地方被划入某个文化带，它历史上带有的其他历史文化信息就要排除了，还是要根据历史加以保护。

瞭望智库：您讲了王府中“见缝插楼”等现象，我们将来需要修复的东西是不是还有很多？

郭黛姮：“见缝插楼”的情况，目前来说也难以一下子全面恢复。

恭王府的“插楼”，是因为那时要搞中国戏曲研究院，恭王府门前大院比较空，就在那里建了，但是府门以内并没有占。

当时，我们考虑：北京实在太可惜了，已经没有一个完整的王府。总要有一个做王府“博物馆”吧，让人了解王府这种类型的建筑到底是什么样。

所以，在政策的支持下，依据考古成果、历史图纸等材料，我们按历史原貌对恭王府进行修复，包括由于后人管理不善导致烧毁的王府正殿——银安殿，总算还原了一个比较完整的王府。

像这样，正因为是“见缝”插的楼，所以移除之后大体恢复原状还是可能的。当然，也要根据不同的实际情况进行具体研究。

瞭望智库：不少古迹已经破损甚至消失，比如说北京的城墙。这对我们当今的整体保护有没有影响呢？

郭黛姮：拆掉城墙当然很可惜，这是在 1958 年相当特殊的时期发生的。

固然有一些遭受破坏的已经不可逆，但现在留存的东西，也都是非常重要的，我们保护好也能代表中国文化。

而更重要的是，不要只看到一些古迹损坏了，也要看到新的时代给我们带来的利好。

失去的东西我们可以通过各种方法把它展示出来。今天咱们的这些年轻人，比那时候前进了一步。各种技术手段多了，保护方法也多了，比如说毁掉的这些现在做了数字化，那给了大家一个不同层面的展示。

未来，比如怎么把西山文化带打造成一个精品？不仅是把地面上留存的东西拍点电影，还可以通过数字化等新的手段，把它再现出来。

所以，在这个条件之下，我们保护历史街区、文化遗产，弘扬这种传统文化精神，可以做得比以前更好。这也是本次规划延伸出来的意义。

不先搞好调研，好规划也办砸

瞭望智库：新版规划在具体落实的过程中，还需要注意哪些问题呢？

郭黛姮：其实，规划已经在实施，历史街区现在已经有了很多动作。比如私家乱建、开墙打洞的拆除、整治工作，从而恢复古建原来的面貌。

不过，在今后的落实中，还是有很多问题需要解决。

还以西山来说。开发商建了不少房子，很多也是请各家设计院来做的。如果真想好好做“西山文化带”，这些楼都需要好好研究。

我曾经参加过一次评审会，提意见，希望他们能在住宅区里体现西山的特点。即便是房地产开发也需要研究，这个住宅区盖出来，跟其他（地方）的住宅区应该不一样，应该有自己的个性。

再如，海淀区所辖有一个北坞村，当时里面还留着一座佛寺，修复时把里面的彩画都画成和玺彩画了（清代最高等级的建筑装饰彩画，一般仅用于皇家或与皇家相关的建筑）。

这都不对！这一个小佛寺怎么会用和玺彩画？他们解释说，那儿留有一块明代的碑，写着佛寺是皇帝出钱敕建。

明代彩画跟清代是不同的，即使是敕建，也不一定是清代和玺彩画的样子，何况它的屋檐底下还留有清代重修过的旋子彩画（明清时期传统建筑中运用最为广泛的彩画类型，在清代级别次于和玺彩画）。

那么，现代修复，要么把清代重修的样子反映出来，要么去认真考据明代彩画的样子。

结果，愣是给画成和玺彩画了。

旁边的厢房，就简单地一级一级降——旋子大点金（用来表达旋子彩画的级别，以用金量的大小为依据）、小点金、到最后不点金。

瞭望智库：规划中已经出现问题了吗？

郭黛姮：这不能说是人家规划的问题，是实施方面出了问题。在保护各文化带的时候，有规划的问题、设计的问题、施工的问题……这些问题都要统一起来解决。

新规划里既然这么明确地提出三山五园、提出西山文化带，那我们的责任就很重大，需要认真地研究其本身（在历史上）应该是什么。三山五园不是同一年代的产物，像香山静宜园、玉泉山静明园都是金代就开发成为皇帝的离宫，有七八百年的历史，不能一说要做三山五园就一概而论都按清代的做。

像前面说的这个佛寺，应该就是根本没好好调研。

在落实规划时，我觉得科研是首要的，要先研究，研究透了再动手。不能随随便便就弄上了，一看新规划说能保尽保，高兴了，不顾一切、一窝蜂就上去修，这样效果也不会好。

这次的规划很好，对于北京城市整体怎么保护，方向明确，提的职能也很具体。但是将来实施，要先对过去的东西总结经验教训。我觉得这方面欠缺的还比较多。

比如，中央现在特别提出要保护西山文化带，那就把它“面目一新”了就算抢救了文化？也不是这样。

我记得梁先生特别提出，说善男信女就要求把寺庙、塑像等搞得面目一新，好像这样就“做功德”了；但是我们不能像他们一样，还是要按历史本身去修复，不能“粉刷一新”就算修好了。

这项事业跟我们的关系很密切，任务也是很重的。要科研先行，把研究放在最前面。要不好好研究，就不能达到保护相应文化带的目的。

为中国人留住“乡愁”

瞭望智库：对于普通市民而言，保护城市中的历史信息的意义在哪里？

郭黛姮：对一般老百姓来说，是“留住乡愁”吧。就是留住他所在地方的历史记忆。

我主持修复雷峰塔的时候，杭州人觉得“西湖十景”就像家乡的名片一样，没了雷峰塔就缺了一景，很遗憾。①

也就是说，老百姓对历史文化有一种“感情”，这就是历史文化的“情感价值”。

不能把文物建筑的价值只局限在科学价值、历史价值一类，情感价值是历史文化的“灵魂”。

一说起苏州，大家马上就能想起“小桥流水人家”的画面。当地人有一种情感，其他地方的人也有一种情感。它是大家共有而不是某地私有的一种价值。

那么，我们的历史文化保护，就是在满足我们全民的“情感价值”。放眼国际，这也代表了我们民族的东西，寄托了我们民族的情感。

圆明园就是一个典例。

我之前在美国国会图书馆借阅的时候，碰见几位华裔学者，他们听说我是清华的做圆明园研究的，认为这个很值得讲，邀请我在图书馆讲讲圆明园。

---

① 雷峰塔于1924年倒塌，“西湖十景”之一的“雷峰夕照”由此有名无实。2001年，郭黛姮先生带领的团队主持修复雷峰塔，采用了国际文物遗址修复通行惯例——1964年《威尼斯宪章》的思路，在保留塔基等现存遗址的基础上，以“保护罩”模式修复搭建钢结构新塔，以恢复西湖整体景观面貌。

有一次在香港的学术会议上，当时香港还没有回归。讨论时就有香港的与会学者问：你们来自北京，能不能讲讲圆明园啊？他们很希望了解圆明园，甚至说将来如果重修，他们还要出钱。

回头再说“乡愁”，它并不局限在每个人的故乡，而是整个中华民族文化的灵魂。所以，不管来自哪里，不管身在何处，绝大多数华人都会都会关注。

另外到了其他地方，一提北京，人们会想到圆明园，圆明园相当于北京城的一张“名片”。新版规划之所以特别提出三山五园，也正是因为它们代表着北京的历史文化。

北京的历史文化遗产非常突出，古建筑类型齐全——皇家宫廷、官私园林、百姓民居，各种宗教建筑、陵墓，等等。

从这个角度来说，这次北京的规划，不仅代表北京。保护好北京文化遗产，就是保护了中国文化遗产的代表，所有中国人都会为自己的民族文化感到自豪！

撰文：黄俊峰

受访者：郭黛姮　建筑史学家、清华大学建筑学院教授

05

满盘皆活！这是雄安“千年大计”的真正玄机！

导语：2017 年 4 月 1 日，中央宣布成立雄安新区，主要包括河北雄县、容城、安新 3 县等地，是继深圳经济特区和上海浦东新区之后又一具有全国意义的新区。这一消息在京津冀乃至全国“爆炸”开来，牵动人们敏感的神经和“嗅觉”。

如果说，三年来京津冀协同发展的推进，主要属于战术层面的“伐兵”和“攻城”，那也不妨说，河北雄安新区的布局和落子，真正具有了上兵伐谋、以谋取胜的内涵。

规划中的雄安新区，包括雄县、容城、安新 3 县及周边部分区域。这个选址和布局，初看起来有些出人意料，但细思之则发现意味深远。

战略定位：既是国家级新区又是国家经济特区

2017 年 4 月 1 日，中共中央、国务院印发通知，决定设立河北雄安新区。雄安新区是继深圳经济特区和上海浦东新区之后又一具有全国意义的新区，也是继规划建设北京城市副中心后又一京津冀协同发展的历史性战略选择，是千年大计、国家大事。

雄安新区一瞬间街谈巷议，网络、微信迅速刷屏。

雄安新区虽被冠以新区之名，并与浦东新区相并列，但与层级最高的国家级新区明显不同，一亮相就比同级别的滨海新区、两江新区、舟山新区等高出许多，因为它同时还与深圳经济特区并列，因此可以把雄安新区初步界定为：既是国家级新区又是国家经济特区。

这可能就是在文件中首次使用“千年大计、国家大事”的主要原因。这两个词并用，主要是强调兹事重大。但它们又都属于一种质性界定，不好量化，所以到底重要重大到什么程度，我们只能从中国文化和历史的角度加以揣度。

关于千年大计，在汉语中最容易使人想到的是“十年树木，百年树人”，意思是只有按照自然、社会和文化的规律去做某件事才能成功。关于国家大事，本于《左传·成公十三年》记载的“国之大事，在祀与戎”，是指“和睦邦族”的祭祀与抵御外辱的战争。由这两方面出发，结合雄安新区的规划建设，可以这样理解“千年大计、国家大事”。首先，城建史上有一句话叫“千年风水”，意思是城市选址和空间布局一经确定并开建，就会彻底改变自然环境并很难再回到自然的原初形态，因此城市的规划与建设比种树育人更加重要和影响深远。其次，在《诗经·大雅·緜》中，曾把周人在周原上“乃立冢土”当作西周兴国大业完成的标志，这也就是《左传》讲的“祀”或摩尔根讲的作为文明社会标志的“礼仪中心”。把这两方面结合起来，可以推知雄安新区被赋予了怎样高的期望和怎样重要的国家职能。

雄安新区是一个新生事物，从雄县和安新两县各取一字，既具大国气象，又兼备大都风范。十年树木，可以足用；百年树人，可以齐家；千年建城，可以安邦。

大国大都，需要规划一个更大的战略腾挪空间

朋友圈中曾流传着一个提倡睡眠的微信。其实，不仅是快节奏生活的现代人，高速发展的中国城市也早就有了休养生息的强烈需要。

拥有3000多年建城史与800多年建都史的北京，目前中心城区人口超23000人/平方公里，机动车保有量超500万辆，既有“首堵”之戏称，又经常陷于“十面霾伏”中，再加上怎么也都治不了的高房价、上学难、看病难等，说明这座大城已经很累、很累、很累了。当一个人累了，最有效的办法莫过于睡上一大觉。而当一个城市病了，最管用的对策是减去已超过它承载极限的东西。但我们没有办法想象，如何给这个超负荷运转的大都市放假。

一般人都以为雄安新区的设置很突然，其实并不是的。因为像这样一个国家重大战略决策，不仅不会轻易做出，还可以说是经历了很多的投石问路并在巨大现实压力下才做出的。理解这个问题的关键，是如何把相关信息联系起来。

面对北京日益严重的“大城市病”，人们能想的和能做的都已想过和试过，其结果可以“不大胜亦不大败”一语概之。在“想”的方面，从传了十几年的各种版本的迁都说，到不久前仍在小道游走的“即将设置首都特区”等，集中表达的中心思想就是北京已不适合再做首都了；在“试”的方面，从地方上看，如山东省济宁市早就提出要建文化副都，期望能承担一部分首都的功能，这事一直闹到2009年全国两会才无疾而终。从北京自身看，为了应对城市病也做了很多，其中一大手笔是把首钢整体搬迁到河北曹妃甸。从国家层面看，京津冀协同发展战略把天津列为双核心城市之一，也是出于解决北京市“一城独大”的顽疾，但天津同样也饱受着大城市病之苦。在万般无奈的情况下，2015年7月，北京市提出“聚焦通州，加快北京市行政副中心的规划建设”，后来又排出到2017年底将政府四套班子搬到通州的计划，尽管这个动作已不算小，但预计只能疏散出40万左右人口，这与北京的2000多万的常住人口相比，作用相当有限。

与此同时，不管北京市怎么提高门槛，外来人口增速仍持续走高。截止到2015年年末，在北京市2170.5万常住人口中，外来人口高达822.6万，占比为37.9%。而据全国第六次人口普查数据，仅2010年河北流入人口就超过北京流动人口总量的五分之一。凡此表明，各种优势资源过度集中的首都北京的城市磁力过于强大，如果在周边不能有一个可以和它相媲美的城市，京津冀的协同发展，就极有可能是围着北京市再摊一个更大的大饼。展眼望去，在京津冀要找一个这样的地方并不容易，不仅天津和石家庄不行，连地级城市保定的人口也都超过 1 千万，再怎么拓展，都不可能建成一个巨大的人口蓄水池。

中央城市工作会议提出：必须认识、尊重、顺应城市发展规律，端正城市发展指导思想。中外历史上很多都市的迁移和扩建，都是出于遵从自然规律、协调人和自然矛盾的现实需要。从中国古代都城史的角度看，无论是汉唐的双都城——长安和洛阳，还是唐代对隋朝都城、元代对北京城的扩建，都是因为旧都不能满足帝国首都必须具备的城市功能。从西方现代大都市的角度，19 世纪下半叶，伦敦、曼彻斯特、纽约、芝加哥等在出现了人口拥挤、环境污染、贫富差距悬殊等“城市病”后，也都不约而同地采取了另建新城的策略。

俗话说，“树挪死人挪活”，对于一个城市也是如此。在经济全球化和政治多极化的当今世界，在积极应对北京大城市病的同时，另择空间建设一个国家副中心，以备不时之需，对于捍卫国家利益和国家安全是绝对必要的。在某种意义上，就像农业生产中的轮耕制，雄安新区的设置，可以看作是“都城空间轮耕制度”的一次探索，完全符合城市发展的规律。

上兵伐谋：一子落定，满盘皆活

上兵伐谋，其次伐交，其次伐兵，其下攻城。

如果说，三年来京津冀协同发展的推进，主要属于战术层面的“伐兵”和“攻城”，那也不妨说，河北雄安新区的布局和落子，真正具有了上兵伐谋、以谋取胜的内涵。

规划中的雄安新区，包括雄县、容城、安新 3 县及周边部分区域。这个选址和布局，初看起来有些出人意料，但细思之则发现意味深远。

首先，雄安新区一直是交通战略要地，距北京、天津只有 100 公里，属于高速 1 小时、城际高铁半小时的交通圈内，此次浮出水面，有望在京津冀腹地形成一个新的“中心地”。

其次，城市化水平较低，新区内人力资源、土地资源相对充足，坐拥华北平原最大的淡水湖泊——白洋淀，拥有良好的发展潜力和市场空间，还可连带解决京津冀区域的“中部塌陷”问题。

再次，远期规划面积 2000 平方公里，比深圳经济特区（1990 平方公里）略大，不到浦东新区（1200 平方公里）的两倍，建成后可容纳人口超过 1000 万，这样的规模和体量足以为解决京津冀协调发展的核心问题——疏解北京非首都功能提供辗转腾挪的战略空间，且与其他地方相比，三个县城的建设成本又是最低的。

最后，具有一子落定满盘皆活的系统效应。比较而言，在一穷二白上，雄安新区有些像当年的小渔村深圳，在后发优势上，又像当年和沪西一江之隔的浦东，前者深入到战略前沿，后者具备雄厚的外势。在没有这个新区时，谁也看不出京津冀与一带一路、长江经济带如何互动，而一旦有了这个新区，一幅“南深圳，东浦东，北雄安”的深化改革和开放发展宏图已跃然纸上。

在战略一词已被用滥的当下，这才是真正的城市战略规划。不同于一般的空间、人口、交通、土地、金融、文旅等专项规划，它既在横向上统筹了环境、政治、经济、社会、文化等发展要素及其交互作用关系，又要在纵向上把握过去、当下、未来的内在关联及其包含的风险和机遇，是一种更加系统的国家大局设计和一种前瞻性的千年城市谋划。

当然，“罗马城不是一天建成的”。雄安新区的规划才刚刚迈出第一步。由于涉及环境资源、人口、经济、社会、文化等多要素，以及体量巨大、关系众多和层级复杂等原因，不论是规划刚刚提出的现阶段，还是在以后的规划建设进程中，出现一些怀疑、摇摆、反复甚至是局部的困难，可以说都是正常和无可避免的，对此既无须“大惊小怪”，也要防止“因噎废食”。对于所有“发展中的问题”，只能以更高水平的发展去解决。

撰文：刘士林　上海交通大学城市科学研究院院长、教授

06

天津终于明白了！

导语：2018年5月，天津“落户狂潮”成为焦点。5月16日，天津推出了低门槛准入“海河英才”新政，迅速吸引了大量人才疯狂涌入天津谋求落户。

天津当前的发展究竟状况几何，为什么对人才的需求如此迫切？

人才进入天津后，发展前景怎样？

天津，究竟是不是一座能够“留住人才”的城市？

贵为直辖市却反受其累？

北京向东100公里，是天津；再向东100公里，就是渤海边。京津两地头尾各有一处接壤，中间夹了一块飞地，属于河北省。

面积不大的华北平原上，集中了全国四个直辖市中的两个。

一边是首都的强势光环，一边是沿海大省的纵深腹地，天津这个特殊的地理位置，影响却可能走向两个极端。往好了说可以享受“近水楼台”的政策照顾和广阔地域的发展空间；往差了说则既遭遇资源虹吸，一山不容二虎，又陷入多头竞争，双拳难敌四手。

新中国成立之初，天津一度是北方第一大经济都市。

根据“新中国50年统计资料汇编”和各地统计局的数据：

1952年时，天津的国内生产总值是12.8亿元，北京是7.88亿元，天津是北京的1.62倍；但到了2017年，天津仅为北京的66%。

1957年时，天津的地方财政收入是7.99亿元，北京是6.4亿元，天津是北京的1.25倍；但到了2017年，天津仅为北京的43%。

这种变迁的个中缘由，既可以归结于北京作为首都所享受的天然政治红利，也夹杂着中国行政区划调整大背景下，与邻近大省微妙关系的掣肘因素。

最突出的反映，就是天津“直辖市”与“河北省会”身份的反复。

天津曾一度失去直辖市的头衔。1958年，天津市由中央直辖市改为河北省省辖市，河北省会由保定改为天津。到1967年，天津市又由河北省省辖市仍改为中央直辖市。前后两个决定，相隔整整九年。

当年将天津市划给河北省的主要理由有三条：

1. 历史上天津就曾经是河北省省会。

2. 许多兄弟省都有大城市作省会，河北省还没有这样的大城市。

3. 省市合并以后，有利于工农结合，城乡互助，消灭三大差别（工农、城乡、脑力劳动与体力劳动差别）。

那么，为何又在九年之后重新恢复天津的直辖市地位呢？

这源于当时津冀之间的核心矛盾，就是计划经济体制下的指标与资源分配问题。

天津的生产总值高于河北省，工业生产总值更是远超过河北省，天津工业对全国工农业有巨大影响，其结果如何呢？天津虽然一度成为河北省的一部分，但在全国经济计划中要做特殊考量，成为“计划单列市”，中央不得不先分配天津市的指标，再分配河北省其他地区。这种复杂而特殊的结构终归难以维持，最终天津又回到直辖市的道路来。

然而，改革开放以后，在市场经济条件下，没有了指标分配问题，河北省的工业产值也早已超越天津市，直辖市的身份对天津市发展的弊端就显现出来了：天津失去腹地，划地自封失去活力。

交通上，天津至河北很多城市的铁路很晚才开通；黄骅、曹妃甸两大港对天津港形成巨大的竞争。

工业上，唐山、沧州等地的钢铁、石油化工与天津同质竞争。

经济上，石家庄借助省会地位飞速发展，省会地位带来大量资金、人流。

鹬蚌相争，渔翁得利。天津和河北两地之间的经济竞争与重复建设，导致整个京津冀范围内的资源都更加趋向北京。天津更不再是那个与首都北京争雄的“明星”了。

曾经的北方重镇天津，很受伤。

天津怎么了？

天津和首都乃至北方众多城市之间，也曾有过蜜月期，这得益于一盘棋的“环渤海经济圈”规划。20 世纪 90 年代的天津，就曾是整个环渤海经济圈上的明珠。

凯风自南，吹彼棘心。1978 年，改革开放的风气由南至北，推动深圳和上海浦东率先成为对外开放的排头兵。

种种政策倾斜与发展利好，先后催生了珠三角和长三角两个增长极，并拉动东部沿海地区率先实现了经济的腾飞。

为了平衡南北地区的经济发展进度，“环渤海经济圈”这一概念也应运而生。

所谓环渤海经济圈，是指以京津冀为核心，以辽东半岛和山东半岛为两翼的环渤海经济区域，主要包括北京、天津、河北、山东、辽宁，即三省两市的“3+2”经济区域。

这片区域因为拥有优越的自然地理优势、雄厚的工业基础和巨大的发展潜力，当时被视为中国下一个对外开放的沿海发展战略突破口，甚至肩负起“北方地区经济增长极”的重要使命。

天津在环渤海经济圈中的地位相当突出。为了更好地发挥天津对环渤海区域的带动作用和辐射作用，中央批准了第二个国家级新区——滨海新区，并将这块依托天津、背靠“三北”、面向东北亚、沟通东西部的区域定位为“我国高水平的现代制造业和研发转化基地”“北方国际航运中心和国际物流中心”，旨在以滨海新区为龙头，推动环渤海区域的经济整合及发展，最终在北方大地上再造一个“浦东奇迹”。

滨海新区也确实不负众望。

2000—2016 年，天津的 GDP 增长速度始终高于全国，年均增速高达 13.63%；即便经受了 2008 年国际金融海啸的冲击，天津经济增速有所放缓，但韧性依旧不减。

这个过程中，滨海新区堪称天津经济增长狂潮的“首功之臣”。2000—2015 年期间，新区年均经济增速近 20% 的，领跑天津全市，并在 2010 年一举超越浦东新区，位居国家级新区经济总量榜首。

但到了 2017 年，天津和滨海新区却开始急转直下。

原来，滨海新区作为天津主要经济增长点，当时为了加快发展，GDP 统计时把注册地在这里的公司都计入了 GDP 总量中，但实际上这些公司很多生产经营都不在天津。统计 2017 年 GDP 时，天津按照新的口径将这些数据都挤出去了，于是滨海新区的经济增速直接缩水了三分之一强。

随着滨海新区主动挤出占 GDP 总量约 1/3 的“水分”，天津全市的经济增速也被大幅度拉低。按可比价计算，2017 年天津经济居然仅增长了 3.6%，而在 2016 年这一数字还是 9.1%，同比骤降了 5.5 个百分点，也远低于同期全国 6.9% 的均值。

在整个国家的宏观经济政策与形势都没有发生重大变化的前提下，2017 年，天津的 GDP 增速竟下滑了近 2/3，位列全国倒数第一，就连备受诟病的东北三省经济增速都跑到了天津前面；而纵向比较，也创下天津 GDP 增速 28 年新低，仅高于 1989 年的 1.1%。作为中国四个直辖市之一，天津这样的经济发展状况无疑让人震惊。

人们不禁发出感叹：天津到底怎么了？

“生死攸关”，天津必须转型了

投资驱动、重工业优先、服务业孱弱，天津的经济发展模式在新的浪潮中显得有些“古老”。

天津，作为一个直辖市，却最“不像”直辖市。

不妨拿出同为直辖市的北京和上海，以资对比。

北京依靠首都的优势，早早定位于政治中心、文化中心、外交中心、文化中心、高教科研中心，在发展过程中还成为了经济中心和金融中心。首钢搬迁吹响了北京高能耗、重工业撤离的最后号角，取而代之的是在 GDP 占比高达 80% 以上的服务业（2017 年），大型央企和金融机构遍地所带来的总部经济效应，支撑了北京抛弃重工业的决心。

上海则在 2005 年开始谋划转型。作为一个国资和外资双轮驱动的直辖市，2005 年上海合同利用外资出人意料地大幅攀升，更引人注目的是，当年现代服务业占引资总额比率首次超过半壁江山。主动转型带来的结果也是可观的，到了 2017 年，上海服务业占比已经从 2005 年的 51% 左右提高到近 70%；根植于上海血统里的国际交往意识和契约规则意识，帮助这座城市打造成为名副其实的国际经济中心、国际金融中心、国际航运中心和国际贸易中心。

反观天津，重大投资拉动的经济增长模式一直是主流，早已形成路径依赖。

早年间，中央决定建设环渤海经济圈时，天津由于其特殊地位而能持续引入大项目，诸如空客 A320 总装线、中航直升机总装基地、中船重工造船等。这类项目的特点是投资额大，短期直接拉动 GDP 增速高，但持续力不强。投资密集的 2007 年—2011 年间，天津投资增速保持在每年 20% 以上，个别年份甚至超过 40%，天津 GDP 也由此收获年均 15% 的“繁荣”；然而到了 2012 年—2016 年，投资增速从 18.5% 降至 8%，天津 GDP 也从 14% 骤降至 9% 左右。

重大投资拉动经济的另一面，也折射出天津市在产业结构调整和发展理念更新上的滞后。

近几年来，天津经济总量中有近一半都是来自工业的贡献，其中重工业的分量不容小觑，除了一些高端装备制造外，其他方面的产业结构和邻近河北省的产业结构严重趋同，在新的经济转型形势下，天津的经济数据难免遭受重创——2017 年的限产“环保风暴”中，天津很多高耗能高污染的重工业企业直接被关停，直接影响到了天津工业体系的上下游协同运作，全市 GDP 增长在这年呈现巨大滑坡态势。这一年，天津固定资产投资仅增长了 0.5%，大大低于同期全国固定资产投资增长 7.2% 的水平。

更重要的是，经济增长一直依赖投资的天津，其服务业的孱弱却没有得到足够的重视。

有观察人士指出，2006 年滨海新区就获国务院批准，成为继上海浦东之后全国第二个综合配套改革试验区，同时获得多项扶持政策，包括设立东疆保税港区、进行金融改革试点，等等。然而十多年过去了，除了渤海银行，天津似乎推不出第二个令人印象深刻的金融机构。从上市公司看，也多集中在工业、能源、交通和房地产等领域，几乎没有金融和服务业企业的影子。

根据中国人民银行天津分行的数据，2017 年天津非金融企业存款增量仅有 194.18 亿元，只相当于 2016 年的三分之一，2015 年的七分之一。

要而言之，在中国经济从高速增长阶段转向高质量发展阶段的关口上，天津经济的增长模式依旧过于粗放，转型已是迫在眉睫。

无怪乎在 2018 年 1 月天津市委十一届三次全会暨全市经济工作会议闭幕时，会议通稿和全会决议都用这样一句话来定位 2018 年：“对天津来说，是抢抓历史性窗口期，实现由高速增长向高质量发展转变的生死攸关之年。”

往者不可谏，来者犹可追。

天津最需要清楚的是，自身优势究竟在哪里？如何发挥这些优势？

留住人才是关键

“一线城市留不住肉体，三四线城市留不住灵魂。”中国大城市的漂一族经常这样感叹。

那么，如果有一个强二线城市，既能“留住肉体”又可以“释放灵魂”，特别是当它急切地敞开胸怀、试图包揽四方来才的时候，大家有什么理由不去看看呢？

这就是天津——中国四大直辖市之一、北方工业重镇、高考和教育的天堂——在公布人才新政后几乎一夜之间涌入30万人的理由。

天津这次的人才新政，叫作“海河英才”计划，最大的特点就是落户门槛低，因此引起一场轰动全国的人才涌入狂潮。截至2018年5月21日，通过“海河英才”计划直接落户已达5800余人，领取调档函2.7万多人。

毋庸讳言，无论是在天津工作的外地人，还是在外地想来天津发展的人，或者是那些“不受欢迎”的所谓三无人员，很多是冲着天津的“高考红利”来的。

众所周知，中国的高考制度是“省内竞争”。大学做出招生计划，切块给各省市自治区（省级区域）。一般来说，高考在省级区域内是统一试卷、统一成绩划线、统一录取的。由于考生人数不同、招生人数不同，还由于拥有高等院校数量不同，最终每个省级区域内的竞争激烈程度是不同的。

天津是直辖市，在高考招生上是一个单独的区域。北京、上海、天津三大传统直辖市，一直是高考的红利区——如果你在这三大城市参加高考，被名校录取的概率大增。

对于中国的中产阶层来说，还有什么是比孩子的教育更让人焦虑的问题吗？

在媒体整理的2016年、2017年各省“一本录取率”民间表格里，可以看出天津的“一本录取率”甚至超过了上海，仅次于北京。换句话说：天津是中国高考红利的“亚军”，落户天津将可以给孩子谋到很大的福利。目前北京、上海户口的获得难度非常大，天津户口突然打开了这样大一个缺口，大家当然要抢了。

这其实是人之常情，没什么好回避的。但“引入狂潮”不应该是终点。对于天津来说，更关键的是，用教育优势把人才吸引来之后，提高自身修炼留住人才。

如果一直是重工业立市、低端产业遍布，怎么能留住真正的高层次人才呢？天津的产业转型、结构升级刻不容缓。

京津冀协同发展规划早已给天津指明了方向。2015 年 3 月，中央财经领导小组第九次会议审议研究了《京津冀协同发展规划纲要》，把天津明确定位为全国先进制造研发基地、北方国际航运核心区、金融创新运营示范区和改革开放先行区。

“一基地三区”的功能定位决定了天津不能囿于局部利益，必须着眼大格局，秉持大胸怀，融入大战略。2017 年，天津市在落实中央对天津的定位时也提出四个专项《实施意见》，包括：

- 着力打造以战略性新兴产业为引领、先进制造业为支撑、十大支柱产业为重点、生产性服务业协同发展的全国先进制造研发基地，提高全社会研发支出占比，增强产业创新能力；
- 突出天津港在环渤海区域的核心枢纽地位，搞好港口协作，增强服务辐射三北地区功能；
- 加大金融创新发展投入力度，扩大金融总量规模，提升服务实体经济水平；
- 以建设改革开放先行区为统筹，把解放思想、更新理念、创新体制机制摆在首位，为实现中央对天津城市定位提供原动力。

如果说前三项，特别是先进制造研发基地和国际航运核心区——是天津传统固有优势的话，最后一项即建设改革开放先行区方面，天津其实更是大有可为空间。其原因在于，和上海一样，天津这个城市坐拥国家自主创新示范区和自由贸易试验区（下称“双自”）的双重身份。

留住人才的关键在于，如何发挥改革先行先试的特点，通过创新体制机制让天津的经济版图出现内生性的创新、创业动力，涌现出大量本土创新型中小企业，形成产业集群效应；同时发挥教育和研发优势，打通产学研转化的关键环节，结合最新科技趋势营造自主创新、自由创业的氛围。

“双自联动”与软环境

从自主创新这条主线看，从1988年我国开始设立高新区以来，我国高新区的发展大致经历了三个历史阶段。其中从2012年至今的第三阶段，发展重点是以科技创新为核心的全面创新，主要实践形式是建设国家自主创新示范区。

从对外开放这条主线看，建立经济特区之后，开放沿海港口城市，以及兴办经济技术开发区、保税区、建设国家级新区，形成了由东向西、由沿海向沿江、沿边和内陆地区梯度开放的发展格局。

以“开放倒逼改革”为本质的自贸试验区和以“改革促进创新”为本质的自创区所产生的协同改革效应，其能量是巨大的。善用“双自”资源的城市里，上海是一个典型。

“双自联动”的提法最初就来自上海。2015年，上海提出了10项重点创新试点事项，分别涉及了科创所需要的机构、资金、技术、人才四方面创新要素。

其中包括：

- 探索完善高新技术企业和技术先进性服务企业认定管理办法；
- 开展创新药物上市许可持有人制度试点；
- 建设国际化创新创业孵化平台；
- 探索运用电子围网等方式创新保税研发模式；
- 建立张江空运货物服务中心；
- 推进集成电路全产业链保税监管模式；
- 探索开展进口高端装备再制造试点；
- 探索境外风险投资基金直接投资境内创新企业；
- 完善研发技术服务的非贸付汇政策；
- 建设面向国际的知识产权交易服务平台。

不难看出，众多创新试点事项，其实都是具体的“软环境”建设。

自贸试验区政府管理体制方面的创新成果，在第一时间于创新主体最集聚的自创区得到了推广和试验，同时叠加自创区为提升经济增长的内生动力而形成的增量型政策创新成果，为企业创新发展减了压、松了绑，营造良好的制度和政策环境，实现创新驱动发展。这就是“双自联动”的精髓所在。

具体到天津，需要明确“双自联动”的目标和任务。一方面，围绕科技与金融融合发展、国际产业创新与交流、人才与资本自由流动等方面形成全新突破，并争取尽早把天津高新区整体纳入自贸试验区范围；另一方面，建立“双自”联动会商机制，针对“双自”联动存在的问题、难点等进行系统化研究，梳理自贸试验区各项制度创新成果即时在自创区复制推广，结合自创区在政府服务企业方面的相关政策创新，打造局部最优的创新创业生态环境，使自创区成为天津市创新发展的引擎。

教育和科技是未来天津大力发展的潜力股所在，也是实现产学研转化的关键环节，用好这个资源，尤为急迫。

天津有教育部批准成立的国内第一所应用技术大学，也有与教育部共建的首个国家职业教育改革试验区、国家职业教育改革创新示范区（2015 年升级为唯一的国家现代职业教育改革创新示范区）。

这里还是未来智能行业共同探讨科技发展趋势的地方。2017 年 6 月，世界智能大会在天津召开，同期举行的还有世界智能科技展、世界智能驾驶挑战赛。来自国内外知名科研机构、领军企业的代表及专家学者，共同发布了《世界智能大会天津宣言》，形成 3 点共识，提出了 5 点倡议。这次引发国人瞩目的“海河英才”计划，正是在天津举办的第二届世界智能大会上宣布的。

曾经在硬环境上略显吃亏的天津，现在正在从软环境迂回，尝试弯道超车，迎头赶上。尽管，很多来天津办事的企业或个人，曾抱怨这里政治生态的圈子文化和好人主义，但天津的行政审批事项确确实实是全国最少的。天津有很多安排都相当“宜人”：天津法院是全国法院系统首个推行司法标准化的法院，天津还拥有一个国内绿色建筑密集度最高的区域——中新生态城……

20 世纪 70 年代，飞鸽自行车、海鸥手表曾是“天津制造”的骄傲。如今，天河一号、大飞机、大火箭、生物基因和制药等高端制造业，正再次在把天津名片推向全国。全面革新的天津，吸引人们来到这里创业扎根的将不只是教育优势。

撰文：胡家源

07

中国有多少用钱买出来的最 ×× 城市?

导语: 近年来我国城市舆情研究发展迅猛，各种城市排行榜、城市发展报告可谓俯拾皆是。

这些看似“高冷”的研究成果，也随着发达的传媒，走进“寻常百姓家”。

然而，这些引人注目的排行榜、发展指数，真的可靠吗?

当前，我国城市舆情研究存在着令人不安的现状:研究动机不纯、指数设计“媒介化”、研究方法不严谨、研究团队良莠不齐和成果发布过于随意化……

这些因素，不仅直接败坏了舆情研究的科学和客观性，也导致了权力寻租、学术腐败等问题和乱象。

如何引领城市舆情研究领域健康持续发展?

近年来，我国快速的城市化进程带动了以城市排行榜、城市发展报告为代表的城市舆情研究迅速升温。

由于缺乏科学的理论指导、扎实的实际调研、全面的数据采集和深入的分析研究，这些研究中存在着不少以偏概全、不严谨、甚至是有意炒作的问题，不仅不能反映中国城市的真实存在状况与社会发展需要，还对城市管理、决策及都市日常生活产生了不良影响。

当下，清理、反思和规范城市舆情的研究与发布具有重要的现实意义。

最“吸睛”的往往是陷阱

中国的城市化发展之迅猛有目共睹。

2010 年，联合国的一份报告表明，中国已是世界上城市化速度最快的国家。

目前，全球 50 万以上人口的城市共有 961 个，中国占到了 236 个。

据国家统计局公布的最新数据，截至 2011 年末，我国的城镇人口达到了 69079 万人，占全国总人口的 51.27%，城市人口首次超过农业人口。

在城市化快速发展的过程中，城市成为中国经济社会发展的心脏和引擎，同时，各种问题日益凸显——蚁族、蜗居、城乡差距与贫富差距加大、城市生活成本上涨等问题与矛盾，成为不容回避的议题。

在这种背景下，“城市舆情研究”受到越来越多的关注，社会各界都希望通过这样的研究了解城市真实的发展状况、存在的问题和解决之道。

当下的城市舆情研究主要可分为三类：

一是全局性的，如《中国城市 XX 报告》、《中国中小城市 XX 报告》等；

二是区域性的，如《某省城市发展报告》等；

三是专题性的，如宜居城市、休闲城市、可持续发展城市、创新城市等。

除了文字描述、数字统计、现状分析和建言建议之外，这些研究报告一般还发布各类指数或排行榜。

这些指数和排行榜，往往是最“吸睛”的，通过媒体发布后，会产生巨大的“轰动效应”，成为人们认识、评判城市发展的主要依据和参照。

然而，问题也随之而来。

很多指数和排行榜的“出炉”，缺乏科学严肃的态度：不仅在指标设置上过于简单和主观武断，在数据采集和调研时也常常是随意发放数量有限的问卷，然后，根据这些不充分的调研匆忙得出各种结论与判断。

试问，这种粗制滥造和不负责任的态度所产生的报告，能得出科学的结论吗?

这样的“研究成果”，不仅不具有辅助决策、社会评价、舆论引导的功能，反而混淆视听、害人不浅，传播越广泛，危害越严重。

特别是在“眼球经济”的诱导下，一些城市为了吸引更多的“眼球”，不惜花费重金购买排名或雇佣团队炮制排名，以便跻身诸如十大最休闲城市排名、十大最具魅力城市排名、十大最佳旅游目的地等行列中，提升自己的“身价”。

同时，一些研究团队，则唯资金马首是瞻，根据投资方的授意或需要设置指数系统，甚至是按照赞助多少来排名，以至于当下经常出现这样的怪象：由某个城市出资资助的排行，结果一般都是这个城市拔得头筹。

城市舆情研究为何粗制滥造?

当前城市舆情研究的粗制滥造问题之所以出现，原因是多方面的：

第一，研究动机不纯，把严肃的城市发展问题扭曲为概念与数字游戏。

城市发展相关指数与排行榜的研制与发布，本应基于对中国城市的长期跟踪调查与踏实负责的科学研究。但当前的很多“研究”，仅仅是出于曲意迎合长官意志或商业营销的需要。

最典型的一个表现是生搬硬套，什么概念热就炒什么。

如近年来，低碳社会、生态文明、金融中心成为衡量城市发展的关键词，于是乎城市绿色发展报告、城市金融发展报告、低碳经济发展报告等纷纷出炉。

低碳社会、生态文明、金融中心这些概念本身没有问题，关键在于研究团队抛弃了科学立场与客观原则，根据政绩需要或商业需要去设计指标与权重，沦为相关利益方的工具。

由此抛向社会的各种指数排名，本质上只是一种概念与数字游戏，根本不能反映城市的实际情况和城市之间的差异。这样的指数与排名，不仅掩盖了城市真正存在的问题与发展需要，还严重影响了城市管理者的理性判断，使之难以做出适合相应城市的科学决策。

近来，内地有30多个城市提出建金融中心，有200多个城市提出建低碳城市，这种盲目的跟风与不切实际的追逐，与相关指数排名有直接关系。

第二，指数设计博眼球、图省事，掩盖了城市管理中的真正矛盾与问题。

城市舆情研究的意义，本应是针对城市中的关键问题和主要矛盾，为城市管理和决策提供可靠的数据和可行的建议。

但是，在主题选择上，一些研究往往回避现实问题与矛盾，甚至搞出很多令人啼笑皆非的研究主题，像性感城市、美女城市、魅力城市、女性化城市等“八卦指数”横行于世。

在具体的指标设计上，则避重就轻、舍难求易。以城市居民幸福感的调查为例，设置的指标往往都是指向经济收入等外在因素，很少涉及城市居民的精神和心理感受——后者在测量上比前者要困难得多。

另外，很多研究在设置相关指标和进行测量时带有严重的倾向性，可谓“报喜不报忧”。它们一般指向正面的、积极的因素，当遇到房价居高不下、交通拥堵、物价上涨、社会治安等难题就退避三舍，掩盖了城市民生中的真正问题。

第三，调研方法生搬硬套，无法客观反映中国城市的真实状况与需要。

舆情研究起源于西方，国内研究者往往直接沿袭西方的调研方法与分析模型，忽视了中西在人口数量、社会形态、文化价值等方面的巨大差异。

特别是在抽样调查中选取样本时，不考虑实际情况，对北京、上海、广州等人口2000万级别的大都市，往往只做简单的几百份问卷。这样简陋的调研无异于盲人摸象，根本不可能反映大城市的真实状况。

更麻烦的是，很多调查往往流于形式。

城市研究对问卷的设计、样本的选择等有严格要求，在街头随机发放还是有针对性的发放，事先都会详细考察。

目前，国内的研究在样本选择上往往较为随心所欲，有些还喜欢简单地采用网络调查，根本不考虑中国上网群体具有年轻化、高学历化和城市化等特性，并不符合样本选取的多样性和广泛性要求，由此获得的数据及建立在其上的分析很难称得上客观与公正。

第四，研究团队良莠不齐，功利主义状况严重。

影响我国城市舆情研究质量的因素中，方法和原则固然重要，但研究者的素质可能更为根本。

当前，研究团队鱼目混珠的状况比较严重，缺乏先进理论知识、专业技术训练、良好职业道德和敬业精神。

除了唯资金马首是瞻、在研究中避实就虚之外，研究者观念的落后也制约着研究成果的质量。

以国内某摩天大楼报告为例，报告中对中国城市的排序，以城市拥有的摩天大楼的数量为标准。换言之，摩天大楼数量越多，城市综合实力就越强。

实际上，这个标准与当今世界城市发展的普遍规律、与大趋势不符。

当下，中国很多城市仍然十分流行“摩天大楼竞赛”，与这种城市发展观念与舆情导向密切相关。

此外，由于“重争取项目、轻学术研究”的学风，很多研究的指数排名沦为“圈钱”的手段，研究者的精力主要用于拉关系、拿项目，很少放在科学研究和战略设计上。

更严重的是，在个别城市舆情研究中，还存在着伪造数据等现象。

第五，指数发布渠道随意，暴露出制度监管和追究机制的缺席。

目前，在城市舆情研究与信息发布方面，我国尚无制度化的监管举措。任何组织、企业和研究者都可随意发布。同时，对于错误信息及其导致的严重后果也缺乏纠正和追究机制。

这是当下城市舆情研究领域混乱、无序的主要病根。

监管的缺乏轻则导致不实指数和排行混淆视听，使各级政府和广大民众难以掌握真实信息，重则为不法分子骗取钱财打开了方便之门。

2011 年 8 月，《人民日报》曾发表题为《名目千奇百怪，骗子屡屡得手——评选诈骗严重戕害社会信任》的报道，讲到几个人打着“中国社会调查所”的旗号，捏造各种名目，在各地骗取钱财高达百万之巨。

如何让研究走上正轨?

研究成果的粗制滥造，使得城市舆情研究不仅没能给城市发展提供正向主力，反而成为“折腾城市”的新游戏。

作为与城市化快速发展进程相适应的产物，城市舆情研究目前仍然是“新生事物”，属于城市管理、文化管理和媒介管理领域的新课题，相关制度设计正在形成阶段——究竟应由谁来制定规则、实施管理和追究等方面还需进一步研究和明确，结束该领域的放任自流状况，已迫在眉睫。

对此，特提出以下几方面的建议与对策：

首先，建立管理机构，制定规则，加强监管。

管理机构的明确，应放在首要的位置。建议由相关部门牵头联手建立城市舆情管理委员会和专家委员会，根据我国城市舆情研究与发布的规律和特点，制定相关的规章制度和管理办法，使城市舆情研究有法可依，建构健康有序的游戏规则。

其次，建立准入机制，颁布指南，加强引导。

针对研究者参差不齐的现状，应设置城市舆情研究的准入门槛，从源头上控制与提升研究团队的素质与水平。对已有城市舆情研究进行摸底和梳理，引导研究方向，培育主流话语，杜绝和减少随意和不负责任的行为。

最后，成立行业协会，促进交流发展，加强预警研究。

建立城市舆情研究档案和名录，重点是建立不良记录和黑名单，强化行业自律，引领行业健康持续发展。强化预警和对策性的储备研究，根据城市舆情的规律和特点探索科学的服务和管理模式，有助于走出“先污染，后治理”的老路子。

撰文：上海交通大学城市科学研究院

08

这件事令中国 2000 多个县拼了，但很有必要先泼盆冷水！

导语：中共中央政治局 2018 年 5 月 31 日召开会议，审议《乡村振兴战略规划（2018 — 2022 年）》和《关于打赢脱贫攻坚战三年行动的指导意见》。中共中央总书记习近平主持会议。

谈到乡村振兴战略，库叔在最近的调研中发现，全国两千多个县中，绝大多数都把发展旅游业作为了乡村振兴战略的重要一环。

但事实上，并不是所有地方都适合发展乡村旅游的，试想如果全国每个县都发展旅游，谁去旅游呢？如果每个景点都一模一样，谁愿意去看呢？

专家也频发警示：只有 5% 的农村具有赚取城市人“乡愁”钱的可能……仍然挡不住各地投资乡村旅游的“滚滚热浪”。

通过发展乡村旅游促进乡村振兴的正确操作是什么？库叔请教了研究“三农”问题的学者李昌金，他提出了乡村旅游发展的六大建议。

乡村旅游，贵在乡村性

乡村旅游的开发热已经有些年头了，尽管专家频发警示：只有 5% 的农村具有赚取城市人“乡愁”钱的可能……仍然挡不住各地投资乡村旅游的“滚滚热浪”。

乡村旅游开发成果成为各地农村发展的主要看点，自然也成为各级政府政绩考核的重要依据。全国两千多个县中，绝大多数都把发展旅游业作为兴县之策，尤其是十九大后，全国各地都把乡村旅游开发（田园综合体）作为实施乡村振兴战略的主要抓手之一。

如果全国每个县都发展旅游，谁去旅游呢？如果每个景点都一模一样，谁愿意去看呢？道理大家都明白，包括地方领导干部，但在乡村旅游开发热的大势所趋、形势所逼、政绩所需下，一些地方政府“明知不能干，也要硬着头皮上”，所谓“上有所好，下必甚焉”！乡村旅游盲目开发一旦形成风气，纠正就绝非朝夕之功。

事实上，发展乡村旅游的最佳区域是都市圈环城休闲带，即围绕都市圈1~2小时车程内的乡村。对于大多数远离大中城市的农村，尤其是中西部农村，进行旅游发展的前景并不乐观，这些地方如果将旅游业当作一项产业来抓，很大可能不会成功。当然，疯狂砸钱也并非一点好处都没有，游客不来当地老百姓节假日走走也好，只是白菜花了牛肉价，而且顾此必然失彼，结果是纳税人当了冤大头，政府公信力大打折扣！

在乡村旅游开发“没有条件，创造条件也要上”的态势下，政府投资乡村旅游如何做才不会花冤枉钱？

正确认识乡村旅游开发的现状与前景

乡村不仅是一个生产粮食的地方，还是一个离大自然最近，可以医治现代工业文明创伤的地方，这正是乡村旅游“热浪滚滚”的原因所在。乡村建设专家孙君因此认为“乡村是未来中国的奢侈品”。

不过，并不是所有的农村都适合发展乡村旅游，武汉大学教授贺雪峰分析认为，全国农村最多只有不足5%的农村具有赚取城市人“乡愁”钱的可能。

哪些乡村能够成为上面讲的 5%？

一是资源禀赋好的乡村，要么有名山大川等景观资源，要么有稀缺性、唯一性的生态资源；

二是具有地理区位优势的乡村，比如位于都市圈环城休闲带的乡村。

如果不具备资源与区位方面的优势，大部分乡村的旅游业发展基本只能成为上面讲的 95%，很大可能都会亏钱。

重视乡土人才在乡村旅游策划中的作用

目前乡村旅游开发过程中，重规划轻策划的现象十分普遍。很多地方领导一提搞旅游，就想到请一流的规划公司和知名的旅游设计师。

2017 年，有一篇文章在网上流传很广，该文认为 90% 以上的旅游规划院都不懂旅游，99% 的旅游规划都是抄袭模仿的平庸方案，全国每年浪费在平庸规划上的费用高达千亿，导致的旅游项目投资失误高达数万亿！这些数据的权威性尚待考证、观点也过于偏激，但它从一个侧面反映了学院派旅游设计师在乡村旅游的策划中存在某些先天不足。

最近二十年间，各地打造了无数乡村旅游项目，但真正成功的项目不多，成为全国乡村旅游典范的更少。成功的项目几乎都不是出自专业旅游规划公司和旅游设计师之手，而是由当地土生土长又见过世面的能人干成的。

例如，乌镇从一个破败的小镇变成一张国家名片，年接待游客近千万，旅游收入 4.5 亿。这一成功主要源于乌镇能人陈向宏，他是乌镇本地人，在大学里学过机械，以前是桐乡市政府一名干部，后下派到乌镇工作。

“关中第一村”袁家村、“浙江最美村庄”何斯路村，这两个村的乡村旅游都是村支书带领村干部边摸索边干出来的，他们分别是郭占武和何允辉，这两个人的共同特点是早年在外做生意，成功后返乡当村支书，把多年在外闯荡的经历变成当地旅游开发的智慧。

相反的情况是，很多动辄投资数亿、十几亿、交由一流专业旅游规划公司打造的乡村旅游项目，却难逃失败的命运，这方面的例子俯拾即是。

今后乡村旅游开发工作中，应该重视乡土人才在旅游策划中的作用，尤其要重视那些土生土长、成年后长期在外闯荡的能人。这些人既了解乡村的情况又见多识广，他们最有可能策划出乡村“独有”的原创景点。当然，在这个过程中并不能忽视专业人士的意见，可行性分析、具体的项目建设等还是需要由专业设计师完成。

坚持“把农村建设得更像农村”的理念

过去十多年来，由政府主导的新农村建设的理念和模式一直是“建城市一样的房子，过城里人一样的生活”，这导致了新农村建设普遍存在“单一性、城市化、千村一面”等问题。进行乡村旅游开发，就必须转变这一理念，甚至要颠倒这一理念，坚持“把农村建设得更像农村”。

怎么样的农村才像“农村”？“望得见山，看得见水，记得住乡愁”便是。什么是乡愁？就是老家的味道、奶奶的味道、妈妈的味道。

“把农村建设得更像农村”的首提者孙君对此有一套说法：“不靠路（建房）、不填塘、不劈山、不占田、不砍树”；“让垃圾不出村，让污水不入河”；“树上有鸟，河里有鱼，地里有虫”；“让年轻人回来，让鸟儿回来，让民俗回来”；“不当旁人，不当闲人，不当懒人，争取主人”。

未来乡村建设中，要坚持“把农村建设得更像农村”的理念，坚持“最小的人为干预、最大的原乡体验”，依托村庄传统，尽可能保留村庄原有肌理，不进行大拆大建。尽量采用当地的建造材料，充分挖掘村内的旧材料，通过新旧结合，废物换新颜。保留和改造好老房子，赋予其新的生命。尽可能保留各个历史时期的建筑，使之并存于一个村庄，增强村庄的历史厚重感。

用“倒行逆施”的方法保住乡村性

找一处古朴雅致、安宁惬意的乡村小镇来静静的享受“慢”生活……这是很多人放弃名胜古迹、海滩别墅，或者享誉国内外的名景，而选择乡村旅游的重要原因。

遗憾的是，现在很多乡村发展旅游，动辄投资几个亿、十几个亿，却是为了追求“高大上洋”，犯了方向性错误。而且模仿之风盛行，一个乡村的旅游发展得好，大家都跟着学。如陕西袁家村通过打造小吃街发展乡村旅游成功后，全国很多地方都在复制袁家村，光陕西省就有几十个，但是几乎都没有复制成功的。

“考察、学习、模仿”三板斧在其他行业行，在旅游行业不行，因为你的景区只有跟其他景区不一样，才能把游客吸引过来。搞旅游是变量策划，完全无例可循，每个乡村旅游项目都必须是原创的。

打造高度原创作品，必须在项目的策划、规划和施工等各个环节，采取超越常规的、与众不同的方法，这个方法就是孙君一贯倡导的乡建方法，笔者称之为“倒行逆施”的方法：去符号化、去标准化、去形式化、去设计化、去行政化、去园林化、去城市化，等等。只有这样，建设出来的景区才会有“乡”和“野”的感觉，才会有“采菊东篱下，悠然见南山”的意境。

以诚恳的态度对待仿古建筑

农村传统民居是农村历史文化遗产的重要组成部分，具有很高的建筑艺术、历史文化、社会风俗与景观审美价值，是乡村旅游最重要的资源之一。

由于传统民居建筑越来越少，大量仿古建筑的出现就成为必然。

在建设仿古建筑时，很多景区缺乏诚恳的态度，不进行认真考证，随意拼凑、粗制滥造等现象随处可见，最后搞成四不像、不伦不类，游客直呼“太假”，甚至产生了“不去会后悔，去了更后悔”的感觉。一些地方搞假丽江、假袁家村、假威尼斯、假泰晤士就更糟糕了。

乌镇的操盘手陈向宏在介绍乌镇经验时，向大家讲了一个故事：

我刚到乌镇不久，当地一个老百姓给了我一张台湾的“中国时报”，一个叫木心的人在报上写了一篇文章，说的是 1985 年他从美国回到阔别已久的乌镇，乌镇的衰败给他留下了绝望的印象。他在文章的结尾写道：“永别了！我不会再来。”这句话一下子刺痛了我。木心是出生于乌镇的一位文化老人，曾经在上海工作过，55 岁去了美国。我们通了整整 5 年的信，我根据他的回忆把他的祖屋按照原来的样子重建。2005 年，木心先生从美国回到乌镇，我陪他看了改建后的乌镇，他非常高兴，说我决定回来定居了。木心先生去世以后，我翻他的遗稿时发现了一封信，信中他说：“乌镇复兴的成功还在于没有假古董之感，这是诚恳，对历史与传统的诚恳。乌镇经得起看，足见其诚恳之深。”

“乌镇经得起看，足见其诚恳之深”，这就是乌镇成功的奥秘！乡村是有尊严的，乡村文化更是有尊严的，我们不能用实用主义的态度对待农村文化。乡村建设过程中，建设仿古建筑必须踏实地模仿，从设计、材料、施工等所有环节都要都非常讲究，精益求精，不放过任何一个细节，这样做出来的东西才经得起看，才会有味道。

还政于村和还权于民

在农村开展任何一项工作，都离不开村支两委的支持，更离不开当地农民的积极参与。

纵观各地乡村旅游开发模式，“政府玩、农民看”是一种；“老板玩、农民看”是另一种。前者是典型的政绩工程，后者则是老板既不懂旅游，更不懂乡村，这两种模式很大可能将功败垂成。只有“政府、企业、农民一起”，形成良性共生发展模式，乡村旅游的开发才有可能成功。

孙君认为，乡村建设不是以工程建设为主，也不是以扶贫帮困为主，而是实行系统性的修复与全面自治，要还权于村两委，让村干部拥有话语权，说话算数，实现村干部责任权利的对等。乡村建设不能以设计师、政府和专家为主体，一旦不以农民为主体，项目注定失败。只有还政于村和还权于民，乡村建设项目才能真正激活，才能实现旧村变新村，旧貌换新颜。

陕西的袁家村，没有名胜古迹，也没有独特的自然资源，通过打造民俗小吃一条街，每年吸引游客 300 万，年营收超过 10 亿元。有什么秘诀？袁家村支书郭占武说："农村的事谁来做？农民的事要靠农民自己做。"

撰文：李昌金　江西省宜黄县政协委员、三农问题研究者、香港中文大学访问学者

09

这个计划将改变中国，三大隐忧不得不防

导语：为加强与规范特色小镇的规划、建设与管理，浙江省特色小镇规划建设工作联席会议办公室印发《浙江省特色小镇创建规划指南（试行）》，这是全国首个针对特色小镇创建规划出台的专项指导文件。

最早的特色小镇成功范例出自浙江，如今，全国各地纷纷学习浙江模式。特色小镇在中国已步入发展的“快车道”。但是，在取得显著成绩的同时，出现的一些问题，也必须引起我们足够的重视。

特色发展

源自浙江、如今在全国遍地开花的特色小镇，不同于行政建制镇和产业园区的创新创业平台，它有一个鲜明特点——在区区几平方公里土地上实现特色产业、生产生活生态空间的融合。

自 2016 年起，中央开始将特色小镇创建列为农村重点工作之一，各部委、各级地方政府陆续出台相应政策，从土地、财税、金融等三方面陆续出台相应政策，支持特色小镇创建工作，特色小镇进入国家层面推广阶段。

从整体上看，各地在金融方面政策扶持力度差距较小，但土地、财政支持

方面差异较大：

天津、云南、福建、江苏等省在土地、财政等方面均给予较多的优惠政策，而辽宁、海南等省份除一定程度资金支持外，扶持力度相对较小；

在政策优惠程度居中省份中，浙江、江苏、山东等省份在土地、财政等方面侧重于考核后奖惩，而河北、重庆、江西、甘肃、湖北等省市则侧重于先期支持。

从区域分布情况看，特色小镇存在区域发展不平衡的问题：

华东、尤其是长三角地区经济发展活跃，居民收入水平较高，特色小镇发展得有声有色，苏、浙、鲁三省位列特色小镇总量前三，第二批特色小镇入选数量是第一批入选特色小镇数量的 2 倍之多；

西南、西北老少边穷地区迫切渴望“后发”机遇，亟待通过政策扶持发挥地域特色，在特色小镇建设方面积极性非常高；

华北尤其京、津、冀地区特色小镇数量相对偏少，未来仍具备较大发展空间。

从产业结构角度来看，逾 60% 的特色小镇为传统产业升级，如旅游、文化、农林牧渔等，其中以旅游产业为主的小镇占比达到 37%，超过 1/3，连同占比 16% 的文化产业一起，仅文旅类小镇便占据了特色小镇的半壁江山。

新兴信息、健康、时尚、金融、环保等新兴产业占比在 30% 以上，相对较少。

浙江清华长三角研究院区域发展研究中心的最新研究成果表明：

截至目前，全国共有 403 个特色小镇（2016 年住建部公布的第一批为 127 个，第二批为 276 个）；

共有 20 个省份提出特色小镇创建计划，总计划数量已超过 1500 个；

结合剩余 14 个尚未公布计划的省份进行推算，全国至少将出现 2000 多个省级特色小镇，它们将成为国家千镇计划的后备军。

大多数省份将小镇的建设时间划定为 3 到 5 年，其中共有 15 个省计划在“十三五”期间完成百镇计划，与国家千镇培育计划时间表保持同步。

可以说，特色小镇在中国已步入发展的“快车道”，使这些乡镇居民获得了实实在在的经济效益，对地方发展和社会稳定起到了促进作用。正因如此，有关方面才在日前启动了第二批特色小镇申报，并在近期就特色小镇的建设、发展和规范，提出了更多的指导和要求。

隐忧日显

但是，在取得显著成绩的同时，“快车道”上的风险和隐忧日渐凸显，正如一些重要指导性文件所揭示的那样，必须引起我们足够的重视。

2017 年 12 月 4 日，国家四部委（发改委、国土资源部、环境保护部、住房城乡建设部）《关于规范推进特色小镇和特色小城镇建设的若干意见》（下文简称为“《意见》”）指出，近年来，各地区各有关部门认真贯彻落实党中央国务院决策部署，积极稳妥推进特色小镇和小城镇建设，取得了一些进展，积累了一些经验，涌现出一批产业特色鲜明、要素集聚、宜居宜业、富有活力的特色小镇。但在推进过程中，也出现了概念不清、定位不准、急于求成、盲目发展以及市场化不足等问题，有些地区甚至存在政府债务风险加剧和房地产化的苗头。

隐忧之一：“大干快上”不免泥沙俱下

2016 年特色小镇建设的号角吹响以来，各级政府以及开发商都热烈响应。当前全国层面已经批复 403 个国家级特色小镇。此外，各级政府以及企业还有一大批建设计划。

如此“大干快上”，一方面，展示出各界对特色小镇模式的热情以及对转型期发展机遇的渴求，另一方面，也隐伏着“盲目上马”“政府大包大揽”、忽略投资效率及风险等问题。

相较于传统乡村开发模式，特色小镇建设最大的差异是集约化开发和成片“翻新”，需要大量资金支撑。

举个例子，与房地产项目不同，特色小镇建设除了建筑本身之外，还要建设道路、管网、学校、医院、办公楼宇、产业园区等。实际上，它是多个项目的集群。

那么，钱从哪里来?

这对地方政府和开发商都是巨大的考验。

据《中国企业报》报道，江苏每个特色小镇建设大约需要新增投资30亿元至50亿元，其中，产业投资占比不低于70%。由此便知，资金实力略差的开发商面临的压力有多大。

巨量资金需求背后隐藏的是巨量的债务，在新常态下，特色小镇即便建设好了，又需要多少人口和产业来填充?特色小镇如果像房地产一样供给过剩?该如何规避风险?

不仅如此，特色小镇模式并非单纯的产业创新或乡村社区改造。在很大程度上，它是对几平方公里范围内的自然/人文环境、社会面貌、社区结构甚至生产/生活方式的彻底改变。

如果考虑周密、举措得当，这种“颠覆性”的改变将有助于实现乡村全方位“更新换代”，实现地区经济、文化、社会发展的“弯道超车”。

倘若仓促上马、蛮干强推，则可能造成严重后果。

更令人忧虑的是，在整个特色小镇建设范围内“颠覆性”改变的背景下，负面后果一旦产生，即便可以补救，也势必要付出巨大的代价。

因此，必须做好预研，谋定而后动。

隐忧之二:“变相地产开发”阴魂不散

许多房地产开发商和背后的“金主”纷纷涉足特色小镇，有的提出了文旅小镇的发展方向，有的尝试用农业小镇建设一种理想的生活方式，有的则大举进军科技小镇领域……

这原本无可厚非，甚至在某种程度上值得鼓励，但是却将不可避免地将一些房地产业的痼疾“传染”到特色小镇建设中来。

一方面，房地产开发商最擅长的是在各地建设相同模板的“标准楼盘”，而特色小镇的生命力和活力在“特色”上。

什么是“特色”？就是千镇千面、因地制宜，如果搞标准化，丧失了“特色”，“小镇”也就失去了灵魂。

另一方面，房地产开发商的强项是“赚快钱”，主要依靠卖房牟利，社区配套服务往往只是用于抬高房价的工具；而特色小镇只能“赚慢钱”——等到基础建设阶段完成后，凭借入住或就地发展的各种产业盈利。

在这种情况下，房地产开发商很难通过“快建快卖”迅速套现离场，很可能不得不手握一堆“楼盘”，陪着“租客”（入住产业和二级发展商）共同“走长线”，将盈利点转移到租金和服务收入上。

这将对开发商的经营战略、融资能力等方面均构成新挑战，或将出现周转不灵、资金链紧张等问题。

特色小镇并非纯粹的经济开发项目，而是承载着诸多使命的综合项目，为防止出现“烂尾高峰”，须对这股热潮中的某些不理性因素进行调整。

隐忧之三：陷入空洞化陷阱

正如《意见》等文件中所指出的，特色小镇也切实存在着“特色不特”的“空洞化”隐忧。

首先，如前所述，大量特色小镇是资金、政策驱动型，“不接地气”，和当地居民、产业缺乏有机纽带和利益重合点，缺乏足够的“生血机能”。一旦资金、政策的“潮头”消减，就可能陷入“空洞”的尴尬局面。

其次，在城市化大潮下，农村人口资源的争夺趋于白热化。

根据国家统计局相关报告，2015 年跨省流动农民工 80% 流入了地级以上大中城市，省内流动农民工 54.6% 流入了地级以上大中城市。而县、乡则为人口流出的主要区域。

据报道，在第一批 127 个国家级特色小镇中，有多达 35 个面临着人口流出的难题。其中，位于农业地区的特色小镇人口流出最多，有约 33% 的该类特色小镇表现为人口净流出。

从城市的行政等级来看，小镇几乎位于城市行政等级的最底层，大多交通不便，医院学校等配套设施差强人意，当地人多数一有钱就在县城或省城买房置业，如果缺乏人口的聚集，特色小镇也会成为空心镇。

出路在哪儿?

针对上述隐忧，我们需要契合乡村振兴战略需要，建设新一代特色小镇。

出路之一：接地气

首先，特色小镇的建设要“接地气”，变资金、政策驱动型和“输入型”小镇为“触媒生发型”小镇——不盲目依赖资金输血、项目“刚性”引入和政策扶持，而是和本地强项相结合，不仅能够建成、存活，也要让它能够尽快“断奶”，实现经济、金融、社会效益。

最早的特色小镇成功范例出自浙江，如今，全国各地纷纷学习浙江模式。很多人可能忽略了一个现实：浙江特色小镇的成功得益于当地生生不息的创业精神和发达的民营经济。浙江气候宜人、人文气息浓厚、民营经济发达，在“政府引导，市场主导”的模式下，不同的小镇自觉分工，已经形成良好的产业生态，具有足够的吸引力聚拢资源。

因此，若不顾自身条件，机械复制“浙江模式”，就可能造成“橘逾淮为枳”的后果。

同样，在一些迫切希望搭上特色小镇、实现“弯道超车”的欠发达地区，有的地方政府不惜大包大揽。依托当地优质的历史文化、民俗传统、景观资源打造文旅小镇无可厚非，然而，若想使其具有持续的生命力，则要满足严格的区位条件——设立在拥有大量人口的大城市周边，交通便捷。

换言之，我们学习“浙江模式”，更多应该在战略层面，因地制宜、因时制宜、扬长避短、注重实效。

出路之二：农民利益最大化

历年中央“一号文件”都反复强调，社会主义新农村建设应立足于农村实际，始终坚持以农民为主体，充分调动广大农民的积极性、主动性和创造性。2018 年“一号文件”进一步强调，应坚持把解决好“三农”问题作为全党工作重中之重。

在新时代的特色小镇建设中，必须始终让农民、尤其本地农民成为“主角”和受益主体，凡最终有利于本地农村、农民的发展方向，就必然是正确的、有前途的，反之则可能走入“套牌小镇”的误区。

《意见》从不同层次、侧面指明了新时期特色小镇发展的方向：

坚持以人为本、防止千镇一面和房地产化、准确把握特色小镇内涵、注重打造鲜明特色、有效推进“三生融合”；

落实最严格的耕地保护制度和最严格的节约用地制度，在符合土地利用总体规划和城乡规划的前提下，划定特色小镇和小城镇发展边界，避免另起炉灶、大拆大建；

鼓励盘活存量和低效建设用地，严控新增建设用地规模，全面实行建设用地增减挂钩政策，不得占用永久基本农田；

立足区位条件、资源禀赋、产业积淀和地域特征，以特色产业为核心，兼顾特色文化、特色功能和特色建筑，找准特色、凸显特色、放大特色，防止内容重复、形态雷同、特色不鲜明和同质化竞争；

聚焦高端产业和产业高端方向，着力发展优势主导特色产业，延伸产业链、提升价值链、创新供应链，吸引人才、技术、资金等高端要素集聚，打造特色产业集群；

各地区要准确理解特色小镇内涵特质，立足产业“特而强”、功能“聚而合”、形态“小而美”、机制“新而活”，推动创新性供给与个性化需求有效对接，打造创新创业发展平台和新型城镇化有效载体，“不能把特色小镇当成筐、什么都往里装”。

出路之三：合理比重

处理好政府、市场在特色小镇建设中的“比重”。

2018 年中央“一号文件”强调，要“坚持城乡融合发展。坚决破除体制机制弊端，使市场在资源配置中起决定性作用，更好发挥政府作用，推动城乡要素自由流动、平等交换，推动新型工业化、信息化、城镇化、农业现代化同步发展，加快形成工农互促、城乡互补、全面融合、共同繁荣的新型工农城乡关系”。

《意见》也指出，应“厘清政府与市场边界”“严防政府债务风险”，强调政府职能主要在规划引导、营造制度环境、提供设施服务等层面，要“顺势而为、因势利导”，应避免政府举债建设加重债务包袱，统筹考虑综合债务率、现有财力、资金筹措和还款来源，稳妥把握配套设施建设节奏。

特色小镇建设不仅仅是单纯的经济项目，也是社会改造项目、区域发展项目、社会安定项目、地方文化项目；不仅仅是“求财工程”，也同时是“民心工程”“文化工程”“基层建设工程”“社会改造工程”和“环境工程”。

政府既不能大包大揽，也不能一切撒手、任由市场和资本“大水漫灌”。同样，唯有适应市场生存需要的特色小镇才能“存活”。

城镇化发展规律是“慢工细活”出精品，特色小镇建设也应树立“赚慢钱”的市场意识，避免短期效应及其副作用。对此政府和政策也需尽到引导、约束的职责。

撰文：陶短房

10

首发：乡村振兴工作法（1.0 版）| 能改变你家乡吗？浙江黄岩联手同济大学 6 年试验记

导语：每个人心里都有一个乡村的模样。

一些人喜欢乡村，盼望回归田园生活，但又常吐槽农村的各种现状，抱怨乡村的凋弊和失序。

我们还能回归乡村吗？或者说，中国社会在推进城市化的同时，是否还能迎来“乡村的复兴”？让我们既获得城市的繁华，又能享受乡村的美好，能够在城市与乡村之间“自由地切换”。

十九大报告中提出“乡村振兴战略”，为城市和乡村的共同繁荣指出了明确方向。

“一号文件”，在中国的政治语境中，早已成为党中央国务院高度重视“三农”问题的专用名词。2018 年中央一号文件，题目是《中共中央　国务院关于实施乡村振兴战略的意见》。

这份“一号文件”提出，实施乡村振兴战略，是决胜全面建成小康社会、全面建设社会主义现代化国家的重大历史任务，是新时代“三农”工作的总抓手。

2018 年“一号文件”出台前的中央农村工作会议，则提出了实施乡村振兴战略“三步走”的时间表，即到2020年，乡村振兴取得重要进展，制度框架和政策体系基本形成；到2035年，乡村振兴取得决定性进展，农业农村现代化基本实现；到2050年，乡村全面振兴，农业强、农村美、农民富全面实现。

乡村振兴“三步走”目标，与推进国家现代化时间表高度一致。这反映出最高决策层的意志与判断：没有乡村振兴的决定性进展，就不可能有中国特色社会主义国家现代化的实现。

但乡村振兴该如何推进?

一些基层干部反映，在具体执行中常常感觉牵不到“牛鼻子”。

我们来到位于浙江省台州市的黄岩区，希望在基层的实践探索中寻找答案。

选择浙江黄岩的原因有二。

一是浙江省是习近平总书记有关生态文明系列重要论述和“绿水青山就是金山银山”表述的发源地，浙江省在破解“三农”问题，推进美丽乡村建设进程中有着多层次的政策安排与丰富实践。黄岩区地处浙江中部，常住人口60多万，流动人口20多万，这里“七山一水两分田”，既有大面积的山区，也有冲积平原；既有相对发达的工业和城市形态，又有相对落后农村地区存在的典型问题。他们积极推进乡村振兴战略，已取得一定成效。

二是同济大学城市规划系主任杨贵庆教授和他的团队深深地触动了我们。6年前，杨贵庆教授开始与黄岩区合作，担任黄岩区美丽乡村建设的“首席规划师”。他每两周一次往返上海与黄岩之间，把乡村规划、文化再生的一系列研究与实践写在黄岩乡村的土地上。

同济大学与黄岩区的6年校地合作，以乡村规划、乡村建设为切入点，通过乡村规划、建设、人才培养的具体实践，助推了黄岩乡村的产业、人才、文化、生态和组织的一系列振兴。

乡村振兴关键在人才。

为系统培养乡村振兴的人才队伍，在地方党委和同济大学党委支持下，国内第一家“乡村振兴学院”2018年2月在黄岩挂牌，学院集理论研究、实践探索、教育培训功能于一体，院址直接建在经过修复后的村庄里。

针对乡村振兴，黄岩区与同济大学初步梳理出了包含 10 条、40 个要点的“工作法”。

同时，针对“乡村振兴工作法”的这种提法，他们一再强调，这个“工作法”还只是局部性和探索性的，只能算是“1.0 版本”，还有待进一步完善和提高。

工作法之一：文化定桩

屿头乡沙滩村是杨贵庆团队在黄岩打造的第一件“作品”。该村址原是乡政府驻地，但因乡政府及“新村”异地重建，原有的老街巷、住宅和“乡公所”基本处于自然衰退和被废弃的状态，该村成了“半空心村”。

这也是我国不少乡村的现状：旧村庄被废弃，“新村”建设堆积了许多没有文化特征、简单仿效小城镇的二三层楼房。

黄岩区屿头乡沙滩村旧貌（黄岩区提供）

杨贵庆说，文化是乡愁的载体，更是乡村的灵魂，建筑和空间环境是文化的外化表现。对沙滩村的规划、修复和改造，首先进行的是文化的挖掘与定位，挖掘和确立一个乡村独有的文化内涵，实施“文化定桩”。

宋代开元未年（1259 年），沙滩村所在地村民黄希旦因扑火救人牺牲，被皇帝封赏。此后，黄希旦被当地村民奉为“先祖”并建太尉殿，建成后香火不断，每逢农历十月一日，村民还举办社戏活动。杨贵庆认为，“崇尚英雄”和“养我德行”是当地的文化之根。

这一文化挖掘，成为沙滩村规划和修复的起点。

杨贵庆团队和当地干部、村民一起，指导村民围绕太尉殿建设社戏广场，基于朱熹曾在此讲学的柔川书院文化元素，规划建造面向少年儿童、供他们寒暑假来此学习优秀传统文化的柔川学堂，兼做乡村振兴学院讲堂功能，对太尉殿周边原废弃的人民公社时期多个集体设施和场地进行适应性改造和利用，规划指导村民将原有坑塘水面扩大，取名“太极潭”，同时保留保护周边古树名木，修建凉亭步道，结合当地树种建设公共绿地，最大化保持沙滩村文化风韵。

在文化定桩、修复基础上，杨贵庆团队对乡村文化创造性转化、创新性发展，进一步挖掘和建设民俗风情文化区、中医养生文化区、耕读文化体验区等，形成了不同层次的文化体验氛围，通过将当地文化、风物、原住民有机整合在一个村落空间，构成了文化认同与传承的有机体。

对此，当地村干部和村民反复强调，这帮他们找回了自信和自尊。

当地党委和政府大力推进村庄文化礼堂建设，把优秀的传统文化与社会主义核心价值观教育紧密结合，让一条主线穿起了不同层次的文化挖掘，初步形成了新时代的农村文化和乡土文明。截至目前，黄岩区已在全区不同村庄兴建起文化礼堂 151 个。

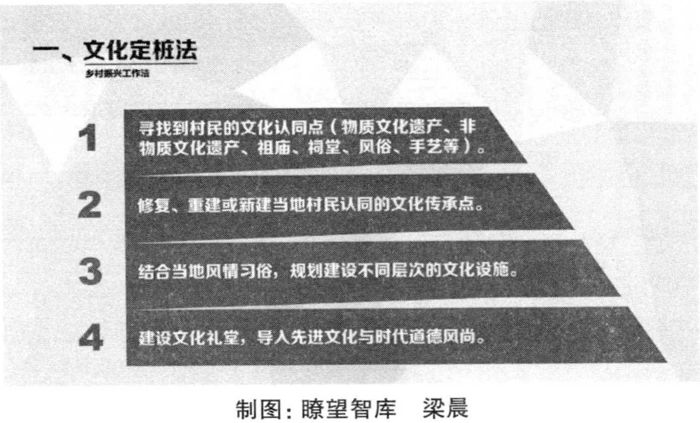

制图：瞭望智库　梁晨

工作法之二：点穴启动

仍以沙滩村为例，最早的乡村改造工程并没有得到村民的一致拥护。

杨贵庆团队认为，这是因为当地村民，包括一些基层干部，并不知道未来的乡村是什么样的，能够给他们带来什么样的改变。

如何推进？杨贵庆总结说，村庄有五个“穴位”，或者说五个功能点需要优先激活，通过这种点穴式启动，能够让村民快速有获得感：

第一，先建一个干净整洁实用的公共厕所。

原来分布散乱的“茅厕”，既不卫生，又“让人没有尊严”。厕所不仅是村庄的体面，也是所有村民的面子。建造一处“像样”的公厕，不仅满足了村民的急需，也为将来发展村庄文化旅游打好基础。

杨贵庆带领团队在黄岩区指导乡村改造（黄岩区提供）

第二，建设一个规模恰当的村民文化广场。

对沙滩村来说，文化广场也是社戏广场，是全体村民的娱乐中心和文化认知场所，同时为村民和外来游客提供了一处相互交流的场所。文化广场选址需因地制宜、规模适合，避免大广场。沙滩村通过充分利用荒废的场地和改造散乱的茅厕，整理出大小适宜的活动场地，避免了占用耕地。

第三，建设一个信息服务中心，集无线网络、邮件和快递收发、图书阅读为一体，这也是村民活动室。

沙滩村的信息服务中心充分利用原来废弃的“兽医站”建筑和场地，既承载了一段历史，又体现了新的功能。

第四，建设一个规模适合的生态化停车场。

停车场既可满足村民生活水平日益提高之后使用小汽车的需求，同时又可为游客服务。沙滩村的停车场充分利用零碎荒废的用地，并采用透水植草砖、竹子挡墙等方法，突出其生态性。杨贵庆提出，在交通偏远的山地村庄，利用废弃的打谷场建设停车场，还具有临时起降直升飞机的功能。他设想未来城乡之间的旅游交通或医疗援助，可以通过直升飞机相连。

第五，建设一处带有农家乐功能的民宿。

改造后的沙滩村全景图（黄岩区提供）

鼓励有积极性的村民利用自家的房屋，在地方政府的适当资助下，按照规划布局要求建设一处符合经营设施标准和卫生标准的餐饮住宿场所，为其他村民展示一个可以直接获取经济收益的样本。

“点穴启动”的过程，也是与村民的共识逐步形成的过程，让村民逐步感受到了“村庄未来可能的模样”、意识到“原来还可以这样生活”。相比之下，如果一开始就要大拆大建，往往会引起抵制。

黄岩区与同济大学的合作推进越来越顺利，目前已初步完成宁溪镇乌岩头村、宁溪镇直街、屿头乡沙滩村、北洋镇潮济村等改造项目，并正在推进头陀镇头陀村、屿头乡柔川景区上凤区块、屿头乡前礁村宋韵文化园、高桥街道瓦瓷窑村庄整治、演太线（乌岩头—沙滩）沿线补给点以及涉及南城街道、澄江街道、头陀镇中华橘园等项目。

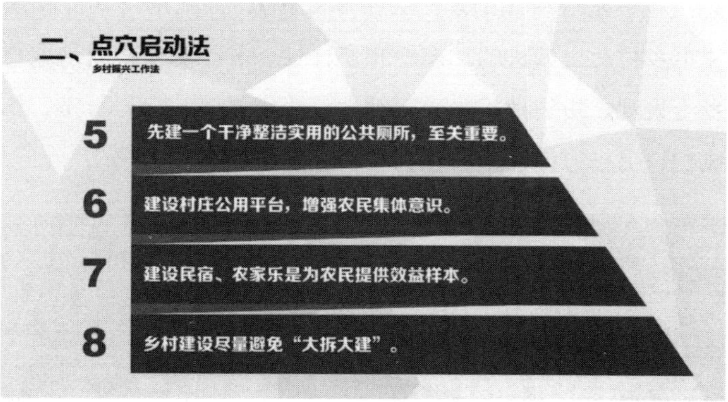

制图：梁晨

工作法之三：柔性规划

城市的规划是“一张蓝图绘到底”，但在村庄建设中，一张蓝图很难绘到底。

杨贵庆团队到来之前，宁溪镇曾聘请一家规划机构对乌岩头村进行过整体规划，但是难以按照规划图纸进行实践。宁溪镇党委书记胡鸥说：“村民是房屋的主人，他们对山水、功能、环境有自己的理解，一张规划图覆盖不了他们的不同认识和要求。”

杨贵庆认为，乡村土地房屋产权关系复杂，文化要素深厚，价值观念多元，这些特征往往深藏于民间，简单的调研难以发现。因此，由规划师单方面给出的硬性规划在实施过程中经常会遇到各种阻碍，如果强硬实施就显得粗暴，反而可能给乡村带来破坏性影响。

乡村的规划与建设必须是柔性的，不能仅从工程合理性或景观美学出发，更需要从梳理乡村产业经济、社会文化和空间肌理入手，渐进式、互动式、参与式地推进规划和建设，有时候要边建设边商量、边调整边完善，必要时还要与村民达成妥协。

杨贵庆把团队拉到乌岩头村，组成“在地规划工作室”，动态了解 90 户人家的不同想法和诉求（村民的想法会不断变化），注重房屋功能和质量的适应性改造，注重乡村历史演进的动态性和多样性，并高度重视就地取材，一方面努力再现乡土景观、古树植被、碎石铺地、小径竹院、乌岩石室、梯田茶园等传统乡村风貌，另一方面注重村庄内在的造血机能、活力再生。

杨贵庆指导规划改造后，旧村变美景，柴火房变成咖啡屋（谢锐佳　摄）

猪圈变为品茗室（谢锐佳　摄）

原本破败的民房变成散发文气的乡间书屋（谢锐佳　摄）

乌岩头村修复的两年，也是规划不断深化、生动化的两年，最终形成乌岩头村独特的文化内涵、业态功能与村落风貌。

乡村根深蒂固的思想与风俗常常是不可忽视的力量，在城市以建设中不会发生的决策与民众思想冲突，在乡村却时常发生。柔性规划则能形成共识机制。

在沙滩村改造中，一位家住在戏台旁边的村民强烈反对改变戏台朝向，他认为，“戏台之所以朝北建造是因为这样太祖爷爷可以直接看到戏台的表演，一旦朝向改变，太祖爷爷将不再保佑他们家”。杨贵庆顺应和积极引导村民这种朴素的“风水思想”，与乡村干部、乡贤合作，既坚持整体规划思想，又动态调整规划细节，与村民达成了共识。

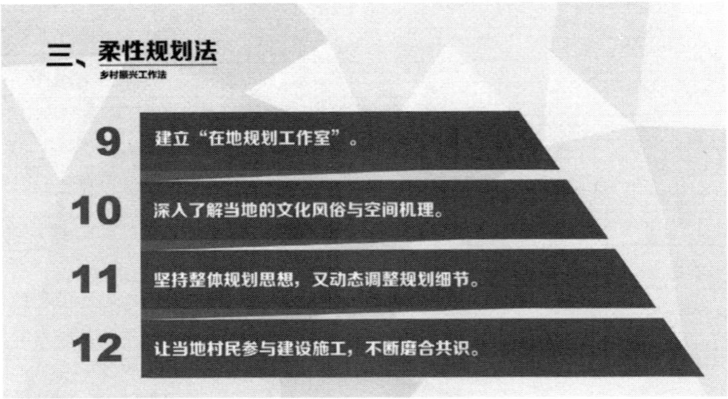

制图：梁晨

工作法之四：细化确权

2018 年两会政府工作报告提出落实第二轮土地承包到期后再延长 30 年的政策；探索宅基地所有权、资格权、使用权分置改革；深化粮食收储、集体产权、集体林权、国有林区林场、农垦、供销社等改革等，进一步对农村产权制度改革作出部署。

早在 2014 年，浙江省委、省政府就开始“三权到人（户）、权随人（户）走”的农村产权制度改革部署，浙江各地稳步推进以“土地承包经营权登记颁证、农村宅基地确权登记、村集体经济股份合作制改革”为主要内容的农村“三权到户”改革。

产权界定清晰，让农民有安全感和获得感，是推进乡村振兴的基础性制度工程，黄岩区牢牢把握住了这一原则。乌岩头村的改造，在“三权到人（户）”的基础上，进一步细化确权，明确所有权、使用权、经营权、监督权，分为以下四种情况：

1. 省市财政拨付的旧村改造资金，划入村集体所有的农村经济合作社账户，在镇里的指导下按计划使用，纳入村两委议事范畴，接受村民财务公开的监督。

2. 村集体所有的房屋，由农村经济合作社统一改建和经营，村民拥有分红权。

3. 村民的房屋可自主选择租赁给其他人，获取租金收入；也可以租赁给农村经济合作社，获取租金收入和分红。以乌岩头村为例，约 90% 村民选择租赁给村经济合作社或外来经营主体，约 10% 选择自用。

4. 为开发乡土旅游资源，黄岩区去年 9 月成立了旅游事业发展集团，推进建立与不同产权属性的旅游资源的契约关系，以市场化方式激活村庄人气，形成多赢模式。

在这一过程中，黄岩区不主张将历史文化型村庄的改建整体承包给旅游公司或开发公司，这样往往会赶走原住民，形成破坏性开发，而是达成共识：鼓励村庄内“细胞”市场化，整体上必须保留公益性和村民自治属性，从制度上保护乡村文化和资源体系的多样性、丰富性。

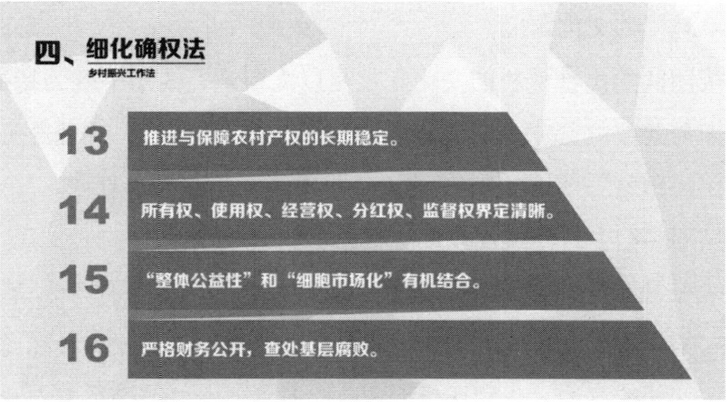

制图：梁晨

工作法之五：功能注入

没有功能的注入，乡村的修复与激活就无从谈起。在黄岩区与同济大学的探索中，按三个层面对乡村实现功能更新、再造、注入，尽可能推进“乡土文化、空间环境、产业经济”三位一体发展。

乌岩头村鸟瞰图（黄岩区提供）

第一层面，给村庄一个“文化定位和定义”，修复和激活文化功能，形成特定的“乡愁”和文化印记。

杨贵庆团队给出沙滩村的文化定位是以太尉殿、柔川书院为特征的道教、佛教和儒家思想支撑起来的“英雄文化”和“耕读文化”，给乌岩头村的文化定位是“民国印象”，以文化定位为主线推进乡村建筑的修复。

第二层面，给乡村注入现代化的宜居功能。

这首先归功于浙江省推进的美丽乡村建设，黄岩区推进乡村基础工程建设，管线入地、铺设污水处理管道、城乡一体化建设基础设施，在此基础上高度重视宜居功能的打造。我们在当地调研时看到，一些改造后的农民住房、农宿已不亚于城市住房的设施和功能。

第三层面，因地制宜注入多样化的产业功能。

围绕村庄改造而形成的创新业态，如各类临街商店、工作坊、书店、体验馆、民俗博物馆、民宿等；开发乡村的旅游、大健康、培训等服务型产业功能；培育和打造以特色农业、农副产品加工、水果休闲采摘等为主导的农业主题园区，推进第一产业与第三产业直接融合。

乡村文化、空间环境、产业经济互为支撑，不可分割。产业经济是乡村振兴的“造血机”，是乡土文化和空间环境建设的经济基础，为乡村振兴提供原动力；文化功能是乡村文明的灵魂，是乡村产业经济发展的目标和意义所在；而空间环境建设是产业经济发展和社会文化的物质载体，空间环境的改善可以促进乡村产业经济能级提升，并为乡村社会文化活动创造物质基础。

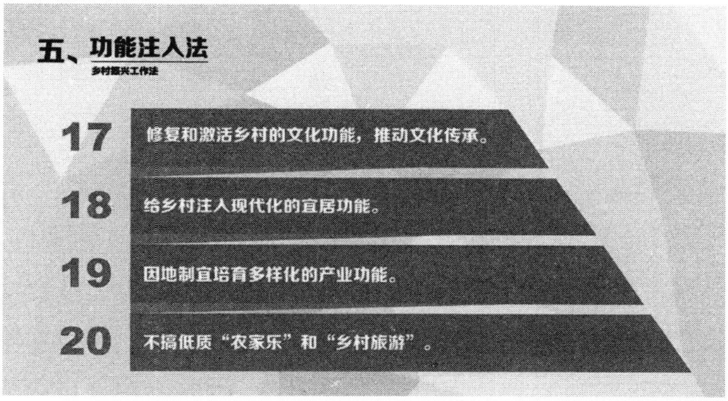

制图：梁晨

工作法之六：适用技术

杨贵庆教授及其团队利用同济的研发优势，不断寻找和导入适用于乡村改造的建筑技术、建筑新材料，探索适用于中国乡村振兴的地方村庄建设风貌导则，让调研组印象深刻。

村居建筑的适用技术需求广泛，如太阳能屋顶、节能门窗、雨水收集利用、墙体材料、地下水利用、污水处理等。在杨贵庆团队指导下，当地一方面注重就地取材，如村庄路面的改造基本采用当地自然石材、植草砖、碎石等透水性强的材料，并塑造斜坡、利用地形迅速排放雨水并收集雨水。对古村中的原本地砖进行适当改造，使其变成性能完好、与周围景色合二为一的路面材料，等等。

乡村适用技术要素分类及举例

技术分类			技术要素举例
规划适用技术	村庄建设空间布局		用地适宜性评价，建设用地界线划定，建设布局方案
	旧村整治与村庄历史文化保护		旧村整治方案，历史要素评价，特色要素总体引导
	基础设施	道路工程	弹石路面，轮迹路面，沥青混凝土路面，水泥混凝土路面
		供水工程	小型水厂，蓄水池，雨水收集利用技术，中水利用技术
		污水处理	分散式污水处理（如：人工湿地、土地快速渗滤技术、人工浮岛处理技术、净化槽处理技术、稳定塘处理技术），集中式小型污水处理
		粪便处理	生态厕所
		垃圾处理	分类收集，有机堆肥，建筑材料再利用，压缩填埋，焚化利用
		生活用能	太阳能，生物质能（如：沼气池、秸秆气化等）、风能
	村庄安全与防灾减灾		防洪防涝措施，防风、雪减灾，地质灾害防治，消防措施
	村庄风貌景观引导		街巷格局与肌理分析，村庄天际线控制，建构筑物色彩控制，传统建筑要素提炼与运用，传统形式下现代材料的运用与创新，本土材料与植被使用
建筑适用技术	建筑形体		建筑体形系数控制，自然通风，自然采光，乡土风貌特色
	建筑围护结构	墙体	外墙保温隔热系统，新型墙体技术，功能性涂料，垂直绿化
		门窗及遮阳	门窗节能技术，遮阳系统
		屋顶	屋顶保温隔热技术，屋顶防水技术，屋顶绿化节能技术
		地面	地坪防水技术，地坪密封和保护技术
	建筑能源设备		生活污水处理技术，雨水收集利用技术，地源热泵系统，太阳能利用技术，绿色照明技术

适用技术应用列举（制表：杨贵庆团队）

另一方面注重适宜技术的引入。为适应性改造沙滩村一座人民公社时期谷物仓库，将其改造成具有宾馆功能的“粮宿”，杨贵庆团队导入了十项适用技术，分别用于解决地面防潮、墙体隔热保温、雨水循环利用、污水处理、生物质能等乡村改建中的问题。一些技术受到德国乡村民居适用技术的启发，并加以引进和示范，价格适宜，功能优良。

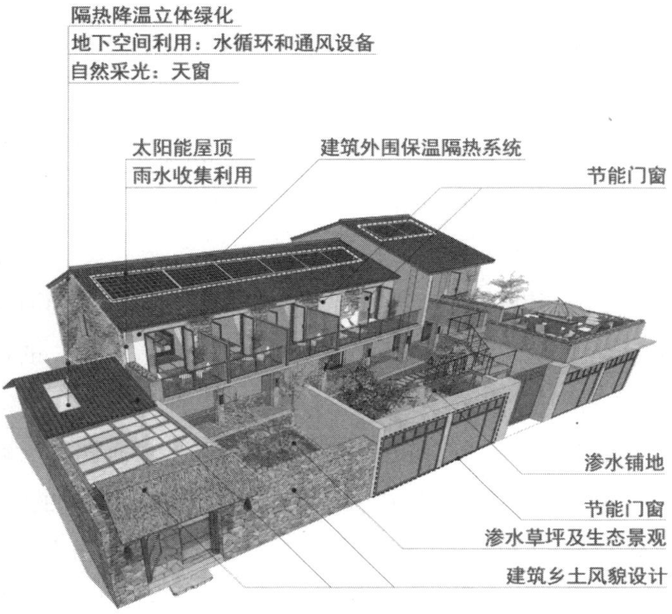

适用技术在“谷仓”建设中的应用解析图（制图：杨贵庆团队）

适用技术的导入，是确保乡村建设质量提升的前提，为此，杨贵庆团队和当地合作，编制完成了《黄岩村庄建设风貌控制技术导则》、《黄岩村庄建设风貌控制管理办法》，形成菜单化技术应用和管控模式。

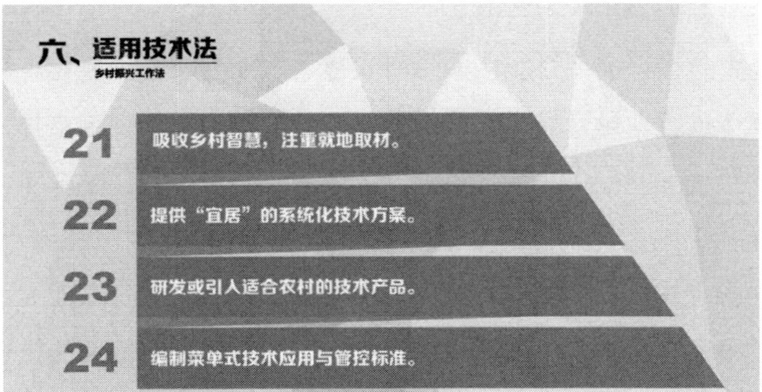

制图：梁晨

工作法之七：培训跟进

乡村振兴战略，是新时代“三农”工作的总抓手，亦是“三农”工作理论和实践的升级版，这对基层干部等三农工作人员提出了更多的要求。构建系统化培训体系，成为一项紧迫任务。

同济大学动员全校资源与黄岩区合作，2018年2月挂牌成立了全国首家“乡村振兴学院”，学院南北两个校区均直接设在经过抢救“复活”的村庄中，校区所在的村落本身就是鲜活的乡村振兴样本。

同济大学为乡村振兴学院备好丰富的课程体系和师资队伍，组建了一支由11名同济大学教授、博士生导师和21名“乡土专家”组成的教学团队，开发出乡村生态系统、乡村产业发展、乡村空间布局、全域旅游发展、美丽乡村建设等20多个课程，形成农业供给侧结构性改革、美丽乡村建设等4大系列、多个特色培训班次，基本覆盖了省市县乡村各级人员培训与教学需求。

除专题教学、培训外，黄岩区还按“产业兴旺、生态宜居、乡风文明、治理有效、生活富裕”不同主题需求，为乡村振兴学院配置了第一批5个现场教学点。

我们在调研时感受到，首家“乡村振兴学院”的成立，不是应景性工程，而是来自于强大的需求拉力：

第一，乡村振兴需要系统化的科研支撑。农业与农村现代化，科技含量越来越高，亟待进行理论升级和实践探索，传统的知识结构很难支撑乡村振兴的需要。

第二，基于城市现代化的中国城镇化浪潮，支撑起中国经济40年的快速发展，乡村振兴这一“规模化内需”，对经济增长拉动的潜力巨大，仅杨贵庆团队改造“粮宿”尝试的十项适用技术，在中国农村就有巨大的市场。

第三，随着国家现代化进程的推进，“回归乡村”有望成为一种社会趋势，新一代互联网、大数据等新型技术的快速发展，使得“城乡同构”成为可能，越来越多的人会选择在乡村生活、就业、学习、养老。事实上，这一趋势在沿海经济发达地区已开始显现。

同济·黄岩乡村振兴学院规划效果图（黄岩区提供）

据了解，同济大学还计划在具有不同特色的农村地区建设连锁型的“乡村振兴学院”，用同济大学全球化的科研、教学与成果转化等资源，为乡村振兴提供系统化理论与科研支持。

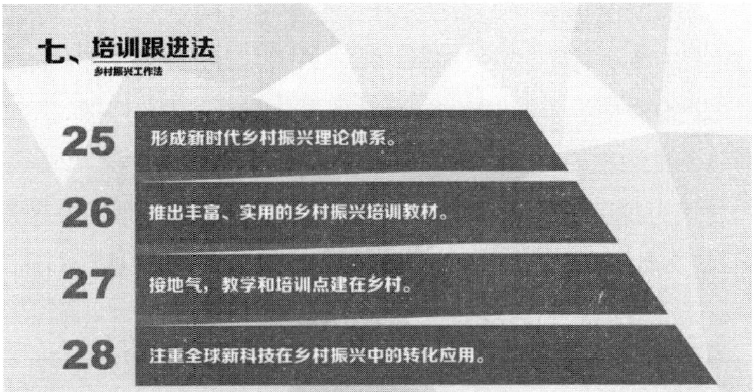

制图：梁晨

工作法之八：党建固基

有了乡村振兴这个“总抓手”，农民整体上感觉党和政府在为他们办实事，因此配合度、积极性都比较高。当地干部告诉我们，每一件事情达成共识，都能进一步激活基层党员干部的荣誉感，不断提升基层党组织在群众中的威信，层层压实和巩固党在基层的执政之基。

这一过程发生的机理如下：

1. 实行“三级书记一个群”。区委书记（包括副书记、分管工作的常委和职能部门负责人）、乡镇党委书记（包括乡镇相关负责人和工作人员）、村支部书记（也包括村“两委”相关负责人）全部进入同一个主题微信工作群，有事情随时沟通协调，任务完成情况及时反馈，形成三级书记联动攻坚工作模式。由于他们都在群里，谁的能力强、谁的主意好，大家都能及时动态掌握，这一小窍门成为破解干部不作为问题的一个好模式，组织部门也从中发现了一批优秀的基层干部好苗子。

2. 构建乡村振兴“共识机制”。一是党员干部冲在前面，在“三个书记一个群”的工作模式下，想好办法，率先垂范；二是通过建设乡村文化礼堂，将社会主义核心价值观的传导、教育下移，并发挥“文化礼堂理事会”的议事、调解功能；三是充分发挥乡贤的力量，把乡贤纳入乡村治理人才队伍。乡贤是一批有文化、有威信、有能力的乡村能人。

3. 营造乡村治理的“正能量界面”。这个“正能量界面”由三部分组成：一是推进村级组织运行规范化、村民自治法治化、村务监督民主化，形成12项标准化制度，破解村民最关心的“选好人、办好事、花好钱”问题（当地概括为“三化十二制”）；二是发挥农民主体作用，落实文明村镇创建、好家风传承、村规民约倡树、婚丧仪俗整治等行动，推动乡风文明落地生根；三是全面推进基层治理工作，按照浙江和台州全力在抓的四个平台加网格化的要求，形成了全科网格、责任捆绑、源头管事、就地了事的格局。

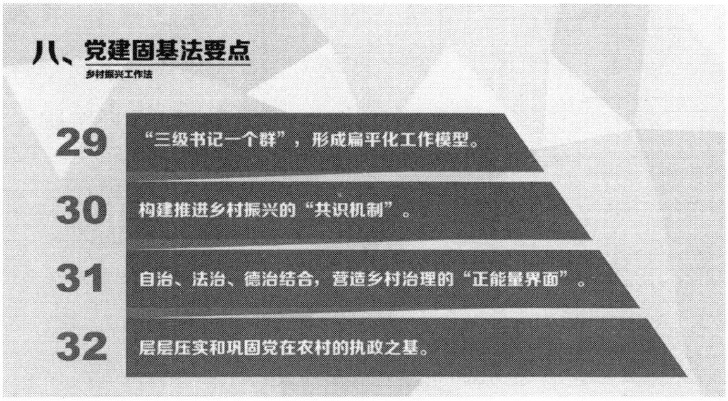

制图：梁晨

工作法之九：城乡共享

2018 年两会上的政府工作报告提出，“过去五年中国的城镇化率从 52.6% 提高到 58.5%”，“建立统一的城乡居民基本养老、医疗保险制度”，“实现高速宽带城乡全覆盖”，“促进农村一二三产业融合发展”。这些都指向共一个目标：实现城乡共同繁荣。

同济大学建筑与城市规划学院院长李振宇提出一个新的观点：在黄岩区推进乡村振兴的过程中，“城乡共享”的社会发展新模式、新阶段开始出现。

建设“城乡共享社会”，促进更深层次、更广范围内城乡的功能分工协作和资源要素的自由流动，为实现城乡共同繁荣提供了新的思路和路径。

我们在调研中发现，黄岩区和同济大学共同推进的乡村振兴试验，在实践上能够支撑起“城乡共享”这一理论性概念。黄岩区在自觉和不自觉之间，已在推进建设一种新型的“城乡共享社会”。

这一实践和理论模型的构建流程、形成过程大致是：

第一，推进城乡基础设施建设和动态发展资源要素的全域化规划、配置、协同，而不是城市和乡村建设两张皮、两个思路、两个框架。在管、线、网等基础设施建设上，黄岩一些乡村与中心城区同标准、协同推进；在产业功能配置上，黄岩区从去年开始推进的 34 个重点建设项目，实现全区城乡统筹考虑、产业链一体化推进，避免区块割裂；在旅游、教育、医疗等软性资源协同上，将大量优质资源配置给乡村，如“乡村振兴学院”就直接建在村里。

第二，乡村基础设施的改进、“互联网 +”在乡村的推广，使得城乡功能协同成为现实，返乡创业、乡村居住城里就业的人流开始出现。

我们在乌岩头村调研时，当地村民、民宿旅店老板陈元彬说，返乡创业、就业的村民已占到村民总数的三分之一。

“互联网 +”新业态在乡村涌现，乌岩头村吸引了城里的年轻人来创业，开设了不同类型的艺术体验馆、工作室。台州一家知名企业的财务总监、企业股东李素君常住村里，白天到城里上班或干脆在村里处理工作。

第三，当地干部已开始深入思考和探讨“城乡共享”公共政策的创新、供给。黄岩区委的负责同志表示，推进城乡振兴，在党委政府的职能配置、教育、医疗、福利保障政策的城乡一体、农村产权制度的创新等公共政策层面，均面临着一系列的制约性因素，如果能够一步步突破，在同一个公共政策框架内重新构建城乡关系，可以对乡村振兴起到更大的推动力。

设想一下“城乡共享社会”的场景，可以实现城里就业、乡村居住，或者在乡村就业、城里居住；可以将城里的教育、医疗、养老等平台建在农村；可以把创意、设计等工作平台放在村庄，在村里为全球的产业链服务，等等。

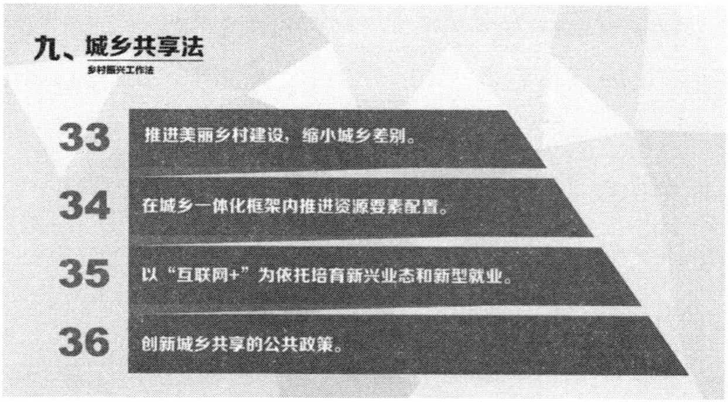

制图：梁晨

从黄岩区的实践和社会发展趋势看，构建“城乡共享社会”是可能的，也是推进乡村振兴的路径。调研组建议，可以选取黄岩这样的地方，或者其他具备条件的区域，推进“城乡共享综合改革实验区”建设，从理论、政策、实践层面，在更深层次上破解乡村振兴的“卡脖子”问题。

工作法之十：话语构建

同济大学邀请了一些国外专家参与黄岩乡村的规划和建设。来自德国包豪斯大学的菲力浦教授说，没有想到中国的乡村有着这么丰富的文化形态和值得挖掘的社会文化价值。

杨贵庆和他的团队意识到，乡村振兴与文化的传承，是一个全世界都感兴趣的话题，以乡村振兴为主题，可以推进全球对话，找到中国乡村振兴的全球坐标，构建出话语与传播体系，让全世界认识到中国乡村振兴战略的巨大价值。

2015 年 11 月初，德国柏林工业大学和同济大学师生在乌岩头村举行“中德乡村人居环境可持续发展”设计工作营。为期十天的现场调研后，柏林工业大学研究生回国之后继续进行为期一个学期的课程设计，把柏林城市周边衰败的乡村再生和黄岩区乡村再进行比较研究，提出创新的规划设计。

同期，“中德乡村人居环境可持续发展路径探索 2015 学术研讨会”在黄岩区举行，一批海内外专家以中国的美丽乡村建设和中外比较研究为切口，一起探讨中国乡村“升级版”的规划建设路径，以及如何促进乡村人居环境建设的可持续发展。

日前，杨贵庆团队对黄岩实践进行了学术总结，以乌岩头村改造为案例撰写了《再创中国乡村》（Reinventing The Chinese Countryside），发表在“美国规划协会杂志”（The Magazine of American Planning Association，2017 年 6 月刊）上，这份杂志直接面向全美 2 万多名规划师，杂志的标题点出了美国人的兴趣点“What can we learn from Wuyantou？”。

中德乡村人居环境可持续发展路径探索 2015 学术研讨会（杨贵庆团队提供）

杨贵庆教授还针对美国规划界提出的“新城市主义”，提出“新乡土主义”的概念，创新了中国城乡规划学科的理论，并以此来主导对外沟通的话语体系。

同济大学有关负责人告诉调研组，不要小看了乡村振兴话语体系构建这一探索——对外来说，这可以让更多外国人认识到中国正在以自己的道路模式解决乡村问题，让海外更多地看到中国农村文化的丰富生态和创新精神；对内来说，让更多的基层干部和农民增强了文化自信和发展自信，为乡村振兴营造良好的舆论环境和内生动力。

调研组在黄岩调研时，同济大学的专家和黄岩的干部还在商量，依托乡村振兴学院开展更多的全球学术交流，还可以举办更高层面的“乡村振兴国际论坛”。这些思路让我们感受到，在乡村振兴这一“总抓手”下，基层所涌现出来的思想活力和创新动力。

在浙江省和台州市的支持、领导下，黄岩区引入同济大学资源体系，探索与推进“乡村振兴工作法”，促进全区工作迈上了新台阶。2017 年，黄岩区在台州市综合考评中，从 2016 年的第 6 位上升为第 2 位；2017 年，其 GDP 增速在全省排名第 6，农村常住居民人均可支配收入增幅在浙江省排名第一。

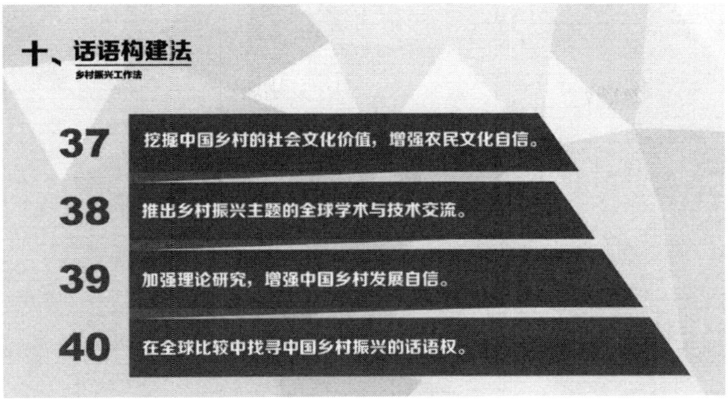

制图：梁晨

乡村振兴不是低层次振兴，或者城镇化模式的复制，而是基于城乡共同繁荣、城乡共享国家现代化经济体系和公共政策框架下的全面振兴，这为同济大学这样的高校提供了大舞台。同济大学把世界一流大学的建设写在中国乡村振兴的伟大进程中，他们的科学与实干态度、严谨与务实精神值得点赞。

需要指出的是，上述“乡村振兴工作法”还有很多的局限性，还需要不断完善，但其难能可贵之处，是他们将乡村振兴看成一个系统性工程，当成新时代“三农”工作的总抓手，进而激发出当地干部群众干工作、抓发展的积极性和内生动力。希望随着理论与实践的深入，能够持续性推进乡村振兴的理论体系不断丰富、发展标准不断提高、工作机制不断优化。

撰文：吴亮　王先知　里雨曦

11

现在村里为什么不愿多生男孩了？

导语：每次新年返乡期间，父母总会与我兄弟二人聊一下村庄发生的新变化，特别是要强调下谁结婚了，谁家都有小孩了，以便从侧面催促我俩早日成家，好让他们早日抱上孙子孙女。在我的记忆中，农村家庭或多或少都还持有传统的重男轻女、多子多福观念，一些家庭甚至不顾一切地要生男孩。就在十年前，邻居小叔结婚了，老婆带来了一个女儿，婚后第一胎生了个女孩，小叔不满意，过了几年终于生了个男孩，可是小叔还是不满意，嫌一个男孩孤单，也怕以后受到村里人欺负，便不顾乡镇计生部门和村干部的阻挠和劝说，“东躲西藏”地又生了一个男孩。

现如今，情况发生了转变。

村庄家庭生育观念的变化

2013 年，小辉经别人介绍与同村女孩小盼喜结良缘，让全家高兴的是第一胎就生了个大胖小子，不用担心“无后”了。按以往生育观念，下一胎要个男孩女孩都可以，是男孩有个伴，也不会被别人欺负，这也是以前村庄上家庭更倾向的一种；要是女孩，正好“儿女双全”。

但是，面对现实，夫妻二人却犹豫了。小辉今年二十八岁了，四五年前在外地打过一阵工，回来后就没有再出去。其父是个包工头，在三里五村帮别人建房子，小辉从外地回来后没找到合适的工作，就跟着父亲一起建房，当父亲承包房屋不多的时候，他也会去附近档发厂干一段时间，这样下来一年大约有三四万元的收入，但除去家庭一年的开支，实际存款也就一万元左右。如果只有一个男孩，或许夫妻二人今后努力打工，在儿子结婚的时候就可以让儿子“有房有车”，不至于在婚姻市场上处于劣势。但如果有两个男孩，情况就不一样了，反而做什么事情就像是有圈子套着一样，跟有一个男孩的家庭比不起，别人盖楼房，自己只能低头盖平房。衣、食、住、用、行都不能紧随村庄社会不断拔高的消费标准，事事都可能要低人一等。同时两个儿子的家庭结婚成本更高，女方会要更多的彩礼，因为她们担心婚前不要，以后就可能不是自己的了。

想想目前的生活境况，小辉夫妻二人商定不能再生男孩，否则压力太大，负担不起。另外，小辉深知母亲的辛苦，他说：“我妈养了我兄弟俩，一辈子只能看人吃、看人穿、看人住楼，自己啥福也没享，我不想这样过一辈子。”小夫妻决定不再走母亲的辛酸人生路。

村庄内部激烈的消费竞争

我的家乡地处华北平原，耕地条件较好，随着农业机械化的不断推广，种田不再需要锄头，也不再需要什么技术。播种季，带上种子，站在田间地头，一会儿地就种完了；收获季，站在田间地头等待收割，多花二十元，粮食就拉到家了，甚至有时候在田地里，就把粮食换成钱了。但是，现在村民都不愿意种地，刨除化肥、农药、种子钱，种地不怎么挣钱，收成好的时候也就赚个一千来元。但是又不得不种，不种地不仅连这点儿收入也没有，而且还没粮食吃。村庄中的老人是比较“惜地”的，可能也是因为他们这辈人经历过吃不饱、穿不暖的日子。如果儿子外出打工，他们还能帮儿子在家种地。

正是由于农业机械化的发展，留守老人能够比较轻松地把责任田管理好，通过继续在土地上刨财富，能够比较好地实现自我养老，他们对生活相当满意。可年轻人要是坚守在这一亩三分地上，肯定会被别人说闲话，生活也无法变得富足。因此，越来越多的村庄青壮年劳动力选择进城务工，希望通过在外的辛勤劳动，改善家庭的生活状况。

随着村民不断参与到市场经济竞争中，扁平化的村庄社会结构发生了巨大的变化，与前些年村庄劳动力基本进入城市建筑工地不同，现在职业类型越来越多，有开假发厂的、假发原料生产作坊、淘宝店铺（已具规模）、在外开大型超市、装潢公司、做头发买卖生意等，当然还有相当一部分村民游走在城市建筑工地。随着村民职业日益多样化，村庄阶层分化日益凸显。同时，市场参与带来的收入分化不断被转化为村庄消费竞争，村民日常生活中的衣（讲究牌子、价格）、食（讲究吃喝档次）、住（新楼房）、用（讲究“你无我有”）、行（小汽车）逐渐从私人领域转向公共舞台，衣、食、住、用、行的消费成了他们在村庄中社会地位或身份的展现。村庄上层群体为了显示自己的经济实力和身份地位，拒绝接受村庄大众消费文化，并要与村庄中层拉开一定消费差距。

在我们村，家里有车已经不是什么新鲜事了，但是买辆豪车却是个新鲜事。本家小弟小鹏去年刚大学毕业，却已是三里五村的“名人”。小鹏 2011 年开始就读于河南某普通二本院校，当时正值淘宝热，大一暑假他便到亲戚表哥家学做淘宝生意，之后开始自己在网上经营化妆品，就这样到 2014 年暑假，他购买了一辆宝马 520，又在县城购买了一套两层门面房，这一举动在熟人村庄里“炸开了锅”，之后他经营的公司（淘宝和国际发条贸易）依然景气，小鹏很自然地成了村庄新上层的代表。

当然，村庄“旧”上层也不甘示弱。郭晋在村庄里算是出名的有钱人，大约在 2005 年的时候通过动用关系在农村信用社贷款一百万元，通过这笔钱，他在村里建立了假发加工厂。之前生意比较红火，虽然现在不太景气，但是他依然维持着有钱人的作派。郭晋在 2010 年前后购买了一辆奥迪 Q5，为了继续表现自己在村庄的地位和身份，在 2015 年 10 月儿子大婚之时，不仅婚宴奢华，而且购买了宝马 740 作为婚车。

当然，小鹏和郭晋是村庄上层消费竞争的个例，并不意味着普通村民的消费竞争就不激烈。虽然面对村庄上层的奢侈消费标准只能望而却步，但他们依然希望达到“有房有车”的基本标准，这不仅关系到自己在村庄中的地位和身份，也关系到家庭再生产能否实现。

为了与底层村民“划清界限”，但又无经济实力追赶村庄上层的奢侈消费竞争，中层村民希望通过完成“基本”标准来确立自己在村庄中的身份地位。由于中层村民长期在外打工，勤扒苦做，为的就是返乡时能达到体现身份地位的消费“标准”，虽然并不像上层村民样样讲究奢华，但也要跟得上村庄消费标准变化的节奏，否则会被边缘化，在村庄公共生活中失去地位和话语权。

由于在外打工的不稳定性，如果勤俭节约，每个劳动力大约有三五万元的收入，但仍然很难应付村庄日渐高升的消费标准，比如村庄前几年的人情喜钱是二十到五十元不等，现在至少一两百元，谁要还是拿五十元还人情是会被别人说闲话的。因此，中层村民并不关注日常生活的“品位”，而是把家庭消费的关注点凝聚在过年期间的日常生活、仪式性消费、建房 / 买房和小汽车上。通过这样的消费策略，动员全家力量达到体面的生活标准。

市场逻辑下的婚姻消费

随着市场经济的发展及全国各地交通的便捷，农村青年的通婚范围迅速从本地区延伸到全国，由于目前适婚男女比例严重失衡，女性在全国婚姻市场上占据着绝对优势的地位。村庄适婚年龄男子要想顺利迎娶新娘，就必须展现出能让女方过上幸福生活的经济实力，因此不计代价地建房 / 购房、买车以及高额彩礼都成了追求女性的筹码。同样，女方在婚姻市场中的优势地位必然使她们更倾向于挑选具备满意条件的男性。因此，婚姻的成功缔结很少考虑男女双方的爱情，而是被市场逻辑所代表的预期幸福决定着，金钱和消费能力成了考量一段婚姻合适与否的标准。正因为如此，为了顺利实现家庭的再生产，相当一部分家庭“即使是打肿脸也要充胖子”，通过向亲朋好友借款，建房 / 买房或者买小汽车，从而增加男方在婚姻市场上的筹码，避免其成为光棍。

还记得母亲曾经说她是坐着自行车被娶进门的，可现在谁家要是只有自行车，儿子就只能等着打一辈子光棍了。当今社会适婚男女比例严重失衡，也致使结婚代价越来越大，标准一再提高。

首先，彩礼从七八年前的一万一（万里挑一），到前几年的一万七（万里挑妻）或两万二（成双成对），再到近一两年三四万元不等，去年有的人家最高要了七万元（并不是男方家庭多么有钱，而是因为家中有两个男孩），这就是为了结婚必需要达到的标准。

其次，家中要有车。为了让媒人看到家庭为结婚的准备，也为了向女方展示自家的经济实力，男方家里要有一辆五万到十来万之间的小汽车，这是基本的标准。否则，有钱人的儿子可以挑来挑去找一个满意的老婆，而自家儿子只能面临无人说媒的境况。据初步统计，前年整个村庄一共有二十二辆家用小汽车，去年年底全村有四十七辆，其中有近十辆是为结婚而准备的。

最后，要有房。现在村里的青年结婚要求婚房可以分为两种：家中有新房（楼房）或者城里有房（可以是父母付了房屋首付），没有准备婚房对于适婚年龄的男子来说无疑是冒了成为光棍的风险。这些结婚的“基本”标准，对于村庄上层的家庭来说是比较容易达成的，他们甚至不满足于这样的标准，要搞得更耀眼，各个“标准”都要提升，比如买辆奔驰、宝马这样的好车。而对于普通村民来说，仅靠在外打工的收入很难达到这些婚姻“标准”，但又不得不尽力按这些标准消费。

目前，村庄适婚男女婚姻匹配已经面临着不小的窘境。具体来说，面对日益走高的本地婚姻标准，家庭或个人条件较好、独生子往往更可能娶到本地女子，而家庭条件一般、多子或个人身体有小缺陷的更可能娶偏远地区（贵州、广西、云南、四川等地）的女子，家庭条件差或个人身体存在较大缺陷的人成为光棍的风险更高。在村庄里，娶外地（偏远地区）媳妇往往会被别人嘲笑，大部分人认为这是“没本事”的无奈选择。正因为如此，一些父母勤勤恳恳地劳作，只为到儿子婚龄时有能力展现出女方渴望的幸福资本。但另一方面，家庭在不断追逐婚姻消费标准的同时，也背负了巨大的经济压力。

消费压力下的生育策略

此前，均质化的村庄社会结构没有诱导村民热衷消费竞争，村民辛勤劳作，他们没有感受到太多村庄社会的竞争压力，过着安静但幸福的日子。他们不必过于担心子女的婚事，在本地可以顺利实现婚姻匹配，他们把一生都倾注在子女身上，人生价值和意义在于家庭生命的延续。而随着村民参与市场经济的程度愈加深入，现代化进程带来的繁荣景象不断刺激着他们，特别是村庄青年一代，不仅关注家庭生命的延续，而且注重自我价值的实现。他们不再像上一辈人那样只知道辛苦劳作，开始注重生活的享受，希望在村庄身份地位的争夺中实现自己的人生价值。一方面，为了自身面子和村庄身份地位的争夺，村民卷入了激烈的消费竞争中，不惜花光在外辛勤积攒的收入，盖的楼房空着，买的车停着；另一方面，为了家庭生命的延续而卷入到婚姻消费标准的竞争中，“有车有房”成了进入婚姻市场的基本标准。

在村庄内部消费和婚姻市场竞争的双重压力下，“多子多福”的观念失去了家庭经济能力的支持，甚至对多生育男孩产生了恐慌，多一个儿子就多一套房子，多一辆车，也难怪村庄里实现了“一儿一女”生育理想的家庭会花费五六千到一两万元不等请民间“歌舞团”演出。

（摘编自《回乡记：我们眼中的流动中国》，文章有删节，不代表瞭望智库观点。）

撰文：董帅鹏　西安交通大学人文社会科学学院博士